Jean-Régis Fropo

Dämonische Einflüsse

Jean-Régis Fropo

Dämonische Einflüsse

Fragen, Fallbeispiele und Antworten eines Exorzisten

UNIO VERLAG

Bibliografische Informationen der Deutschen Bibliothek
Die Deutsche Bibliothek verzeichnet diese Publikation in der Deutschen Nationalbibliografie; detaillierte bibliografische Daten sind im Internet über http://dnb.d-nb.de abrufbar.

Titel der französischen Originalausgabe:
90 questions à un exorciste. Thérapeutique des emprises maléfiques,
Èditions de l'Emmanuel

aus dem Französischen übersetzt von Anne-Marie Freifrau von Plotho

ISBN 978-3-935189-40-8

Hochaltingen, St.-Ulrich-Straße 4, D-86742 Fremdingen
Titelbild: © Handschrift Stuttgarter Psalter; Stuttgart,
Württembergische Landesbibliothek, Cod. bibl. fol. 23,f. 107r
Gestaltung und Satz: Gernot Wolfgang Stuchlik UAC
Gesamtherstellung: Druckerei Steinmeier, Deiningen

Für Sie, von der Sonne umkleideten Frau, die den Mond unter Ihren Füßen hat und deren Haupt von 12 Sternen gekrönt ist, für Sie, die erfolgreich gegen den Drachen gekämpft hat und das Böse nie gekannt hat. Sie ist die Unbefleckte, die Mutter Gottes.

Ihr widme ich diesen Text mit all dem Respekt und dem Vertrauen eines Kindes.

Jean-Régis Fropo

25. März 2012

Danksagung

Ich bedanke mich bei P. Alexis CAMPO, der bereit war, das Manuskript nachzulesen.
Ich bedanke mich bei Catherine BLANLOEIL für ihre sehr umfangreiche Arbeit bei der Textverarbeitung und Louis-Etienne de LABARTHE (Éd. de l'Emmanuel), den ich aufsuchen durfte und der mich beraten hat.

J.-R. F.

Ich bedanke mich herzlichst

- bei P. FROPO für sein Vertrauen und seine Unterstützung
- bei U. T. für die Korrekturen.

A.-M. v. P.

Inhaltsverzeichnis

Vorwort 17

Einleitung 21

I. Euer Widersacher, der Teufel, geht wie ein brüllender Löwe umher und sucht, wen er verschlingen kann. Leistet ihm Widerstand in der Kraft des Glaubens! 25

Der Fall von Yvan 26
Der Fall von Carole 27
Der Fall von Fanny 29
Der Fall von Albéric 30
Der Fall von Jean-Gabriel 32
Der Fall von Jean-Pierre 34
Der Fall von Kevin 35
Der Fall von Marinette 37
Der Fall von Martin 40
Der Fall von Michel-Ange 42
Der Fall von Mireille 44
Der Fall von Nathan 45
Der Fall von Prosper 47
Der Fall von Sandra 48
Der Fall von Sylvia 50
Der Fall von Thierry 52
Der Fall von Valérie 53
Der Fall von Sylvie 56
Der Fall von Tania 61
Zwei Fälle von Infestation 66
Charlènes Aussage 69
Michèles Aussage 72
Arianes Aussage 74

II. Ach, du bist vom Himmel gefallen, du strahlender Sohn der Morgenröte. 77

1. Was versteht man unter der Sünde der Engel? 78
2. Gibt es wirklich Dämonen? 80
3. Gibt es viele Dämonen? 82
4. Ist in der Bibel vom Dämon die Rede? 83
5. Der Dämon: Mythos oder Darstellung des Bösen? ... 84
6. Man spricht vom Teufel, von Satan, von Beelzebub: Hat der Teufel mehrere Namen in der Bibel? 85
7. Welche Tiere symbolisieren den Dämon in der Bibel? 87
8. Warum kämpfen die Dämonen so hartnäckig gegen den Menschen und die Schöpfung? 88
9. Warum lässt Gott zu, dass Satan uns in Versuchung führen darf? 90
10. Wie greift der Dämon die Menschen an? 92
11. Sind wir alle durch die Taten der Dämonen betroffen? 93
12. Wo „wohnen" die Dämonen? 94
13. Kann der Dämon zurückkommen, wenn er ausgetrieben wurde? 95

III. Heilt Kranke, weckt Tote auf, macht Aussätzige rein, treibt Dämonen aus. 99

14. Was ist eine Bedrängnis? Was eine Umsessenheit? ... 100
15. Was versteht man unter Besessenheit und wie kann man sie erkennen? 101
16. Ist der Dämon allmächtig? 103
17. Kann man im Falle einer Besessenheit gleichzeitig von mehreren Dämonen besessen sein? 105
18. Bedeutet Besessenheit, dass der Dämon im Körper des Besessenen wohnt? 106

19. Können Heilige vom Teufel besessen sein? 106
20. Kann der Dämon organische und psychische Erkrankungen verursachen? 107
21. Warum kann ein Ort infestiert sein? 108
22. Gibt es charakteristische Merkmale für Beschwerden dämonischer oder teuflischer Herkunft? 110
23. Wann kann von seelischen oder psychischen Erkrankungen die Rede sein? 111
24. Kann man eine Neurose mit einem dämonischen Einfluss verwechseln? 112
25. Gibt es eine „christliche" Neurose? 116
26. Welche verschiedene Arten von Psychosen gibt es, mit denen ein Exorzist konfrontiert werden kann? ... 116
27. Kann man gleichzeitig unter einer psychischen Erkrankung und einem dämonischen Einfluss leiden? 118
28. Wie ist die Psychoanalyse aus christlicher Sicht zu bewerten? 119
29. Was soll man von der Hypnosetherapie halten?....... 121

IV. Es soll bei dir keinen geben, der Losorakel befragt. 123

30. Der Fluch – Hat es Konsequenzen, wenn man jemanden verflucht? 124
31. Was versteht man unter Verfluchung, Verwünschung oder Verhexung? 125
32. Welche verschiedene Arten von Flüchen gibt es? 129
33. Stehen viele Menschen unter einem Fluch? 131
34. Kann man das Opfer eines dämonischen Einflusses ohne eigene Schuld sein? 132
35. Was kann man über Hexerei sagen? 133
36. Paranormale Phänomene und Parapsychologie 134
37. Woher kommt der Satanismus? 139
38. Was versteht man unter satanischen Ritualen? 142

39. Welche Konsequenzen hat es, wenn man einen Pakt mit dem Satan schließt? ... 144
40. Welche satanischen Gruppen gibt es heutzutage? ... 145
41. Okkultismus, Spiritismus: Harmlose oder gefährliche Spiele? ... 147
42. Was versteht man unter generationsübergreifenden Bindungen? ... 148
43. Was bedeutet die Zahl 666? ... 150
44 Die Gothic-Kultur – Was kann man darüber sagen? 151
45. Wie kann man den Vandalismus und die Schändungen erklären? ... 152
46. Okkulte Behaftung: Welche Eintrittspforten gibt es? ... 153
47. Was ist Schamanismus? ... 156
48. Das Voodoo-Ritual ... 157

V. Der Herr sprach zum Satan: Woher kommst du? 159

49. Naturheilverfahren, Komplementärmedizin, energetische Therapieverfahren, Alternativmedizin: Was soll man davon halten? ... 160
50. Reiki ist in Mode. Kann ich mich auf diese Art und Weise behandeln lassen? ... 162
51. Was soll man von der Kinesiologie, der Reflexzonen-Therapie, der Anwendung gewisser Mikrosysteme halten? ... 164
52. Kann ein Christ spirituelle Lehren aus dem Fernen Osten wie Yoga anwenden? ... 165
52 A. Tai Chi Chuan und Qi Gong ... 170
53. Was versteht man unter Hochsensibilität? ... 172
54. Wie kann man einem hochsensiblen Menschen helfen? ... 174
55. Wann wird Hochsensibilität zur Hellsichtigkeit? ... 175

56. Veränderte Bewusstseinszustände (ASC) 176
57. Gibt es die Armen Seelen? 179
58. Wie soll man die Manifestationen der Seelen aus dem Fegefeuer gegenüber den Lebenden verstehen? 184
59. *Der Exorzismus von Emily Rose, The Rite – Das Ritual:* Entsprechen diese zwei Filme der während eines Exorzismus erlebten Realität? 187
60. Was versteht man unter New Age? 189

VI. Dann sah ich einen neuen Himmel und eine neue Erde. 193

61. Hat Jesus Dämonen ausgetrieben? 194
62. Bringen die Evangelisten Besessenheit und Krankheit nicht durcheinander? 195
63. Wie ist die Kirche zum Amt für Exorzismus gekommen? 196
64. Welchen Kampf führt die Kirche gegen Satan? 198
65. Befreiung: Kann man sich auf die Kräfte von Heilern, Marabuts, Fluchaufhebern verlassen? 200
66. Wie sucht der Bischof einen Priester für das Amt des Exorzisten aus? 201
67. Ergänzen sich Sakramente und Exorzismusgebete? 204
68. Wer darf ein Befreiungsgebet, ein Exorzismusgebet sprechen? 206
69. Was ist das Schwierigste in der Ausübung des Amtes eines Priester-Exorzisten? 207
70. Kann Satan Repressalien auf die Priester-Exorzisten ausüben? 209
71. Wie soll man die leidenden Menschen empfangen? 210
72. Welche Fragen kommen in einer Pfarrgemeinde am häufigsten vor? 213
73. Was ist ein Segen? 214

74. Warum die Segnung der Gegenstände, des Hauses, des Autos? Aberglaube oder Segnung? 215
75. Kann man ein Exorzismusgebet aus der Entfernung sprechen? 217
76. Muss ein Exorzismusgebet individuell sein oder kann es in einer Gruppe gesprochen werden? 217
77. Das Befreiungsgebet: Welche Hindernisse gibt es und welche Entscheidungen muss man treffen? 218
78. Welche Empfehlungen soll man der vom Dämon gequälten Person geben? 220
79. Wie soll man die leidenden Menschen befragen, die mit der Bitte um einen Exorzismus zum Priester kommen? 221
80. Wie soll ein Befreiungs- oder Exorzismusgebet nach dem *Rituale Romanum* ablaufen? 226
81. Wenn es explizite Manifestationen des Dämons gibt, kann man ihn befragen? 230
82. Wie kann man generationsübergreifende Bindungen brechen? 231
83. Kann man in einer Sitzung befreit werden? 236
84. Woran erkennt man die Zeichen der Befreiung? 237
85. Besteht die Gefahr, dass der Bedrängte vom Exorzismus oder vom Exorzisten abhängig wird? .. 238
86. Darf ein getaufter Laie ein Befreiungsgebet sprechen? 239
87. Über welche Gaben verfügt ein Getaufter? 241
88. Welche Charismen können Laien erhalten? 243
89. Kann eine Sitzung für die innere Heilung neben oder nach einem Exorzismus von Nutzen sein? 247
90. Welchen Platz soll man dem Mitgefühl in diesem Amt einräumen? 247

Anhänge

Anhang 1: „Christlicher Glaube und Dämonenlehre" (Ausschnitte) 249
Anhang 2: Papst Paul VI., Generalaudienz vom 15. November 1972 265
Anhang 3: Papst Johannes Paul II., Generalaudienz vom 20. August 1986 266
Anhang 4: Der Exorzismus von Papst Leo XIII. – der „kleine Exorzismus" 267
Anhang 5: Anhang I des Rituale 1998 269
Anhang 6: Anhang II des Rituale 1998 274
Anhang 7: Gebet des Priesters um Durchtrennung von Bindungen und um Befreiung 281
Anhang 8: Die Heilung generationsübergreifender Bindungen durch die Eucharistie oder der „messe pour l'arbre généalogique" (Gottesdienst für die Familienbiografie) 284
Anhang 9: Lehrmäßige Note Nr. 6 zur Heilung der Familienbiografie durch die Eucharistie 289
Anhang 10: Gebete um Schutz und Bewahrung für jeden Tag (für die getauften Gläubigen) 294
Anhang 11: Die Gemeinschaft der Heiligen 298

Anmerkungen zum Text 302

Anmerkungen zu den Anhängen 2-11 309

Bibliografie 312

Vorwort

„Die Kirche hat Anteil am Sieg Christi über den Teufel: Christus hat in der Tat seinen Jüngern die Gewalt gegeben, Dämonen auszutreiben. Die Kirche übt diese sieghafte Gewalt durch den Glauben an Christus und durch das Gebet aus, das in bestimmten Fällen die Form des Exorzismus annehmen kann.“[1]

Satan, der gefallene Engel, der Geist des Bösen, auch Teufel oder Dämon genannt, hat Gott und seine Liebe abgelehnt. Deshalb lebt er in der radikalen und unwiderruflichen Verneinung Gottes. Er versucht den anderen Wesen, vor allem den Menschen, die als Bild Gottes geschaffen wurden, seine tragische und existentielle Lüge aufzuzwingen. Der Tod ist in diese Welt eingedrungen, weil der „Herrscher dieser Welt“[2] das Leben nach der Wahrheit in seiner Wut zerstören will.

An vielen Stellen der Heiligen Schrift, vor allem im Neuen Testament, wird eindeutig über den Einfluss Satans und anderer böser Geister berichtet. Laut den Exegeten wird das Thema mindestens 170 Mal erwähnt.

Die Macht Satans ist nicht unbegrenzt. Er arbeitet aus Hass auf Gott und seine Herrschaft in dieser Welt. Er ist die Ursache vieler Übel, seelischer und körperlicher Natur. Aber Vorsicht: Der Herrschaftsanspruch des Bösen setzt keinesfalls den menschlichen Willen sowie seine Verantwortung außer Kraft. Satan hat nicht die Möglichkeit, das Endziel der Schöpfung und des Menschen, sprich das Gute, zu vernichten. Der Kampf kann zwar hart sein, wird aber mit dem endgültigen Sieg des Guten durch den Kreuzigungstod und die Auferstehung des Erlösers beendet. Es entspricht der Lehre, die die Kirche seit jeher vertritt.

Der Dämon ist jedoch sehr listig und seine größte Kunst[3] besteht darin, sich zu verstecken, sich übersehen zu lassen. Er bringt die Menschen dazu, seine Anwesenheit unter dem Vorwand des Rationalismus zu bagatellisieren. Diese Pseudovernunft führt dazu, dass seine destruktive Kraft verleugnet wird. Satan sei nur eine Metapher, ein Symbol des Bösen. Der Zwiespalt zwischen klassischer Dämonologie und dem heutigen Rationalismus verursacht in der katholischen Kirche viele Schäden. Die Gläubigen, die mit diesem spirituellen Kampf konfrontiert sind, werden von der Kirche nicht ernst genug genommen, was dazu führt, dass sie sich an Scharlatane und andere Verkäufer von „Fluchaufhebung“ wenden.

In Frankreich gibt es ca. 170 Exorzisten, die vom Ordinarius (can. 1172) ernannt werden. Der Priester Jean-Régis Fropo ist seit 2005 Exorzist in der Diözese von Fréjus-Toulon. In diesem Buch teilt er uns seine Erfahrungen sehr sachlich mit. Der sensationelle Aspekt der Darstellungen wurde nicht übertrieben, um einen perversen kommerziellen Aspekt zu befriedigen. Er zeigt uns, wie schwierig und langwierig der Weg der inneren Heilung und die Begleitung der Betroffenen sind. Man kann sich nicht als Exorzist erfinden. Es verlangt viel Urteilsvermögen, Güte, Taktgefühl und Verständnis für die Menschen, die zu ihm kommen.

P. Fropo ist sich bewusst, dass er zuerst mit dem Zuhören anfangen muss, da das Thema sehr heikel ist. Erst muss er die Beschwerden einordnen können, ob sie natürlicher oder übernatürlicher Natur sind. Im letzteren Fall muss er dann nach Indizien bzw. Zeichen suchen, die ihm erlauben, die Taktik des Feindes zu entdecken. Er wird auch nie jemanden zurückweisen, der nach Hilfe sucht. Der Exorzist wird also, falls es nötig sein sollte, mit Psychiatern zusammenarbeiten, die ein Gespür für die spirituellen Realitäten haben.

Der Exorzist benötigt ein großes Urteilsvermögen, um von der Anwesenheit des Feindes moralisch überzeugt zu sein, um beurteilen zu können, ob es sich um eine *Bedrängnis*, eine *Umsessenheit* oder eine *Besessenheit* handelt. Dann kann er entscheiden, ob er ein Befreiungsgebet (oder einen Exorzismus) aussprechen muss; dieses Gebet wird nach dem Ritual, einem Sakramental zur Befreiung der leidenden Person, gesprochen.

In unserer heutigen Welt, einer Welt der Säkularisierung und ohne spirituellen Halt, ist der Dämon in unserer Kultur und vor allem bei den Jugendlichen sehr angesagt. Er ist aber seit 40 Jahren aus dem katholischen Gemeindeleben zum Großteil eliminiert worden. Es ist also nötig, das Problem unter einem neuen Blickwinkel zu betrachten. Er soll uns helfen, diese schwierigen Realitäten unter dem theologischen, spirituellen und pastoralen Aspekt zu betrachten, um auf die Erwartungen unserer leidenden Brüder und Schwestern antworten zu können.

Msgr. Dominique Rey
Bischof von Fréjus-Toulon

Toulon, den 22. Februar 2012 – Fest des hl. Apostels Petrus

Einleitung

In einer relativ neuen, in Frankreich durchgeführten Umfrage haben 15% der Befragten geantwortet: „Der Dämon? Ja, ich glaube daran!“, 12% haben gesagt: „Ich glaube ein bisschen daran!“. Die anderen (73%) hatten keine Ahnung[4]. Wenn man aber sieht, wie viele Fernsehsendungen sich für den Teufel interessieren, kann man nur feststellen, dass das Thema niemanden gleichgültig lässt. Aber was ist wirklich Fakt?

Als mein Bischof, Msgr. Rey, mir angeboten hat, das Amt für Exorzismus in seiner Diözese zu übernehmen, war ich sehr überrascht. Ich hatte ca. 30 Jahre Erfahrung als Priester in der Kirche in Frankreich und im Ausland. Ich habe ihm geantwortet, dass wir für einige Monate einen Versuch machen könnten. Ich habe von Anfang an das Glück gehabt, von einem erfahrenen Kollegen unterstützt zu werden. Ohne seine brüderliche Hilfe hätte ich mir nie zugetraut, die Befreiungsgebete und später die Exorzismusgebete zu sprechen.

Ich habe das Evangelium wieder gelesen und festgestellt, dass Jesus viele Besessene befreit hat. Schon am Anfang seiner Tätigkeit lehrt er in der Synagoge von Kafarnaum: „In ihrer Synagoge saß ein Mann, der von einem unreinen Geist besessen war. Der begann zu schreien: Was haben wir mit dir zu tun, Jesus von Nazaret? Bist du gekommen, um uns ins Verderben zu stürzen? Ich weiß, wer du bist: der Heilige Gottes. Da befahl ihm Jesus: Schweig und verlass ihn!“ (Mk 1,23-25). Der Evangelist Matthäus berichtet auch, dass Jesus in ganz Galiläa umherzog: „Man brachte Kranke mit den verschiedensten Gebrechen und Leiden zu ihm, Besessene, Mondsüchtige und Gelähmte, und er heilte sie alle“ (Mt 4,24).

In den sieben Jahren meines Amts als Exorzist haben mich zwischen 1500 und 2000 Menschen aufgesucht, einige mussten mehrmals kommen. Diese Menschen haben die verschiedensten Probleme: organische Beschwerden ohne medizinische Erklärung (sie sind gründlich untersucht worden, haben Fachleute konsultiert, sind zum Psychiater gegangen, haben die verschiedensten und teilweise sehr teuren Behandlungen ausprobiert – ohne Erfolg!); sie leiden unter psychischen Beschwerden, Problemen in der Familie, massiven Blockaden im Alltag und in allen ihren Vorhaben. Das Schlimmste ist, dass sie auf das Unverständnis ihres Umfeldes stoßen, das zum Schluss behauptet, sie hätten psychische Störungen.

Die meisten haben ein Befreiungsgebet benötigt, das ich mitunter wiederholen musste. Ich habe nur ein paar Fälle gehabt, bei denen die Leute ausschließlich unter psychischen Störungen litten. Ich habe sie zum Hausarzt geschickt und habe versucht, mich mit ihnen auf dem Gebiet der Religion auszutauschen. Die meisten Fälle sind mir wie eine „Mischung" aus psychischer Problematik und dämonischer Bindung vorgekommen. Ich habe ca. 20 Fälle echter Besessenheit mit Manifestation eines oder mehrerer Dämonen behandelt. Die meisten Menschen wurden nach einem Kampf befreit, der mehrere Monate gedauert hat, aber zwei Bedrängte warten immer noch auf vollständige Erlösung.

Einige Psychiater – auch Atheisten – schicken mir „Fälle", weil sie feststellen müssen, dass sie keine medizinische Erklärung für die erwähnten Beschwerden finden können. Ich arbeite selbstverständlich mit diesen Ärzten zusammen.

Im ersten Teil dieses Buches habe ich einige „Fälle" geschildert, die mir in meinem Amt als Exorzist begegnet sind. Um die Anonymität der Betroffenen zu wahren und die

Schweigepflicht einzuhalten, sind die Namen sowie belanglose Details geändert worden. Ich gebe auch drei Schreiben von Personen weiter, von denen ich ein Feedback erhalten habe. Es ist selbstverständlich nur die Spitze eines Eisberges, die man sehr deutlich sehen kann. Die unsichtbare Seite, dieser versunkene Teil, beinhaltet all diejenigen, die vom Dämon manipuliert werden, ohne es zu merken und es ist anzunehmen, dass ein Großteil der Menschheit davon betroffen ist.

Der zweite Teil des Buches besteht aus Fragen, die man sich über den Teufel stellen kann und den dazu gehörigen kurzen Antworten. Wer ist er? Wie äußert sich ein dämonischer Einfluss? Welche Eintrittspforten gibt es? Und das Wichtigste: Wie kann man befreit werden? Ist es möglich?

Man hört immer wieder, dass diese Probleme von dämonischen Bindungen und Besessenheit irrationaler Herkunft sind. Ich glaube es nicht, auch wenn ein Teil dieser Realitäten sich im Unsichtbaren befindet. Ich bin ein Naturwissenschaftler und ich versuche analytisch und wissenschaftlich mit der Thematik umzugehen. Der Ausgangspunkt sind die Beschwerden und Manifestationen. Dann versuche ich mit größter Sorgfalt an die Ursache der Problematik zu kommen. Das Durchführen eines Exorzismus ist eine Kunst, die mit der Medizin Ähnlichkeiten hat, sie ist aber keine Wissenschaft.

Bezug nehmend auf meinen Glauben und auf meinen Verstand (ohne das kirchliche Lehramt dabei zu vergessen) möchte ich in diesem Buch meine Erfahrungen mitteilen. Die Schlussfolgerungen, zu denen ich gekommen bin, stellen meine persönliche Meinung dar. Ich wünsche mir, dass dieses Buch einen Austausch mit Theologen, mit meinen Kollegen, den Exorzisten, bewirken wird.

Ich gebe zu, dass ich mich jeden Tag bei Gott bedanke, dass Er mir dieses wunderbare Amt gegeben hat, bei dem aufmerksames Zuhören und Empathie eine so große Rolle spielen.

Missionierung gehört auch dazu. Ich empfehle den Menschen, die zu mir kommen, eine lebendige und liebevolle Beziehung mit unserem Erlöser Jesus Christus aufzubauen, sich Ihm vertrauensvoll und hoffnungsvoll zuzuwenden. Ich rate ihnen auch, den Weg der religiösen Rückbesinnung zu beschreiten, der sie dann zum Sakrament der Beichte führen wird und zur Heiligen Kommunion, einem Sakrament der Befreiung und Heilung.

Jesus ist wirklich unser Befreier, unser guter Hirte, unser guter Arzt. Sein Herz ist barmherzig und brennend vor Liebe.

I.

Ich leide, ich bin in der Dunkelheit, ich habe unerklärliche Schmerzen. Was ist los?

Euer Widersacher, der Teufel,
geht wie ein brüllender Löwe umher
und sucht, wen er verschlingen kann.
Leistet ihm Widerstand
in der Kraft des Glaubens!

1 Petr 5,8-9

Der Fall von Yvan

Yvan, 22 Jahre alt, ist nicht getauft. Seine Eltern sind geschieden und gehören der orthodoxen Kirche an. Er kommt mir psychisch labil vor. Er wurde von einem Priester zu mir geschickt. Er möchte sich, obwohl er keine wirkliche religiöse Überzeugung hat, auf die Taufe vorbereiten.

Er lebt seit zwei Jahren mit einer jungen Frau zusammen, die Schamanismus mit einem gemeinsamen Freund praktiziert. Yvan klagt über verschiedene körperliche Schmerzen. Er verspürt u.a. an den verschiedensten Stellen seines Körpers stechende Schmerzen (die sich wie Messerstiche anfühlen). Er hat visuelle und akustische Halluzinationen, bemerkt eine Anwesenheit, die er nicht einordnen kann, leidet unter Hochsensibilität. Er hat Spiritismus praktiziert und gelegentlich Drogen genommen. Sein Psychiater hat eine leichte Schizophrenie diagnostiziert und ihm Medikamente gegen seine Halluzinationen verschrieben.

Die Meinung des Exorzisten

Der Fall von Yvan scheint mir eine Mischung aus psychischer Labilität und dämonischen Einflüssen zu sein. Eine medizinische Unterstützung ist zwar erforderlich, aber er hat auch ein Befreiungsgebet gebraucht. Ich stelle fest, dass der Dämon ein Feigling ist, der vorzugsweise psychisch labile Leute angreift. Es ist also sehr wichtig, die Psychopathologie zu berücksichtigen ohne den dämonischen Einfluss, falls vorhanden, zu vernachlässigen. In Fällen wie bei Yvan wäre es viel zu einfach und zu kurz gedacht, alle Beschwerden auf die Pathologie zurückzuführen.

Der Fall von Carole

Carole, 67 Jahre alt, ist seit 1961 verheiratet und lebt mit ihrem pensionierten Ehemann. Ihr Vater ist hochbetagt im Jahr 2007 gestorben. Carole hat Yoga gemacht, ist zu Hellsehern und Wahrsagern gegangen, hat aber vor allem das automatische Schreiben angewendet, um mit ihrem verstorbenen Vater in Kontakt zu treten. Am Anfang benutzt sie ein Blatt Papier, aber der Geist – der sich für den verstorbenen Vater ausgibt – sucht sich bald einen schnelleren Weg und flüstert ihr Worte direkt ins Ohr. Carole findet es am Anfang sehr spannend, ist aber schnell schwer enttäuscht. Diese Stimmen werden sie nämlich Tag und Nacht belästigen, ihr Ratschläge und sogar Befehle geben: „Mach das nicht, ich mag es nicht…"; „Sag deinem Mann, dass er dich nicht genug liebt!". Es wird mühsam.

Als sie zu mir kommt, verwendet sie diese Wahrsagekunst seit drei Monaten, leidet unter einer tiefen Depression, hat starke Migräneanfälle, fühlt sich sehr müde. Sie wird vor allem beim Beten von den Stimmen belästigt. Um eine Lösung zu finden, hat sie eine fragwürdige Internetseite aufgerufen. Ihre Probleme sind noch schlimmer geworden. Jetzt muss sie starke Beruhigungsmittel einnehmen, um ein paar Stunden pro Nacht schlafen zu können.

Mehrere Befreiungsgebete lindern ihre Beschwerden. Sie selbst betet intensiv, macht eine Wallfahrt und betet wiederholt die Novenen. Der Feind gibt aber nicht auf und macht sich sogar über sie lustig: „Da du zu einem Priester gegangen bist, werden wir dich noch mehr ärgern!"; „Du betest zu deinem Gott, als ob er dich hören würde!"; „Du gehst schon wieder zu deinem Priester …, was wirst du ihm sagen?" Wir haben fünf Exorzismusgebete hinter uns. Die dämonische Bindung lässt nach, aber die Befreiung ist noch nicht da.

Im Verlauf der kommenden Wochen lässt der dämonische Einfluss nach und verschwindet dann fast vollständig. Die positive Seite dieser schwierigen Phase ist, dass Carole viel intensiver als früher betet.

Die Meinung des Exorzisten

Ich stelle fest, dass die Anwendung des automatischen Schreibens zur Kontaktaufnahme mit einem Verstorbenen, auch wenn sie nur drei Monate dauert, weit davon entfernt ist, harmlos zu sein und zu ziemlich fürchterlichen Bindungen führen kann. Ein böser Geist ist durchaus in der Lage, sich für die Seele des Verstorbenen auszugeben. Er erwähnt gemeinsame Erlebnisse, redet mit dem Lebenden, als ob er neben ihm wäre, übernimmt sogar die Stimme des Verstorbenen und seine gewöhnlichen Redewendungen. Umso heimtückischer ist es. Wegzulassen sind alle Techniken, die behaupten, eine Kontaktaufnahme mit den Verstorbenen zu ermöglichen: Spiritismus, Channelling, automatisches Schreiben. Sie stammen aus dem Heidnischen und dienen meistens einem indirekten Dämonenkult.

Wir müssen durch das Gebet mit unseren Verstorbenen in Verbindung bleiben, aber jeder Versuch eines direkten Kontakts mit ihnen ist eine grauenvolle Falle.

Der Fall von Fanny

Fanny, 50 Jahre alt, wurde in einer katholischen Ostkirche getauft, hat ihre Kindheit im Irak und in London verbracht. Sie war sechs Jahre mit Armand verheiratet und beide waren in der Maikari-Sekte sehr aktiv. Fanny klagt über diverse körperliche Schmerzen, chronische Depression seit der Kindheit, Blockaden in ihrem alltäglichen Leben, eine Neigung zur Bulimie. Sie hat verschiedene Wahrsager aufgesucht, hat sich mit Reiki behandeln lassen. Ein Heiler, der mit Magnetismus arbeitete, hat ihr die Chakren geöffnet. Ein afrikanischer Freund wollte ihr mit Magie helfen. Ihre Mutter hat vor ihrer Geburt abgetrieben, ihr Vater hat sie missbraucht.

Das Befreiungsgebet wurde in Bezug auf die Geister, die Energien, die Sekte „Maikari", die Chakren, den Geist der Hellsichtigkeit und des Todes sowie die afrikanische Magie gesprochen.

Die Meinung des Exorzisten

Ich stelle fest, dass ein Kind, das nach einer Abtreibung gezeugt und geboren wurde, häufig von einem Geist des Todes besessen ist, der schon ab der Kindheit Traurigkeit und Depression hervorruft. Fanny hat sich nach diesem Gebet, das mehrmals wiederholt wurde, besser gefühlt. Sie braucht für ihre Depression eine schulmedizinische Betreuung und muss eine Therapie für die innere Heilung machen.

Der Fall von Albéric

Albéric, 19 Jahre, ist getauft, hat aber weder eine religiöse Erziehung noch hat er die Sakramente empfangen. Er lebt mit einer jungen Frau jüdischer Abstammung zusammen. Er arbeitet für die Marine. Als er zu mir kommt, ist er seit fünf Monaten krankgeschrieben. Er war bei vielen Psychiatern. Er leidet unter Übelkeit, Bauchschmerzen, Nadelstichen im Rücken. Ihm ist plötzlich eiskalt, oder es fühlt sich so an, als ob er sich verbrannt hätte. Er hört in seinem Kopf eine sonderbare Musik und ein Flüstern im Ohr. Er leidet unter Alpträumen. In seiner Wohnung blinken die Lichter, seine Internetverbindung ist ständig gestört.

Ich schicke ihn zu einem Freund, einem Psychiater, der mir bestätigt, dass seine Beschwerden keine psychischen Ursachen haben. Er verschreibt ihm trotzdem ein leichtes Antidepressivum, das sein Gemüt stabilisiert und die Schlafstörungen verbessert.

Ich frage ihn nach eventuellen abartigen Praktiken. Nichts, weder bei ihm noch in seiner Familie. Ich fange vorsichtig mit einem Befreiungsgebet an. Es entstehen heftige Reaktionen. Ich mache nicht weiter.

Während des folgenden Gebetes ist Albéric sehr betroffen. Er liegt wie gelähmt mit gekreuzten Armen und gewölbtem Rücken; er nimmt mein Kruzifix und wirft es weg, er sabbert und spuckt auf meine Stola. Ich frage: „Wie viel seid ihr?“ „Zwei! Ulyaoth und Adonis.“ „Wer hat euch geschickt?“ „Maxime!“ Albéric erklärt mir, dass es der Name eines Arbeitskollegen ist.

Er wird noch vier Exorzismusgebete benötigen, damit er vollständig befreit wird, d.h. nach ca. zweieinhalb Monaten und acht Treffen. Albéric konnte seine Arbeit wieder aufnehmen. Seine jüdische Freundin befasst sich mit dem Gedanken, sich zur Taufe anzumelden und will sich auf die Hochzeit vorbereiten. Ein anderer Lebensabschnitt fängt an. Er wird ihnen helfen, diese schmerzhafte Episode zu überwinden, die sie jedoch im Glauben an Jesus Christus gestärkt hat.

Die Meinung des Exorzisten

Albéric ist das Opfer eines Fluches, der von einem eifersüchtigen Arbeitskollegen kam. Diese Fälle treten häufiger auf.

Der Fall von Jean-Gabriel

Als ich Jean-Gabriel kennenlerne, ist er ca. vierzig Jahre alt. Seine Familie stammt aus der Karibik. Er ist verheiratet und Vater von zwei kleinen Kindern. Während eines intensiven Gesprächs mit ihm erfahre ich, dass er seit einem Jahr mehrmals so gewalttätig geworden ist, so dass er einige Male ins Krankenhaus eingewiesen wurde. Die Psychiater, die ihn behandelten, haben keine eindeutige Erklärung für diese Ausbrüche gefunden. Sie sind zu der Schlussfolgerung gekommen, dass Jean-Gabriel körperlich und psychisch gesund ist. Außerdem ist er in seiner Arbeit kompetent und fleißig. Er ist ein guter Ehemann und ein guter Vater.

Als ich ihn nach mehr Informationen über seine Familie frage, vertraut er mir an, dass einige seiner Vorfahren, insbesondere seine Mutter, magische Rituale angewendet haben, die wahrscheinlich aus dem Voodoo kommen. Seine starken Beschwerden haben in der Tat nach einem Besuch in der Karibik im Oktober 2005 angefangen.

Nachdem wir uns mit drei erfahrenen Laien zusammengesetzt haben, entscheiden wir uns für ein Befreiungsgebet in Anwesenheit seiner Frau. Während der Vorgebete bleibt Jean-Gabriel ruhig und macht mit uns mit. Als ich aber mit den Befreiungsgebeten und den Gebeten um Durchtrennung von Bindungen fortfahre, fängt er an, nervös zu werden, zu schreien und mich sehr stark zurückzuweisen. Wir machen einige Minuten weiter, dann hören wir mit diesem Gebet auf. Die Intimsphäre, die in so einem Fall erforderlich ist, ist nicht gewahrt.

Der Bischof der dortigen Diözese gibt uns die Erlaubnis für ein Exorzismusgebet. Wir treffen uns drei Mal mit zwei Priestern und den gleichen drei Laien. Das dritte Treffen besteht aus einem Gottesdienst, in dem Jean-Gabriel zur Kommunion geht. Nach den Vorgebeten zu Maria, zum hl. Erzengel Michael, der Widersagung Satans, dem Glaubensbekenntnis, der Heiligenlitanei usw. kommt es zu heftigen Manifestationen: Schreie, Gebrüll und Gebell, viele wilde Bewegungen, er beschimpft mich und verspottet mich.

Solche Reaktionen sind in der Anwesenheit einer im Tabernakel aufbewahrten hl. Hostie ein eindeutiges Zeichen für okkulte Behaftung. Jean-Gabriel wurde daraufhin in seiner eigenen Diözese bis zur vollständigen Befreiung weiter betreut.

Die Meinung des Exorzisten

Nach Rücksprache untereinander sind wir zu der Schlussfolgerung gekommen, dass Gabriel nach der Geburt durch ein Voodoo-Ritual wahrscheinlich dem Satan geweiht wurde. Die Laien haben mehrere Texte vom Wort Gottes erhalten, die einen Fall von Besessenheit zu bestätigen scheinen.[5]

Der Fall von Jean-Pierre

Jean-Pierre ist ungefähr 50 Jahre alt. Er macht einen müden Eindruck auf mich. Er ist geschieden (er war standesamtlich verheiratet), hat vier Kinder aus dieser Ehe und hat jetzt eine neue Lebensgefährtin, mit der er einen Sohn hat. Er ist nicht getauft, scheint keinen religiösen Background zu haben. Er ist Tätowierer, arbeitet aber nur auf Nachfrage.

Er klagt über viele Beschwerden: Schlaflosigkeit, Alpträume, Bauchschmerzen, starke Migräneanfälle, Schmerzen in den Händen. Er spürt eine Präsenz, sieht schwarze Gestalten. Er leidet ab und zu unter heftigen Wutanfällen und seine Stimme kann sich plötzlich ändern. Er hat ein chaotisches Leben hinter sich. Er hat harte Drogen genommen, viel Alkohol konsumiert, Sex mit vielen verschiedenen Partnern gehabt, hat Wahrsager, Hellseher und Heiler konsultiert, hat sich mit Reiki behandeln lassen. Er hat mehrmals versucht, sich umzubringen. Sein Großvater war Freimaurer und hat Selbstmord begangen.

Er behauptet, er wäre gläubig und würde an die Taufe denken. Während der drei folgenden Treffen bete ich für ihn. Es scheint seine Beschwerden gelindert zu haben. Er geht seinen Weg.

Die Meinung des Exorzisten

Ich verheimliche ihm nicht, dass seine Lebensgeschichte, sowohl physisch als psychisch, tiefe Spuren hinterlassen hat und dass eine Heilung, falls überhaupt möglich, lange dauern wird. Zum Schluss bitte ich ihn darum, über seinen Beruf als Tätowierer nachzudenken. Eine solche Arbeit ist nämlich nicht harmlos, umso mehr in diesem Fall, da er vorwiegend Schlangen, Drachen und andere Monster zeichnet.

Der Fall von Kevin

Kevin kommt mit seiner Mutter (30 Jahre alt) zu mir. Ich unterhalte mich allein mit ihr. Sie erzählt mir, dass ihr Sohn (8 Jahre alt) in den letzten Monaten sein Verhalten plötzlich verändert habe. Normalerweise sei er eher freundlich im Umgang mit seinen zwei Schwestern und mit seinen Schulkameraden. Er sei jetzt sowohl verbal als auch körperlich aggressiv, traurig und bösartig geworden – er habe sogar die Katze gefoltert. Die Familie ist strenggläubig, aber er lehnt es jetzt ab, am Familiengebet teilzunehmen und die Kirche zu betreten, obwohl er früher mit Freude dorthin gegangen ist. Noch schlimmer, die Grundschullehrerin hat ihn erwischt, als er ein Mädchen aus seiner Klasse angegriffen hat. Seine Eltern sind ratlos. Sie wohnen auf dem Land, schauen wenig fern und verwenden kaum das Internet. Er hat keine Freunde, die ein schlechter Umgang für ihn wären.

Seine Mutter erklärt mir, dass sie erst kurz vor ihrer Hochzeit der katholischen Kirche beigetreten ist. Vorher hatte sie ein chaotisches Leben geführt. Ich erkundige mich, unter welchen Umständen Kevin gezeugt wurde. Es handelt sich um ein uneheliches Kind, es war eine Vergewaltigung, der Vater war eine Einmalgeschichte, er hat sie aber noch einmal vergewaltigt, als sie schwanger war. Ihr Ehemann ist also nicht der leibliche Vater von Kevin, hat aber akzeptiert, ihn anzuerkennen. Ist es während dieser Vergewaltigungen zu einem dämonischen Einfluss auf den Fötus gekommen? Ich stelle mir diese Frage und dann entscheide ich mich mit Genehmigung der Mutter, ein Befreiungsgebet für Kevin zu sprechen ohne dass er selbst bemerkt, worum es geht. Einige Zeit später ruft mich die Mutter an, um mir zu sagen, dass alles wieder in Ordnung sei.

Die Meinung des Exorzisten

Es handelt sich um das Eindringen eines unreinen Geistes in das Kind, als die Mutter vergewaltigt wurde. Dieser Einfluss hat sich erst acht Jahre nach der Geburt gezeigt. Der Dämon wartet auf den richtigen Zeitpunkt, um den maximalen Schaden anzurichten.

Der Fall von Marinette

Marinette, 50 Jahre alt, hat seit ihrer Kindheit viel durchgemacht. Sie kommt aus bescheidenen Verhältnissen und hat wenig Unterstützung erhalten. Sie ist getauft und strenggläubig. Sie war mit ihrem Zwilling Marcel die Älteste von zwölf Geschwistern. Ihre Mutter, Sylviane, hat diese zwei Kinder von Anfang an gehasst. Der Grund dafür ist unbekannt. So hat sie durch einen Pakt ihre Zwillinge dem Teufel geweiht unter der Bedingung, dass er ihr ein langes Leben schenkt.

Marcel ist mit 36 Jahren unter ungeklärten Umständen ums Leben gekommen. Was Marinette anbelangt, so wurde sie von ihrem Vater sexuell missbraucht, außerdem war sie der ständige Sündenbock ihrer Mutter. Der Dämon wird während eines Exorzismus folgendes sagen: „Ich habe sie von ihrem 5. bis zu ihrem 17. Lebensjahr missbraucht. Ihre Mutter hat nichts gesagt, sie liebte ihren Mann nicht, sie wurde gezwungen, ihn zu heiraten. Du kannst mit einem elfjährigen Kind machen, was du willst!"

Als ich Marinette zum ersten Mal treffe, führt sie ein unruhiges Leben. Sie hat nacheinander zwei gewalttätige Lebensgefährten gehabt, mit denen sie vier Kinder (zwischen 13 und 20 Jahren) hat.

Vor ca. zehn Jahren ist sie außerdem das Opfer von Eifersucht in der Familie und wahrscheinlich eines Fluches seitens ihrer Schwester und einer Freundin geworden. Es ist auch nicht auszuschließen, dass sie aus Unwissenheit mit dem Okkultismus in Berührung kam. Auf diese Art und Weise ist es zu tiefgehenden dämonischen Bindungen gekommen, die ihren Alltag schwer beeinträchtigen. Sie klagt über körperliche Schmerzen, muss sich häufig übergeben, hat Schwierigkeiten beim Essen, leidet unter heftiger Migräne auf der linken Seite (Seite der Mutter).

Während der Exorzismusgebete treten die üblichen Symptome auf: Geschrei, Verwendung einer unbekannten Sprache, sonderbare Gebärden usw. Sie wird regelmäßig von einem Psychiater behandelt.

Die Exorzismusgebete haben 1998 angefangen. Zwei Priester-Exorzisten aus der Diözese haben sich zuerst um sie gekümmert, ohne sie befreien zu können. Ich treffe sie im August 2005 und werde sie bis zu ihrer Befreiung im Mai 2009 begleiten. Auf Grund ihrer äußerst ungünstigen Familiensituation ist Marinette psychisch so erschöpft, dass die Gebete für mehr als ein Jahr eingestellt werden müssen. Als wir mit den Exorzismen wieder anfangen, kommt es zu heftigen Manifestationen. Vier Dämonen geben ihre Namen an: Shakouna, Kaya, Harbi, Miako. Der Dämon redet viel: „Ich werde mich rächen, du wirst sehen, mit wem du es zu tun hast", „Mit der habe ich echt meinen Spaß, du wirst mir doch nicht verbieten, sie leiden zu sehen?", „Du tust mir weh… hör doch auf, lass mich in Ruhe!"

Am 12. Mai 2009, dem Vorabend des Festes der Heiligen Jungfrau von Fatima und nach einer Woche täglicher Exorzismen, bleibt nur noch ein Dämon übrig. Seine Exzellenz, der Erzbischof R. ist auf Besuch, ich nutze die Gelegenheit, um ihn darum zu bitten, für die vollständige Befreiung zu beten, was auch geschieht. Wir haben also zwölf Jahre Bemühungen und Gebete gebraucht, um diese Befreiung zu erreichen.

Die Meinung des Exorzisten

Je älter die dämonischen Einflüsse sind, umso schwieriger ist es, sich davon zu befreien. Heute geht es Marinette besser. Sie betet viel, würde nie die Sonntagsmesse mit ihren Kindern versäumen. Ihr zweiter Lebensgefährte hat sie verlassen, sie hat ein bisschen Frieden und Glück gefunden. Ich persönlich habe den Glauben von Marinette sehr bewundert. Sie hat sich trotz ihrer Leiden und ihrer äußerst schwierigen Lebenssituation nie beklagt. Sie hat es außerdem geschafft, dass sich ihre pubertierenden Kinder taufen ließen.

Der Fall von Martin

Martin, 43 Jahre alt, ist der Älteste von drei Jungen. Einer seiner Brüder ist Priester. Seit frühem Kindesalter leidet er unter verschiedenen Beschwerden: unerklärlichen Bauchschmerzen, Depressionen, Melancholie sowie unbegründeter plötzlicher Müdigkeit. Ab und zu hört er eine Stimme, die zu ihm sagt: "Bete doch nicht... es bringt sowieso nichts...".

Seine Familie ist strenggläubig, er selbst ist immer ein gläubiger praktizierender Katholik gewesen. Er hat sich von vielen Ärzten beraten lassen, aber es konnten keine organischen Ursachen für seine Beschwerden festgestellt werden. Er hat sich – ohne bemerkbaren Erfolg – mehreren Psychotherapien unterzogen.

Trotz seiner Schwierigkeiten macht dieser Mann auf mich einen ausgeglichenen und psychisch stabilen Eindruck. Ich kann weder in seinem Leben noch in seiner nahen Verwandtschaft Gründe finden, die zu irgendeiner dämonischen Bindung hätten führen können. Wir entscheiden uns trotzdem, in die Kapelle zu gehen und zu beten.

Aber sobald ich die Hände aufgelegt habe, entfernt er sich plötzlich von mir und fängt an, unruhig zu werden. Ich bete weiter, er knurrt immer wieder, dann sagt eine eigenartige Stimme zu mir: "Halt den Mund, hier bin ich zu Hause...". Dann wird der Ton bedrohlicher: „Dieser Priester ist wahnsinnig, ich werde dich umbringen, ich mache dich fertig". Da das Ritual es uns Exorzisten erlaubt, stelle ich die Frage: „Wie heißt du?" „Myniac." „Bist du allein?" „Ja." „Warum bist du da?" „Wegen Casimir." „Wer ist Casimir?" „Sein Urgroßvater!"

Ich spreche die Gebete des Rituals bis zum Schluss. Danach frage ich Martin, ob es Schwierigkeiten mit einem seiner Vorfahren gab. „Ja, man hat mir mehrmals davon erzählt. Unser Urgroßvater war ein Wüstling, eine zwielichtige Gestalt, er ist sogar Komplize eines Mordes gewesen." „Wie hieß er mit Vornamen?" „Casimir." Martin bestätigt also, was der Dämon während des Exorzismus gesagt hat.

Die Meinung des Exorzisten

Man kann keine definitive Aussage machen, sondern nur vorsichtig eine Hypothese aufstellen. Es sieht so aus, als wäre der in Casimir aktive böse Geist auf einen seiner Nachfahren, sprich Martin, seinen Urenkel, übergegangen und das schon seit seiner Kindheit. Martin litt also seit 43 Jahren unter diesem dämonischen Einfluss. Er ist heute befreit.

Der Fall von Michel-Ange

Michel-Ange ist 44 Jahre alt und römisch-katholisch. Er ist mit Martine verheiratet, sie haben einen Sohn Anthony. Er arbeitet in einem Krankenhaus. Seit 7 bis 8 Jahren klagt er über verschiedene Beschwerden: sehr starke Migräneanfälle, Alpträume, das Gefühl, sich verbrannt zu haben, er spürt eine Energie, die durch seinen Körper fließt. Er fängt vor allem immer wieder an, ganz plötzlich gegen Gott zu fluchen. Er würde gerne beten, fühlt sich aber blockiert. Er denkt häufig daran, den anderen etwas Böses anzutun und freut sich schamlos, wenn etwas Schlimmes in seiner nahen Umgebung passiert, was bei ihm wiederum ein schlechtes Gewissen hervorruft. Er hat seinen religiösen Glauben ernsthaft vertieft und vor zwei Jahren das Sakrament der Firmung empfangen. Seine Probleme sind nicht besser geworden.

Seine Eltern waren überzeugte Atheisten. Er selbst hat Yoga und Qi-Gong gemacht. Er wurde von einem Osteopathen behandelt, der energetisch arbeitete und der ihm ungefähr zehn Mal seine Hände aufgelegt hat. Er war auch bei einem Psychiater, der keine Ursache für seine Beschwerden finden konnte.

Ich bete für die Befreiung von den Geistern des Hochmutes und des Atheismus, des Fluchens, des Yoga und Qi-Gong, der unreinen Energien und des Todes. Dieses Gebet wurde zwei Mal wiederholt. Es hat ihm sehr geholfen. Er fühlt sich freier, hat seine Lebensfreude wiedergefunden, was eher ein gutes Zeichen ist.

Die Meinung des Exorzisten

Wenn die Eltern oder Großeltern Atheisten waren, kann

Atheismus – abgesehen vom psychologischen Einfluss in der Familie – zu dämonischen Bindungen führen.

Außerdem muss man vorsichtig sein. Um bessere Erfolge zu erzielen, lernen einige Physiotherapeuten und Osteopathen Techniken aus Asien, bei denen es um Energien geht (kosmische, astrale, universelle, sogar göttliche...), wie Reiki, Tai Chi, Qi Gong. Diese Techniken können unter Umständen gefährlich sein, weil sie mit Elementen okkulten Ursprungs vermischt sein können. Wenn ein Therapeut anfängt, Ihnen zu erklären, er müsse Ihre Energie harmonisieren und Ihnen dafür seine Hände auflegt, entfernt er sich völlig von seinem Therapieverfahren. Solche Therapien sind zu vermeiden.

Der Fall von Mireille

Mireille ist 28 Jahre alt, ledig und arbeitet in einem CAT[6]. Seit Anfang der Pubertät leidet sie an Unwohlsein, Depressionen, Ängsten, sie hört Stimmen. Sie wird mit schweren Medikamenten von einem Psychiater behandelt. Die Therapie tut ihr gut, aber ihr Unwohlsein bleibt bestehen.

Sie scheint eine normale Kindheit ohne schweren psychischen Schock und ohne Missbrauch jeder Art gehabt zu haben. Sie kommt aus einer unkomplizierten und ausgeglichenen Familie. Ich sehe keinen Anlass, ein Befreiungsgebet auszusprechen. Die Eltern von Mireille hatten für Religion kein Interesse, es wurde nie von Gott gesprochen. Sie weiß nicht, ob sie getauft wurde.

Die Meinung des Exorzisten

Ich kann durch meine Gespräche mit ihr keinen dämonischen Einfluss feststellen. Man sollte in diesem Fall eher an ihre Beziehung zu Gott denken. Folgende Worte von Augustinus von Hippo fallen mir ein: „Du hast uns auf Dich hin geschaffen, und unruhig ist unser Herz, bis es Ruhe findet in Dir“. Ich empfehle ihr, Kontakt mit einem Priester aus ihrer Nachbarschaft aufzunehmen, mit ihm zu reden und wenn sie es will, sich auf die Taufe vorzubereiten.

Der Fall von Mireille zeigt uns, dass wir unsere Aufmerksamkeit auf eine menschliche und rein psychologische Problematik lenken müssen, da sie ein gewisses existentielles Unwohlsein verursachen kann. Dieses Unbehagen kann nur behoben werden, indem die Person eine lebendige Beziehung zu Gott aufbaut, die mit der Taufe anfängt.

Der Fall von Nathan

Nathan ist um die 30. Er ist ein Einzelkind und wurde von seinen Eltern sehr verwöhnt. In der Jugend verlässt er die Schule und schlechter Umgang tut ein übriges. Nach und nach fängt er mit Drogen, Sex, Gewalt usw. an. Dann kommen Diebstähle und Überfälle dazu. Er wird zum Dealer. Entgleisungen, Zornausbrüche bringen ihn mehrmals in eine psychiatrische Anstalt.

Aber dank einer treuen Freundschaft, die nie aufgehört hat, gelingt es ihm, aus dieser Situation herauszukommen. Er bekehrt sich zu Jesus Christus. Dieser Freund bringt ihn für eine Beichte zu mir, die er mit viel Ehrlichkeit und echter Reue ablegt. Nach der Absolution bitte ich ihn, ein Befreiungsgebet zu sprechen. Während des Gebets stelle ich die charakteristischen Manifestationen fest. Er fällt auf den Boden, fängt an zu knurren, schimpft und sabbert viel. Ich werde mehrere Befreiungsgebete benötigen, um ihn vollständig zu befreien.

Die Meinung des Exorzisten

Ich habe daraus folgende Lehre gezogen. Ein echter Bekehrungsversuch begleitet vom Sakrament der Versöhnung sowie die Absolution reicht für eine komplette Befreiung nicht aus. Daher besteht die Notwendigkeit ein oder mehrere Befreiungsgebete hinzuzufügen. In so einem Fall darf der Priester nicht zögern, ein Befreiungsgebet vorzuschlagen und es auch zu sprechen. Er muss auch die Dämonen benennen: Gewalt, Unreinheit, Drogen usw. und falls nötig, muss er das Befreiungsgebet wiederholen.

Der Verzicht darauf kann die häufigen spirituellen Rückfälle erklären. Bleibende dämonische Bindungen führen dazu, dass die Person rückfällig wird. Es erklärt, warum eine spirituelle Begleitung nach einer Bekehrung erforderlich ist.

Der Fall von Prosper

Prosper stammt aus Gabun, ist 30 Jahre alt. Er ist praktizierender Katholik und hat die Firmung erhalten. Er studiert Jura. Er hört Stimmen, die ihm einflüstern: „Gott existiert nicht… Dein Gebet bringt dir nichts." Er hat das Gefühl, dass es etwas Böses neben ihm gibt und sein Schlaf ist sehr unruhig. Er hat keine direkten Kontakte zum Okkultismus gehabt, aber da er in Mali gelebt hat, wurde er von Marabuts behandelt. Er hat sich außerdem ziemlich intensiv mit Pornographie beschäftigt.

Seine Familiengeschichte ist nicht unbedingt harmlos. Obwohl seine Eltern römisch-katholisch waren, haben sie sich in den „Bouti" einweihen lassen. Es handelt sich um einen Brauch aus Gabun, bei dem man die Leute glauben lässt, sie könnten mit den Ahnen in Verbindung treten. Dieser Brauch ist aber sehr von Magie und Hexerei durchdrungen. Er hat einen Psychiater konsultiert, der ihn wegen seiner akustischen Halluzinationen behandelt hat. Die Therapie ist aber erfolglos geblieben.

Die Meinung des Exorzisten

Ich bete für eine vollstände Befreiung von den Geistern Bouti, Magie, Hexerei und Pornographie. Er selbst betet viel, um befreit zu werden. Sein Allgemeinzustand ist besser, aber die Stimmen sind nicht ganz verschwunden. Man muss Geduld haben. Sein Leben als Gläubiger, das auf dem Gebet und den Sakramenten basiert, wird ihm allmählich helfen, einen normalen Zustand wiederherzustellen.

Der Fall von Sandra

Sandra, 32 Jahre alt, Physiotherapeutin, ist mit Thierry kirchlich verheiratet. Ihr Mann ist leitender Angestellter und arbeitet in der Automobilindustrie. Sie haben zwei Kinder (9 und 6 Jahre alt), sind römisch-katholisch, gehen aber kaum in die Kirche. Vor ein paar Monaten hat Sandra gehört, dass Reiki in der Schmerztherapie sehr wirksam sein soll – das behaupten zumindest deren Anhänger. Sie ist der Meinung, dass diese Technik ihre Ausbildung sehr gut ergänzt und macht die drei vom Reiki-Meister geplanten Einweihungen, die insgesamt 500 Euro kosten.

Einen Monat lang wendet sie neben den üblichen Massagen diese Technik an. Einige Tage später treten ungewöhnliche Beschwerden auf: Schlaflosigkeit, starke Migräne, das sehr unangenehme Gefühl erstickt oder erwürgt zu werden. Die Ärzte haben dafür keine Erklärung. Eines Nachts werden ihr Mann und sie durch laute Geräusche im Haus geweckt. Sie hören auch ein sehr merkwürdiges Gebrüll. Das Bett geht plötzlich hoch und fällt dann mit einem fürchterlichen Krach, so als ob Holz zersplittere, wieder zu Boden. Diese Phänomene wiederholen sich drei Nächte hintereinander. Sie sind terrorisiert.

Als sie zu mir kommen, sind sie erschöpft. Ich bete erst mit ihnen, dann empfehle ich Thierry, seine Frau ins Krankenhaus einweisen zu lassen. Sie benötigt in der Tat 14 Tage in einer psychiatrischen Anstalt, um wieder auf die Beine zu kommen. Ein Befreiungsgebet befreit sie von den dämonischen Einflüssen, die sie durch die Reiki-Einweihungen aufgenommen hatte.

Die Meinung des Exorzisten

Nachdem ich mehrere solche Fälle gesehen habe, bin ich zu der Schlussfolgerung gekommen, dass Entspannungsmethoden aus Ostasien (wie Reiki) nicht neutral sind. Sie sind aus dem Heidentum entstanden und enthalten gefährliche okkulte Elemente.

Der Fall von Sylvia

Sylvia, 30 Jahre alt, ist getauft, aber keine praktizierende Katholikin. Sie hat 1998 Bertrand standesamtlich geheiratet. Ihr Mann ist römisch-katholisch getauft, fühlt sich aber den Zeugen Jehovas sehr nahe. Als ich sie kennenlerne, haben sie zwei Töchter im Alter von 16 und 11 Jahren. Sylvia hat mit 18 Jahren abgetrieben.

Jetzt arbeitet sie als Kassiererin in einem Supermarkt. In diesem Geschäft gab es innerhalb weniger Jahre fünf bewaffnete Überfälle, die sie schwer beeinträchtigt haben. Sie leidet unter verschiedenen körperlichen und psychischen Störungen. Sie hat erfolglos mehrere Ärzte und dann Heiler konsultiert. Die Ärzte finden nichts. Sie nimmt seit mehreren Monaten Antidepressiva, aber ihr Zustand ist gleichbleibend.

Sie wird mir von einem Kollegen geschickt. Während des ersten Gebets haben ihre zwei Brüder und ihr Mann große Schwierigkeiten, sie zu bändigen. Ich frage den Dämon: „Wer seid Ihr?“ „Wir sind viele…“ „Wer hat euch geschickt?“ „Nadia! Die Zeugen Jehovas!“

Ich erfahre, dass Bertrand mit Nadia ca. ein Jahr lang eine Affäre gehabt hat, die er aber vor einigen Monaten beendet hat. Im Laufe von drei Monaten werden sechs Treffen mit Exorzismusgebeten nötig sein, um Sylvia zu befreien.

Die Meinung des Exorzisten

Es handelt sich wahrscheinlich um einen Geist des Fluches und zweifellos um einen Geist des Todes, der durch ein Hexenritual hervorgerufen wurde. Bertrand hat nicht mehr den Wunsch, die Zeugen Jehovas weiterhin aufzusuchen. Er ist entschlossen, sich mit Sylvia auf die kirchliche Trauung vorzubereiten.

Ich merke, wenn Gott diese dämonischen Bindungen zulässt, öffnet er einen Weg für die Bekehrung und für die Rückkehr zum katholischen Glauben.

Der Fall von Thierry

Thierry, 25 Jahre alt, hat seinen Vater im Jahre 2003 verloren und lebt bei seiner Mutter. Er ist praktizierender Katholik. Seine Ausbildung in Elektrotechnik gefällt ihm und verläuft gut. Er ist ein intelligenter und unternehmungslustiger junger Mann.

Als er zu mir kommt, klagt er über verschiedene Beschwerden. Er bemerkt eine Energie, die durch den ganzen Körper läuft und ein Ameisenkribbeln und Erschaudern hervorruft. Er sieht häufig leuchtende Punkte und schwarze Gestalten. Er hat Alpträume. Er hat einige Ereignisse im Voraus gewusst. Innere Stimmen empfehlen ihm, sich in einer homosexuellen Beziehung zu engagieren (was er nicht gemacht hat). Dazu kommt, dass er seinen Körper verlässt, wenn er im Bett liegt, d.h. er sieht, dass er sich außerhalb seines Körpers befindet. Thierry beschreibt mir auf eine ruhige und sachliche Art und Weise seinen Zustand, ohne Emotion oder Nervosität zu zeigen. Er scheint mir psychisch stabil zu sein. Ich empfehle ihm trotzdem, zum Psychiater zu gehen.

Während unserer Gespräche erklärt er mir, dass er intensiv Radiästhesie[7], Reiki und Yoga praktiziert hat. Er verwendet häufig anthroposophische Produkte (s. Frage 46). Seine Großeltern haben Magie betrieben.

Die Meinung des Exorzisten

Fünf Befreiungsgebete auf drei Monate verteilt sind nötig, um Thierry von seinen Leiden zu befreien, die in der Tat auf seine Aktivitäten, vor allem Reiki und Yoga, zurückzuführen waren. Es könnte auch sein, dass er Bindungen von seinen Großeltern geerbt hatte.

Der Fall von Valérie

Valérie, 34 Jahre alt, stammt aus einer praktizierenden katholischen Familie. Ihr Vater, Angestellter, ist gestorben, als sie elf Jahre alt war und ihre Mutter starb im Jahre 2000. Sie hat einen jüngeren Bruder, den sie selten trifft.

Valérie kommt mit einer ihrer Freundinnen zu mir, nachdem sie einen Monat lang in einer psychiatrischen Anstalt war. Bis zum Jahre 2003 hat sie ein relativ ausgeglichenes Leben geführt. Sie hat als Seniorenbetreuerin gearbeitet, führte seit Jahren eine Beziehung mit ihrem Verlobten und hat sich in Lourdes um Kranke gekümmert.

Vor zwei Jahren hat sich ihr Leben total verändert: sie ist arbeitslos, ihr Verlobter hat sie verlassen. Sie lebt alleine. Sie hat als einzige Unterstützung in der Familie einen alten Onkel und eine alte Tante. Sie ist depressiv und suchtkrank (Alkohol) geworden. Sie nimmt starke Medikamente.

Ich stelle fest, dass sie eine symbiotische und konfliktreiche Beziehung zu ihrer Mutter gehabt hat. Diese war eine Perfektionistin, hat immer viel von Valérie verlangt, hat ihr aber als Gegenpol einen gewissen Lebensstandard sowie eine affektive Stabilität geboten. Der Tod ihrer Mutter, der Verlust ihrer Arbeit und ihres Verlobten haben bei Valérie zu einer starken emotionalen Frustration geführt. Ihre Beschwerden haben für mich keine dämonische Ursache, auch wenn sie erwähnt, ein wenig Spiritismus und automatisches Schreiben ausprobiert zu haben.

Ich akzeptiere, für sie zu beten. Ich denke an die Gebete um innere Heilung, um die Erneuerung der Gnade der Taufe und der Firmung. Ich habe gerade angefangen zu beten, als die Krise beginnt: heftige Gebärden, Geschrei, Schläge auf die

Holzverkleidung meines Büros. Die Krise hält einige Minuten an, erreicht ihren Höhenpunkt und hört auf, als ich ihr eine Flasche (nicht geweihten) Wassers auf den Rücken gieße. In der Zwischenzeit hat ihre Freundin den Notarzt gerufen. Nach einer kurzen Untersuchung, ohne gravierenden Befund, wird sie nach Hause gebracht.

Ich komme zu der Schlussfolgerung, dass ich mit einem hysterischen Anfall konfrontiert wurde. Einige Tage später bittet sie mich, an einem Gebet für sie teilzunehmen, das ich in einer befreundeten Kirchengemeinde sprechen soll. Ich akzeptiere unter der Bedingung, dass kein weiterer Anfall stattfinden wird. Und es geschieht in der Tat nichts. Eine Woche danach hat sie in einer anderen Gemeinde einen Anfall während des Gottesdienstes. Der Gruppenleiter, ein erfahrener Mann, lässt sich nicht in die Irre führen.

Die Meinung des Exorzisten

Diese hysterischen Anfälle sind das Zeichen eines intensiven Leidens auf Grund von Frustration. Durch die Simulierung einer Besessenheit möchte Valérie, dass man sich für ihre Probleme, sprich für sie, interessiert. Man muss diesen Schmerz ernst nehmen und ihr klar machen, dass sie diese Anfälle nicht braucht, um geliebt zu werden. Sie braucht eine Trauerbegleitung, es wird ein langer Heilungsweg sein.

Der Fall von Valérie hat mir geholfen, zwischen Hysterie und dämonischen Einflüssen zu unterscheiden. Ähnlichkeiten können jedoch zum Irrtum führen: Gebärden, Geschrei usw. Aber es gibt wichtige Unterschiede. In der dämonischen Manifestation ist dieser Prozess nicht kontinuierlich – wie es anscheinend in den psychiatrischen Anfällen der Fall sein soll – Gesten und Worte (bzw. Schreie) treten spora-

disch für ein paar Sekunden unter dem Einfluss einer anderen Persönlichkeit auf. Diese Manifestationen hören plötzlich auf und die Person wird wieder sie selbst. Dann fängt der Wechsel zwischen der eigenen und der anderen Persönlichkeit wieder an.

In der psychiatrischen Krise sind die Schreie unverständlich. In der dämonischen Besessenheit aber hat man eher mit Gebrüll, ab und zu mit Tiergebrüll, sowie mit eindeutigen Worten wie Schimpfwörtern, Gotteslästerungen, Drohungen zu tun. Außerdem kann sich in einem Fall von dämonischer Manifestation die Person nicht an das Geschehene erinnern. Dies trifft für die hysterische Person nicht zu.

Der Fall von Sylvie

Sylvie, 35 Jahre alt, ist schlank, groß und hat feine Gesichtszüge. Man liest häufig Angst in ihren Augen. Sie ist intelligent und von rascher Auffassungsgabe trotz unvollständiger Schulausbildung. Sie hat einen regen, intuitiven und sehr sicheren Glauben. Sie überrascht mich häufig durch ihre treffenden Bemerkungen sowie die Schlüssigkeit ihres Verhaltens.

Im Juli kommt sie zu mir und erzählt mir ihren Werdegang. Sie wurde in einer Bauernfamilie geboren. Ihre Mutter war wahrscheinlich enttäuscht, eine dritte Tochter bekommen zu haben und hat es abgelehnt, sie in ihre Arme zu nehmen. Sylvie wird nie akzeptiert. Weder von ihren Eltern, noch von ihren Schwestern, deren Sündenbock sie schnell wird. Nur von den Hunden des Hauses fühlt sie sich geliebt. Sie wird auf Grund ihres Kommunikationsmangels für zurückgeblieben gehalten. Die Tatsache, dass sie Selbstgespräche führt, verstärkt diesen Eindruck. Mit 10 Jahren wird sie von einem Vetter sexuell missbraucht.

Die Eltern sind katholisch, lassen sie taufen und schicken sie zum Religionsunterricht. Es sind die wunderbarsten Momente ihrer Kindheit. Schwester Jean-Marie entdeckt den Reichtum ihrer religiösen Sensibilität, unterstützt sie und ermöglicht es ihr, die erste heilige Kommunion zu erhalten. Es ist ein Glücksmoment für Sylvie, die diese Erfahrung mit großer Intensität erlebt. Diese Ordensschwester wird zur Vertrauensperson und sie öffnet sich ihr. Sie erzählt ihr von einem eigenartigen Phänomen. Sie hört häufig eine Stimme in ihrem Inneren, die ihr ab und zu schmeichelt: „Du bist für Gott sehr wertvoll, die Menschen sehen deine Seele nicht, die ist zu schön; du bist eine Heilige, jetzt bist du die Schwester von Jesus“ und die sie ab und zu terrorisiert: „Du gehörst jetzt mir, Satan, ich werde mich um dich kümmern; in deiner Familie seid ihr alle nur Bastarde“. Diese Stimmen werden stärker, wenn sie betet oder die Kommunion empfängt. Als sie ungefähr 12 Jahre alt ist, erwähnt sie ihre religiöse Berufung. Diese wird von ihren Eltern kategorisch abgelehnt. Sie hat eine Depression.

Trotz eines feindseligen Familienumfelds geht sie weiter in die Schule, bis sie 17 Jahre alt ist. Ihr Vater wird ihr gegenüber immer gewalttätiger. Er hasst sie und setzt sie vor die Tür, als sie volljährig wird.

Sie geht dann eine Lebensgemeinschaft mit einem gewalttätigen, drogensüchtigen und alkoholkranken Soldaten ein und bekommt eine Tochter von ihm. Erschöpft verlässt sie ihn nach fünf Jahren. Sie hat wieder eine Depression.

Während dieser Zeit hört sie weiterhin drohende Stimmen. Es geschehen merkwürdige Dinge in ihrer Wohnung: Geräusche von Schritten, leises Knurren, Fenster und Fensterläden, die sich von alleine öffnen und schließen, kalter Luftzug, scheußliche Visionen usw.

Im Jahre 2004 ergreift sie mit ihrer Tochter die Flucht und landet in T., wo sich das Sozialamt mit Kompetenz und Engagement um sie kümmert. Die Phänomene nehmen zu und bringen ihr Alltagsleben schwer durcheinander. Sie arbeitet mit einem befristeten Vertrag und lebt in einer Sozialwohnung. Als ich sie kennenlerne, ist ihre Tochter (die auch unter der Situation leidet) zu ihrem Vater zurückgegangen.

Ich höre Sylvie lange zu. Sie ist eindeutig zutiefst verletzt worden und empfindet großen Kummer, nicht nur durch ihre heutige Lebenssituation, sondern auch deshalb, weil sie als

Kranke abgestempelt wurde, obwohl der Psychiater, der sie untersucht hat, keinerlei psychiatrische Erkrankung feststellen konnte. Er gibt auch zu, dass er diesen Fall überhaupt nicht versteht. Ich notiere mir die Beschwerden, die sie mir erzählt. Gehören sie nicht zu visuellen und akustischen Halluzinationen? Sie redet sachlich mit einer echten Bescheidenheit. Ich kann bei ihr keine hysterische Neigung feststellen.

Auf Grund der anhaltenden Gewalt, der sie ausgesetzt war und auch auf Grund der inneren Stimmen, die nicht neutral sind, komme ich zu der Schlussfolgerung, dass Bindungen existieren könnten.

Während des ersten Befreiungsgebets werden die Stimmen intensiver: „Ich werde dich kreuzigen, deine Augen auskratzen. Du bist eine Nutte! Dein Jesus, ich spucke auf ihn!“ Ich merke, wie sie während des Gebets leicht zittert und schwitzt.

Wir treffen uns eine Woche später. Sie berichtet mir, dass sie schwierige Tage hinter sich hat, es war wie ein Ausbruch des Bösen: verschiedene Geräusche in ihrer Wohnung, heftige Beschimpfungen, körperliche Angriffe in der Nacht. Das Gebet verläuft gut ohne nennenswerte Reaktionen. Sie fühlt sich müde, aber ein bisschen erleichtert. Bei ihr zu Hause bleiben die Probleme bestehen, vor allem nachts: das Gefühl, von Händen berührt zu werden, Schwefelgerüche, innere Drohungen. Ich empfehle ihr, wegen ihrer Schlaflosigkeit zum Arzt zu gehen.

Auf Grund der Beharrlichkeit der Beschwerden entscheide ich mich für ein Exorzismusgebet und bitte zwei Priesterkollegen darum, mir zu assistieren. Nach den anfänglichen Gebeten fängt Sylvie an, heftige Gesten zu machen, sie brüllt und beschimpft uns. Meine zwei Kollegen haben Schwierigkeiten sie zu bändigen. Ich zeige ihr das Kruzifix, sie spuckt darauf. Ich hole das Heilige Sakrament, das ich vor sie auf den Altar stelle. Sie zieht sich zurück und schreit vor Terror.

Während eines anderen Treffens stelle ich die Frage: „Wer bist du?“ „Ich bin Karl (?) und ich bin in sie eingedrungen, als sie sieben Jahre alt war, da sie eine Freundin von Jesus war“. Das Gebet hat eineinhalb Stunden gedauert. Sylvie erinnert sich nicht daran, was geschehen ist.

Während dieser ganzen Zeit ist Sylvie in einen intensiven spirituellen Kampf verwickelt: Sie betet täglich, geht zum Gottesdienst, betet den Rosenkranz.

Im Oktober wird sie noch einmal körperlich angegriffen. Sie wird in ihrer eigenen Wohnung auf den Boden geworfen und unwillkürliche Schreie kommen aus ihrem Mund. Wenn sie in die Kirche gehen will, ist sie blockiert, sie muss kämpfen, um es zu schaffen. Die Beschimpfungen sind weniger geworden, aber sie kommen immer noch vor. Sie hört diese Worte: „Du bist ein gleichwertiger Gegner, andere wären früher zusammengebrochen.“ Sie vertraut mir an, dass sie eine Vision der Hölle mit den Dämonen und den verdammten Seelen gehabt hat.

Während des folgenden Gebets stelle ich die Frage: „Seit wann bist du da?“ „Seit ihrer Geburt.“ „Warum?“ „Weil ihre Mutter sie hasste; sie war nicht von ihrem Ehemann.“ „Wann wirst du weggehen?“ „Wenn sie gestorben ist, ich werde sie zerstören.“ Und der Dämon fügte dann hinzu: „Ach, die Männer haben mir sehr geholfen.“

Da mir der Fall zäh vorkommt – circa dreißig Exorzismusgebete in zehn Monaten –, bitte ich den Bischof um seine Intervention. Zusammen mit dem Bischof sind wir zwei Priester, zwei Ordensschwestern und zwei Laien. Das Gebet wird von verschiedenen Manifestationen geprägt. Eine der Ordensschwestern bestätigt uns, dass es sich, unter anderem, um einen Geist des Hasses handelt. Ich stelle die Frage: „Wie heißt du?“ „Tetragramaton.“ Das Ende des Gebets ist ruhiger, wir haben aber keine Gewissheit, dass Sylvie befreit wurde. Einige Tage später fängt Sylvie eine neue Arbeit ziemlich weit entfernt von T. an. Sie hat sich nie wieder gemeldet. Wir haben versucht, sie zu kontaktieren, aber sie hat nie geantwortet. Man muss weiterhin für sie hoffen.

Die Meinung des Exorzisten

Auffallend ist, dass Gott nicht zulässt, dass sich der Gequälte an die gewalttätigen Episoden erinnert, die während des Exorzismus stattfinden und die ihn psychisch traumatisieren könnten.

In unserer Tätigkeit als Exorzisten stellen wir fest, dass der Kampf nicht nur auf der Gebetsebene stattfindet, sondern dass wir auch die Freiheit der Person berücksichtigen müssen (in diesem Fall kommt Sylvie nicht wieder, sie ist wegen ihrer neuen Arbeit umgezogen), sowie ihre Kooperationsbereitschaft. Eventuelle Rückfälle bleiben aber immer denkbar.

Der Fall von Tania

Tania ist 22 Jahre alt, ausländischer Abstammung, klein, ein bisschen mollig und sehr lebhaft. Sie hat ein schönes Lächeln und lacht gerne. Sie ist in einem benachteiligten Umfeld aufgewachsen und hat eine schwere Kindheit gehabt. Ihr Vater sowie ein Onkel und ihr Großvater haben sie mehrmals vergewaltigt. Ich bewundere den Mut von Tania. Trotz all dieser Traumata hat sie eine gewisse Sorglosigkeit sowie eine große Freude am Leben beibehalten. Sie wohnt in einem Einzimmerapartment und versucht eine Ausbildung als Krankenpflegerin zu machen. Sie hat keine Sakramente empfangen, nicht einmal die Taufe.

Als ich sie kennenlerne, ist ihr Alltag durch Phänomene gestört, die sowohl merkwürdig als auch lästig sind: geistige Verwirrung, die sie daran hindert, sich im Unterricht zu konzentrieren, sie fühlt sich zu Hause festgehalten, wenn sie hinausgehen will oder sie läuft stundenlang in der Stadt herum, ohne zu wissen, was sie tut! Sie hat schulmedizinisch unerklärliche Bauchschmerzen, leidet nachts unter Alpträumen. Sie versteht nicht, was mit ihr los ist. Sie geht aus Neugier in den Dom von T., lernt dort den Küster kennen, der sie zu mir bringt. Sie erklärt mir ihre Probleme und ich schlage ihr vor, für sie zu beten, was sie ohne Schwierigkeiten akzeptiert.

Während des ersten Befreiungsgebetes hat sie heftige Reaktionen: Faustschläge, Fußtritte usw. mein Ritualienbuch und mein Kruzifix fliegen in die Luft. Zu zweit haben wir Schwierigkeiten, sie zu bändigen. Der Dämon ist wütend: „Sie gehört mir, sie ist mit mir verheiratet, ich werde nicht weggehen!“ Ein Priester und ein Laie helfen mir. Für uns fängt ein langer Kampf an. Sechs Monate lang bleibt das Klima der Exorzismen sehr gewalttätig: heftige

Gebärden, verbale Aggressivität, Beschimpfungen: „Sie ist meine Frau, sie gehört mir, ich werde sie für immer in die Hölle mitnehmen!“ Wenn das Gebet vorbei ist, kommt sie wieder zu Sinnen und kann sich an nichts erinnern. Eines Tages, während des Exorzismus frage ich: „Wer bist du?“ Ich sehe, wie Tania Buchstaben mit ihrem Finger zeichnet, aber ich verstehe die Antwort nicht. Beim folgenden Gebet lege ich ein Blatt Papier vor sie und lasse sie einen Stift halten: „Wer bist du?“ Tania schreibt dann wütend auf das Blatt: “Ich bin Satan!“

Woher kommen diese Bindungen, da sie selbst keinen Pakt mit dem Bösen geschlossen hat? Ich bekomme während eines Exorzismus eine Antwort vom Dämon selbst: „Sie ist meine Frau geworden, als sie von ihrem Vater vergewaltigt wurde!“

Ich empfehle ihr wegen der in der Jugend erlebten Traumata einen Psychiater aufzusuchen. Außerdem habe ich bei ihr eine gewisse Neigung zur Hysterie festgestellt. Aber sie lehnt meinen Vorschlag ab: „Ich bin doch nicht verrückt, ich fühle mich sehr wohl in meinem Kopf!“ Ich versuche auch, sie im katholischen Glauben zu unterrichten: Sie zeigt ein großes Interesse dafür, stellt mir Fragen und möchte sehr schnell getauft werden. Ich rede über ihren Fall mit dem Bischof der Diözese und mit dem Leiter des Katechumenats. Wir entscheiden uns, ihre Taufe vorzuziehen, damit sie sich dank der sakramentalen Gnade besser verteidigen kann. Sie wird im November 2006 getauft, erhält ihre erste heilige Kommunion und erfährt eine gewisse, jedoch nicht vollständige Befreiung. Ihre Beschwerden sind besser geworden, bleiben aber bestehen. Eine getaufte Person, auch im Gnadenzustand, kann also besessen sein. Diese Schlussfolgerung wird mir durch das Lesen des Erlebnisberichtes von Fabienne Amyot bestätigt.[8]

Nach sechs Monaten Gebete (drei bis vier pro Monat) scheint sich die Situation im Januar 2007 zu verbessern. Ihr Alltagsleben ist noch sehr beeinträchtigt – sie musste ihre Ausbildung als Krankenpflegerin aufgeben – aber es gibt keine Gewalt mehr während der Exorzismen (ca. dreißig). Ich stelle fest, dass ihre Persönlichkeit eindeutige Merkmale aufweist: funktionelle somatische Beschwerden, psychomotorische Störungen, ein theatralisches Verhalten, eine Gemütslabilität mit Instabilität und Wechsel der Gefühle, affektive Abhängigkeit, Erotisierung der sozialen Kontakte. Es handelt sich um eine Neurose mit hysterischen Zügen. Ich schlage ihr noch einmal vor, zum Arzt zu gehen. Sie hat aber eine Arbeit gefunden und denkt nur noch an diese neue Tätigkeit.

Ihr Umfeld unterstützt sie leider nicht. Sie wohnt in einem Heim für junge Leute und fängt eine Beziehung mit einem jungen Mann an, der sie nicht respektiert. Von Januar bis Juni sehe ich sie wenig. Sie wird schwanger und ohne jemanden zu informieren, treibt sie ab. Das Trauma der Abtreibung führt dazu, dass sie die Beziehung beendet, aber es ist zu spät. Die Angriffe des Bösen werden immer stärker. Bis jetzt war Tania ein Opfer, aber sie hat durch diese Beziehung und die Abtreibung dem dämonischen Einfluss selbst eine neue Tür geöffnet.

Diese Bindung wird sich durch eindeutige Worte während der wieder aufgenommenen Gebete zeigen: „Sie gehört mir, ich werde nie weggehen“ oder „Ich werde sie umbringen, wie ich ihr Kind umgebracht habe“. Ich bitte sie noch einmal, zum Psychiater zu gehen. Endlich akzeptiert sie. Die Behandlung wird ihren Zustand stabilisieren.

Tania führt jetzt ein normaleres christliches Leben: Gebet, Gottesdienst mehrmals in der Woche, Unterstützung in einer

Gemeinschaft, aber die Befreiung ist noch nicht vollständig. Zwei Mal muss der Bischof der Diözese die Sakramentalien des Exorzismus spenden. Aber der Dämon gibt nicht auf. Neue Beziehung, neue Abtreibung. Es entstehen schwerwiegende psychische Schäden. Tania entgleist mehrere Monate lang völlig. Dazu kommt, dass sie jetzt arbeitslos und ohne festen Wohnsitz ist. Sie hat mehrere schwere Krisen. Ich kann sie nur in meine Gebete einschließen.

Im Sommer 2008 kehrt sie Stück für Stück zum Glauben zurück und führt ein freudigeres Leben. Wir fangen mit den Exorzismusgebeten wieder an. Da ich in der Nähe der Diözese von Sainte-Baume wohne, dem Ort wo Maria-Magdalena die letzten Jahre ihres Lebens verbracht hat, erwähne ich vor Tania die Möglichkeit, zum Heiligtum zu fahren. Der Dämon behauptet: „Nein, sie wird nie dorthin fahren!“ Ich beeile mich, alles zu organisieren, damit dieses Gebet stattfindet. Dies geschieht Ende 2008. Das Gebet ist von vielen Gewaltausbrüchen begleitet, aber ich merke, dass der Feind langsam anfängt, nachzugeben. Er ist viel weniger arrogant und schreit nur weiter: „Halt den Mund!“ Am Abend hat Tania etwas Fieber, Bauchschmerzen und Erbrechen. Es sind nicht unbedingt schlechte Zeichen.

Aber die hysterischen Anfälle fangen wieder an und Tania wird für drei Monate in eine psychiatrische Anstalt eingeliefert. Sie willigt endlich ein, sich einer Behandlung zu unterziehen, die ihrem Zustand entspricht und geht regelmäßig zum Arzt. Sie erhält das Sakrament der Firmung im Mai 2009.

Jetzt ist ihre Situation eher stabil. Wir beten regelmäßig für sie. In fünf Jahren sind mehr als siebzig Exorzismussitzungen notwendig gewesen.

Die Meinung des Exorzisten

Im Fall von Tania muss ich zu dem Schluss kommen, dass eine Jugendliche, die lange missbraucht wurde, nicht nur auf Grund des Traumas (Vergewaltigung, Inzest, Familiengeheimnisse usw.) psychisch verletzt ist, sondern Bindungen mit einem unreinen Geist (einem oder mehreren) eingegangen ist. Dieser Geist ist der gleiche, der ihre Henker zur Gewalt getrieben hat. Eine schreckliche Schlussfolgerung.

Ich stelle fest, dass starke dämonische Bindungen trotz echter Bekehrung der Person, trotz der Sakramente vor allem der Taufe, weiterhin bestehen können.

Ich stelle außerdem fest, wie sehr die Opfer von Gewalt und dämonischen Bindungen psychisch labil bleiben. Sie brauchen ein geborgenes menschliches Umfeld und eine regelmäßige psychologische Unterstützung.

Ich frage mich auch immer wieder, warum es für uns Priester-Exorzisten so lange dauert und so schwierig ist, zu einer vollständigen Befreiung zu gelangen? Zuerst weil wir nicht heilig genug sind. Dazu kommt folgendes: Je länger der Dämon sich in einer Person festgesetzt hat, umso schwieriger ist es und umso länger dauert es, ihn zu vertreiben. Mehrere Exorzisten haben das bereits festgestellt. Letztendlich ist es für die Betroffene ein heiliger Weg, den sie wiederholt im Vertrauen auf Jesus, dem Sieger über das Böse, und in der Hoffnung auf die Größe Seiner Gnade gehen muss. Nur so kann sie diesen beschämenden und demütigenden Zustand aushalten.[9]

Zwei Fälle von Infestation

1. Fall

Eines Tages kommen drei Studentinnen zu mir. Zum Schulanfang haben sie eine Wohnung gemietet, aber sie fühlen sich dort unwohl. Beklemmungsgefühle, Geräusche in der Nacht, schlechte Gerüche usw. Ich empfehle ihnen nachzufragen, wer die früheren Mieter waren. Es waren Afrikaner, die den Ruf hatten, Magie anzuwenden. Es erklärt alles. Ein Befreiungsgebet und die Reinigung durch Weihwasser haben das Problem gelöst.

Die Meinung des Exorzisten

Die Anwendung der Hexerei beinhaltet, dass man „Geister ruft“. Selbstverständlich kommen dann nicht die guten Geister, sondern irgendwelche Dämonen. Auch wenn in diesem Fall keine Magie mehr betrieben wurde, waren sie am Ort geblieben.

2. Fall

Eine Familie klagt über seltsame Phänomene im Haus: schlechte Gerüche, flackernde Glühbirnen, Beklemmungsgefühle usw. Vor allem aber neigen die Familienmitglieder dazu, untereinander häufig zu streiten, obwohl bis dahin die Stimmung harmonisch und kommunikationsfreudig war. Irgendwann kommen sie zu dem Schluss, dass das Haus okkult behaftet ist. Sie fragen den Pfarrer der Gemeinde, ob er das Haus segnen kann. Er kommt in der Tat, aber er geht mit einem Pendel (!) durch das ganze Haus, vom Speicher bis zum Keller. Er erklärt, dass eine Leiche unter dem Haus begraben sei und dass dieser Tote für die festgestellten Probleme verantwortlich sei. Es wird also im Keller gegraben und man findet in der Tat ein paar Knochen, wahrscheinlich uralt, die sofort zum Friedhof gebracht werden. Die seltsamen Phänomene hören dann auf, alle sind erleichtert.

Die Meinung des Exorzisten

Es gibt leider ein kleines Problem, wenn nicht mindestens zwei! Die Anwendung des Pendels, um einen versteckten Gegenstand zu finden, gehört zur Wahrsagerei, was Gott verbietet, weil wir dafür einen Dämon benötigen (vgl. Dt 18,10). Auch wenn „es funktioniert", ist es eine schwerwiegende Sünde. Ein paar Knochen im Untergeschoss eines Hauses können auf keinen Fall zur Infestation der Räumlichkeiten führen. Unsere Städte sind seit Jahrhunderten bewohnt, man findet fast überall Knochen unter der Erde. Ein Skelett ist an sich weder gefährlich noch dämonisch.

Wie kann man also erklären, dass das Haus befreit wurde, obwohl es anscheinend wirklich befallen war? Weil der Dämon Wahrheit und Lüge vermischt hat. Die Wahrheit: es gab Knochen unter dem Haus. Die Lüge: die Ursache der Infestation sowie die Art der Entdeckung (durch das Pendel, was zur Wahrsagekunst gehört).

Ab jetzt wird diese Familie zwei schwere Fehler weitervermitteln:
1. Es ist gerechtfertigt, ein Pendel (sogenannte weiße Magie) zu verwenden, um einen versteckten Gegenstand zu suchen. „Das hat sogar der Pfarrer bei uns gemacht und es hat funktioniert."
2. Wenn man sein Haus auf einem alten Grab bauen lässt, könnte es sein, dass dann dämonische Phänomene auftreten.

Der Dämon ist sehr intelligent. Er hat tatsächlich aufgehört, sich in diesem Haus zu manifestieren, die Frage ist nur für wie lange. Dafür hat er erreicht, dass sich diese zwei Fehler sehr stark verbreiten werden. Familie und Pfarrer sind von ihm betrogen worden und werden durch das Weitererzählen der Geschichte die anderen betrügen. Der Dämon hat auf etwas Böses – die Infestation des Hauses – verzichtet, um ein noch größeres Übel anzurichten: die okkulten Techniken des Pfarrers und die Weiterverbreitung dieser zwei Fehler.

Charlènes Aussage

Charlène, 28 Jahre alt, ist eine alleinstehende Mutter mit einem 9-jährigen Sohn. Sie hat viele Beschwerden: Erbrechen, Tinnitus, sie sieht schwarze Schatten, hat viele Alpträume, ein Gefühl von unerträglicher Kälte oder Verbranntsein, Lust jemanden umzubringen, Reizbarkeit, Vorahnungen. Wenn sie bei mir ist, kann sie weder mit mir reden, noch kann sie dem Bösen widersagen und auch nicht das Glaubensbekenntnis sprechen.

Als ich diesen Brief von ihr bekomme, haben wir schon drei Mal zusammen gebetet und sie war sehr gewalttätig. Sie hat viel gestikuliert, hat meine Stola weggenommen, hat auf mich gespuckt und versucht mich zu beißen.

„Sehr geehrter Pater Fropo,
ich erlaube mir, Ihnen zu schreiben, so wie ich es bei Pater E. gemacht habe, da „sie" nicht wollen, dass ich mit Ihnen rede. „Sie" machen mich stumm. Ich empfinde gegen Sie, die anderen Priester, sowie gegen die Ordensschwestern Hass und fange an, diejenigen (meine Familie, meinen Sohn), die ich liebe, zu verabscheuen. Ich ziehe mich zurück und bleibe immer mehr alleine, ich habe keine Lust mehr, mit jemandem zu reden. Ich glaube mich zu erinnern, dass Sie mich bei unserem letzten Treffen gefragt haben, ob ich angegriffen wurde und ich habe „nein" gesagt. Ich habe Sie angelogen. In Wirklichkeit hören „sie" nie auf. Ich habe selten meine Ruhe. „Sie" sagen und zeigen mir scheußliche Sachen, „sie" grinsen und sagen mir, ich muss Medikamente nehmen und ins Irrenhaus gehen. Ich bin zurzeit so müde, dass ich mich frage, ob sie nicht Recht haben.
„Sie" sorgen dafür, dass ich einen Drang nach Blut, Gewalt, Mord und Suizid entwickle und dass ich mich ritze. Ich habe

häufig den Geschmack von Blut im Mund und dann habe ich Lust, welches zu trinken. Wenn Sie mir Ihr Öl (geweihtes Öl) *auftragen, habe ich den Geruch von Heroin in der Nase. „Sie" haben mir gesagt, ich muss Sie killen, indem ich Sie gegen die Wand schleudere, ich muss Sie in den Hals beißen und Ihr Blut trinken, bis kein Tropfen mehr in Ihrem Körper übrig bleibt. Dann muss ich Sie verbrennen. Was sie mir sagen erregt mich, dann fange ich an zu weinen, weil ich so etwas nicht machen will. „Sie" haben mir gesagt, dass sie beim nächsten Gebet einen von den beiden jungen Männern* (zwei Diakone), *die bei Ihnen sind, fertig machen werden; „sie" werden ihn vor Angst sterben lassen.*

Wenn ich zur heiligen Messe gehe, bin ich krank, ich kann die Kommunion nicht mehr empfangen, ich kann bei den Lobgesängen nicht mehr zuhören, es brennt in meinen Ohren und ich bekomme Kopfschmerzen davon. Nachts habe ich viele Alpträume von starker Gewalt und Blut. Am Dienstag wollte ich zur Beichte gehen. Eine Freundin, die bei mir war, hat den Pfarrer geholt; als er sich mir genähert hat, habe ich Hass für ihn empfunden und Lust gehabt, ihn zu prügeln; ich konnte widerstehen und habe mich schnell zurückgezogen. Ich habe immer Angst etwas anzurichten, was nicht rückgängig zu machen ist. Egal, was ich Ihnen sage, Pater Fropo, Sie müssen für mich die Befreiungsgebete weiter sprechen. Ich habe es satt, in so einem Zustand zu sein, es macht mich körperlich und psychisch fertig. Ich flehe Sie an, helfen Sie mir, lassen Sie mich nicht im Stich, auch wenn ich eines Tages das Gegenteil behaupte. Ich will auf der Seite des Guten sein, auf der Seite Gottes, nicht auf der des anderen."

Die Meinung des Exorzisten

Die Mutter von Charlène hat jahrelang schwarze Magie betrieben und Charlène hat die Folgen davon getragen. Sie selbst hat Kontakte mit weißer Magie, Wahrsagerei, Pendel, Tarotkarten gehabt. Sie hat viel Alkohol getrunken, Drogen genommen, sich mit Pornographie befasst. Sie hat drei Mal freiwillig abgetrieben, sie hat mehrere große Tattoos: Schlangen, Drachen, Totenköpfe. Es handelt sich wahrscheinlich um einen Fall von Besessenheit mit charakteristischen Manifestationen.

Wir haben acht Monate lang (18 Treffen) für Charlène gebetet. Der dämonische Einfluss hat Stück für Stück nachgelassen und Charlène hat sich wesentlich besser gefühlt. Während des letzten Treffens hat die vollständige Befreiung ohne Komplikationen stattgefunden. Ihre Aussage hat mir gezeigt, wie sehr der Dämon jemanden quälen kann, der sich unter seinem Einfluss befindet.

Michèles Aussage

„Ich bin 26 Jahre alt, Studentin und ledig. Ich bin als Kind getauft worden, habe aber keine religiöse Erziehung erhalten. Meine Eltern haben sich scheiden lassen, als ich 7 Jahre alt war. Ich habe später erfahren, dass mein Vater ein Wüstling war. Nach ihrer Scheidung hat meine Mutter viele Beziehungen gehabt. In der Familie meiner Mutter gibt es Alkoholprobleme, sie selbst ist immer depressiv gewesen, sie hat vor meiner Geburt abgetrieben und einen Selbstmordversuch gemacht; sie litt unter Krampfanfällen.

Ich selbst habe mit 17 Jahren zum ersten Mal versucht, mich umzubringen. Ich war chronisch depressiv. In der Jugend hatte ich viele Wutausbrüche; ich machte alles um mich herum kaputt. Ich habe immer den Eindruck gehabt, dass mich meine Eltern nicht haben wollten. Als Kind fühlte ich mich abgelehnt und überflüssig in der Familie. Ich habe mich nicht geliebt gefühlt. Ich habe mich zurückgezogen, wollte mich niemandem anvertrauen. Ich litt unter Phobien, wie zum Beispiel der Angst ins Wasser zu fallen oder zu ertrinken.

Bei meinen Großeltern, von mütterlicher und väterlicher Seite, gab es Seitensprünge und Scheidungen. Mein Vater soll der uneheliche Sohn aus einer Liebesbeziehung zwischen meiner Großmutter und einem Priester sein. Meine Mutter liebte die Wahrsagerei, ging zu Hellsehern und legte sich selbst die Karten. Sie hat mir das Kartenlegen, die Numerologie, die Totenbeschwörung beigebracht. Ich habe gependelt, wurde mehrmals von einer Kusine meiner Mutter durch Handauflegen behandelt. Ich habe etwas Yoga und Tai Chi gemacht.

Was die Religion angeht, habe ich den Eindruck, dass ich

immer gläubig gewesen bin und ich bin immer wieder in die Kirche gegangen, um zu beten. Im Jahre 2001 spielte ich mit der Idee, dem Judentum beizutreten, aber ich habe es gelassen. Im Jahre 2006 bin ich mit einem Freund zum Gottesdienst gegangen. Es hat mich tief berührt und ich habe viel geweint. Ich habe angefangen, mich der katholischen Kirche anzunähern und habe den cours Alpha[10] *des Pfarramts besucht. Es hat mir sehr gut getan und ich hatte wieder ein wenig Hoffnung. Dann bin ich auf Wallfahrt gegangen und ich habe sehr stark die Anwesenheit der Heiligen Jungfrau gespürt. Ich habe aber kurz danach wieder angefangen zu zweifeln, ich war entmutigt und hatte das Gefühl einer inneren Leere. Ich konnte unmöglich den Rosenkranz beten. Seit meiner Jugend habe ich mehrere Beziehungen gehabt, die schlecht ausgegangen sind und mich seelisch tief verletzt haben.*

Als ich mich an den Priester-Exorzisten wendete, ging es mir ziemlich schlecht. Ich litt unter Herzstechen, hatte starke Migräneanfälle, einen unruhigen Schlaf. Ich bin wegen einer Zyste und eines Knoten in der Schilddrüse behandelt worden, ich fühlte mich müde und depressiv. Ich habe festgestellt, dass ich sensitiv war. Ich habe unbewusst komplizierte Leute angezogen und wie ein „Schwamm" alle ihre Probleme aufgesaugt. Ich „spürte" instinktiv alles und hatte Vorahnungen von noch nicht geschehenen Ereignissen. Es war zugleich aufregend und erschöpfend. Der Priester hat mehrere Befreiungsgebete gesprochen (gegen den Geist der Unreinheit, des Ehebruches, der Wahrsagerei, der Wut, der Angst, des Yoga und des Tai Chi) und es ist mir besser gegangen. Ich glaube, ich brauche eine längere Rekonvaleszenz, um von dieser Vergangenheit wirklich geheilt und befreit zu werden, aber ich habe das Vertrauen in Jesus Christus wieder gefunden. Für Ihn ist nichts unmöglich."

Arianes Aussage

„Vor meiner Bekehrung zum katholischen Glauben war ich psychisch labil, depressiv und alles was dazu gehört. Aber mein größtes Problem war, dass ich seit der Zeit, als ich ein kleines Kind war, keine Lust hatte zu leben. Ich bin kein erwünschtes Kind gewesen, ich bin nicht aus Liebe gezeugt worden und ich wusste nicht, dass ich ein Kind GOTTES war. Ich hatte mich also nie an unseren Erlöser gewendet.

Ich habe fast alles ausprobiert, um diese Depression zu überwinden, um wieder Lust und Freude am Leben zu haben: Sophrologie,[11] *Yoga, Hypnose usw. Das Allerschlimmste war Reiki. Ab dem Tag, an dem ich damit angefangen habe, ging es mit mir richtig bergab. Niemals hatte ich so viel Lust zu sterben!!! Ich war nur noch ein lebendes Skelett und alle meine Beschwerden wurden immer schlimmer.*

Bis zur Bekehrung zum katholischen Glauben an Weihnachten 2005. In dieser Nacht habe ich den Eindruck gehabt, dass Gott eine Nabelschnur von meinem Herzen zu seinem Herzen gezogen hat und mir seine Lebenskraft geschickt hat. Und dann, als ich aufgewacht bin, hatte ich zum ersten Mal in meinem Leben, ich wiederhole, zum ersten Mal in meinem Leben, Lust gehabt zu leben!

Außerdem stellte ich mir vorher inbrünstig zwei Fragen: Warum bin ich getauft worden? Wer ist Jesus? Seit diesem Tag hat sich in mir ein wunderschöner Befreiungs- und Heilungsweg eröffnet.

Heute bin ich eine vollkommen glückliche Frau und immer von Freude erfüllt. Ich genieße den Frieden Christi, den ich überall gesucht hatte, nur nicht dort wo er sich befand. Jetzt habe ich meine wirkliche Identität als Kind GOTTES gefunden, weil Er mir durch Seine Gnade ermöglicht hat, meine Taufe voll und ganz zu leben.

Dank dieser Erlebnisse kann ich heute behaupten, dass jedes Glück und jede Heilung ohne Christus nur oberflächlich und zeitbegrenzt ist. Nur unser Erlöser kann uns eine echte und tiefgründige Heilung schenken. Dies geschieht durch die Tiefe Seiner Liebe, die u.a. Freude, Frieden und die Freiheit der Kinder GOTTES einschließt. Dafür müssen wir uns mit Zuversicht und Vertrauen Christus öffnen, uns diese neue Lebensweise zu eigen machen, uns von ihm lieben, heilen und ändern lassen. Es ist nicht nur unser größter Wunsch sondern auch Seiner!"

II.

Ach, du bist vom Himmel gefallen,
du strahlender Sohn der Morgenröte. (...)

Du aber hattest in deinem Herzen gedacht:
Ich ersteige den Himmel; (...)

Doch in die Unterwelt wirst du hinabgeworfen,
in die äußerste Tiefe.

Jes 14,12-15

1. Was versteht man unter der Sünde der Engel?

Die Sünde der rebellierenden Engel bestand darin, das Liebesprojekt Gottes für die Schöpfung abzulehnen. Laut P. Marie-Dominique Philippe hat Luzifer das Projekt abgelehnt, das Gott für die Menschheit und die Schöpfung vorhatte. Er akzeptierte nicht, dass die Schöpfung mit diesem Meisterwerk, dem Menschen, endet und dass die Herrschaft über den Kosmos dem Menschen gegeben wird. Er wollte der Erste in der Schöpfung bleiben und sie beherrschen. Luzifer ist so hochmütig, dass er nicht anerkennt, dass die Liebe vor der Intelligenz steht. Er lehnt es ab, dass die Engel dem Menschen und der Schöpfung dienen müssen: „non serviam" (ich werde nicht dienen)[12], was der Todsünde des Hochmuts entspricht. Da der Engel eine Schöpfung Gottes ist, musste er eine höhere Bestimmung als seine billigen und seine Handlungen einem ihm überlegenen Willen anpassen. Und das ist es, was Luzifer abgelehnt hat: Aus Hochmut hat er sich seiner letztendlichen Bestimmung, der übernatürlichen Glückseligkeit, verweigert und sich nicht dem Willen Gottes gebeugt, der ihm diese Bestimmung geben wollte. Es gibt keine mögliche Vergebung für die Dämonen.

Die Hölle, als endgültiger Trennungszustand von Gott, hat mit der unverzeihlichen Todsünde der Dämonen angefangen. Sie ist „der ewige Tod" bzw. „der zweite Tod" (Offb 21,8). Durch diese Rebellion haben sich die Dämonen in einen endgültigen Zustand des Hasses gegen Gott und seine Schöpfung, insbesondere gegen die Menschen versetzt: „Euer Widersacher, der Teufel, geht wie ein brüllender Löwe umher und sucht, wen er verschlingen kann" (1 Petr 5,8-9). Die Dämonen versuchen also, uns in das Böse zu führen, uns von Gott und unserem Erlöser Jesus Christus zu entfernen und wenn wir uns in die Sünde haben fallen lassen, lassen sie uns an der barmherzigen Zärtlichkeit Gottes zweifeln, der sogar die scheußlichsten Verbrechen verzeihen kann. Wir laufen dann Gefahr, in die Verzweiflung getrieben zu werden und zum Schluss in die ewige Hölle zu kommen. „Der Herr sprach zum Satan: Woher kommst du? Der Satan antwortete dem Herrn und sprach: Die Erde habe ich durchstreift, hin und her“ (Hiob 1,7).

Die Strafe der Dämonen war die Verdunkelung ihrer Intelligenz und die Beharrlichkeit ihres Willens. Der Wille der guten Engel wird durch das Gute bestätigt, der der gefallenen Engel durch das Böse. Ihr Schmerz kommt von ihrem Willen. Sie wollen nicht, was existiert und wollen, was es nicht gibt. Sie möchten zum Beispiel, dass diejenigen, die gerettet werden sollen, verdammt werden. Dazu kommt, dass sie diese Glückseligkeit verloren haben, wonach sie sich natürlich sehnen. Der Ort ihrer Strafe ist die ewige Hölle.

Hätte Gott nach der Sünde der Engel diese rebellierenden Geschöpfe vernichten können? Nein. Der Zeugungsakt Gottes ist unwiderruflich; um die Dämonen in das Nichts zurückzuschicken, hätte Gott eine Tat der Nicht-Liebe vollbringen müssen, was unmöglich ist. Gott ist Liebe, ganz Liebe und nur Liebe!

2. Gibt es wirklich Dämonen?

Nach der Lektüre des Evangeliums und dem Studium der Theologie müssen wir erkennen, auch wenn es uns schwer fällt, dass die unsichtbare Welt der Dämonen tatsächlich existiert.

Die Offenbarung lehrt uns, dass Gott verschiedene Gattungen von Geschöpfen geschaffen hat, den materiellen Kosmos, die lebendigen Wesen, pflanzlich und tierisch. Zum Schluss kommt der Mensch „nach seinem Ebenbild" geschaffen (Gen 1,27), dessen Natur aus Geist und Körper besteht und der als Herrscher der ganzen Schöpfung von Ihm ernannt wurde. Aber die Offenbarung sagt uns auch, dass Gott rein spirituelle Wesen geschaffen hat, die wir mit unseren menschlichen Augen nicht sehen können. Es sind die Engel, die wahrscheinlich vor dem Kosmos geschaffen wurden. Sie gleichen uns, haben genauso wie wir Verstand und freien Willen. Sie haben, auch wie wir Menschen, die geistige Fähigkeit zur Erkenntnis und zur Liebe. Der hl. Thomas von Aquin schreibt: „Die Vollendung des Universums verlangt die Anwesenheit spiritueller Wesen." Und sagen wir nicht im katholischen Credo: „Gott… Schöpfer des Himmels und der Erde, alles Sichtbaren und Unsichtbaren"?

Die Dämonen sind engelhafte Wesen, reine Geister, unsterbliche und personale Wesen. Sie sind von Natur aus gut erschaffen worden. Aber da sie Gott und sein Reich der Liebe von Grund auf und unwiderruflich zurückgewiesen haben, sind sie böse geworden.

Sie sind intelligente und freie Geschöpfe und von unterschiedlicher Art. Sie können untereinander kommunizieren. Die Gesellschaft der Dämonen ist hierarchisch strukturiert, sie stehen nicht alle auf der gleichen Stufe und jeder von ihnen scheint sein Fachgebiet, wie Unreinheit, Lüge, Eifersucht etc. zu haben.

Die Dämonen kennen die materiellen Realitäten, haben ein Verständnis für jeden Gegenstand und dessen Eigenschaft. Sie haben zwar eine Ahnung von der Zukunft, diese ist jedoch sehr unvollständig. Sie haben zum Beispiel keinen Überblick über die Zukunft, so wie man es von Gott sagt, der alles und in aller Ewigkeit weiß. Durch die Ursachen und die Umstände können sie sich aber ein Bild davon machen, weil sie die Ursachen besser und umfassender verstehen als wir.

Satan erträgt es nicht, dass die Menschen zur ewigen Glückseligkeit Zugang haben, die er selbst verloren hat[13]. Deshalb versucht er, die Menschen in seine Rebellion einzubeziehen.

Die Dämonen haben keinen direkten Zugang zu unseren intimsten Gedanken, die nur Gott kennt. Sie können aber durch unsere Worte, unsere Gesten, unseren Gesichtsausdruck und unsere Körperbewegungen einiges von unserem inneren Leben erahnen. So können Engel und Dämonen mit größtem Einfühlungsvermögen die äußeren Umstände wahrnehmen, einen Teil unserer Gedanken daraus ableiten und dann dementsprechend handeln.

3. Gibt es viele Dämonen?

Gottes Wort ist diesbezüglich eindeutig. Daniel hatte folgende Vision: „Tausendmal Tausende dienten ihm, *zehntausendmal Zehntausende*[14] standen vor ihm" (Dan 7,10). Johannes, der Lieblingsjünger, beschreibt in der Offenbarung eine Vision vom „geschlachteten Schaf": „Ich sah und hörte die Stimme von vielen Engeln rings um den Thron und um die Lebewesen und die Ältesten; die Zahl der Engel war zehntausendmal zehntausend und tausendmal tausend" (Offb 5,11).

Der Begriff „zehntausendmal Zehntausende" deutet darauf hin, dass die Anzahl der Dämonen für den Menschen unvorstellbar ist. Als Jesus den Besessenen von Gerasa danach fragt (Mk 5,9), antwortet er: „Mein Name ist Legion, denn wir sind viele". Der Text sagt dann, dass Jesus sie in die Schweine hineinfahren lässt. „Es waren etwa zweitausend Tiere." Lukas schreibt, dass „aus Maria Magdalene sieben Dämonen ausgefahren waren" (Lk 8,2).

Der hl. Johannes von Damaskus (676-749) redet von einer „unzählbaren Menge"[15], mehrere Kirchenväter beziehen sich auch auf die Offenbarung, um es zu bestätigen. „Sein Schwanz fegte ein Drittel der Sterne vom Himmel und warf sie auf die Erde herab" (Offb 12,4). Ein Drittel der Engel hätte rebelliert, ihre Anzahl ist also sehr groß.
Wenn wir uns auch nur ein bisschen mit dem Geheimnis des Bösen auseinandersetzen, verstehen wir, dass die dämonische Aktivität mit der wir konfrontiert sind, kein belangloses Detail ist. Diese unsichtbare Aktivität der Dämonen, die begrenzte, jedoch reale Macht, die sie über uns haben, bleibt ein Geheimnis der göttlichen Vorsehung. Wir wissen aber, dass „Gott bei denen, die ihn lieben, alles zum Guten führt" (Röm 8,28).

4. Ist in der Bibel vom Dämon die Rede?

Die erste Seite der Bibel berichtet uns, wie friedvoll und gesegnet die Schöpfung Gottes ist. „Gott sah (…), es war sehr gut." Aber ab dem Kapitel 3 des Buches Genesis fängt das Drama an: Die Schlange verführt Adam und Eva und bringt es fertig, sie sündigen zu lassen. Das Böse ist ab jetzt im ganzen Buch Genesis und schließlich in der ganzen Bibel zu finden: Gewalt, Kriege, Verfolgung, Eifersucht, Untreue, Rache, Verbrechen usw.

Bei der Lektüre der verschiedenen Bücher der Bibel fällt folgendes auf: Es gibt wenige Texte im Alten Testament, die explizit über die Existenz des Bösen reden, auch wenn diese Realität vielmals erwähnt wird. Dafür wird im Neuen Testament das Problem häufig und unter verschiedenen Namen erwähnt, aber mit der Absicht, uns die Niederlage des Dämons gegenüber Christus vor Augen zu führen. Diese Niederlage ist in der Tat durch den Tod und die Auferstehung Jesu eine Realität:

„(…) um durch seinen Tod den zu entmachten, der die Gewalt über den Tod hat, nämlich den Teufel, und um die zu befreien, die durch die Furcht vor dem Tod ihr Leben lang der Knechtschaft verfallen waren" (Heb 2,14-15).

Oder in dem ersten Brief des Johannes:
„Wir wissen: Wer von Gott stammt, sündigt nicht, sondern der von Gott Gezeugte bewahrt ihn und der Böse tastet ihn nicht an. Wir wissen: Wir sind aus Gott, aber die ganze Welt steht unter der Macht des Bösen" (1 Joh 5,18-19).

In den heidnischen Religionen gibt es häufig den Dualismus zwischen „den guten Göttern" und „den bösen Göttern", zwischen dem Prinzip des Guten und dem Prinzip des Bösen sowie einen Kampf zwischen den beiden. In den Texten der Bibel hingegen wird die Kraft des Bösen nicht auf das gleiche Niveau wie Gott oder Christus gestellt. Die Kirche hat immer dafür gekämpft, diesen manichäischen Dualismus zu eliminieren.

Diese Niederlage Satans wird im zweiten Brief des Petrus ganz deutlich ausgedrückt: „Gott hat auch die Engel, die gesündigt haben, nicht verschont, sondern in die finsteren Höhlen der Unterwelt verstoßen" (2 Petr 2,4). Das Neue Testament, das Evangelium und die Briefe verkünden also den endgültigen Sieg Christi dank seiner eigenen Anwesenheit und des Geheimnisses des Kreuzes.

5. Der Dämon: Mythos oder Darstellung des Bösen?

Eine gewisse Exegese behauptet heutzutage sehr häufig, der Dämon wäre nur ein Mythos, bzw. eine Art und Weise über das Geheimnis des Bösen zu reden. Nein! Der Teufel in der Heiligen Schrift ist weder eine mythische oder symbolische Figur noch eine Personifizierung des Bösen und der Sünde.

Die Dämonen sind gefallene Engel und dies wurde in den ganzen Schriften immer wieder betont. Im Jahre 1215 finden wir in den Texten aus dem vierten Laterankonzil folgendes: „Der Teufel und die anderen Dämonen wurden zwar von Gott ihrer Natur nach gut erschaffen, sie wurden aber aus eigenem Willen böse."[16] Und der *Katechismus der katholischen Kirche* (1996) ist völlig eindeutig. „Dass es geistige, körperlose Wesen gibt, die von der Heiligen Schrift für gewöhnlich ‚Engel' genannt werden, ist eine Glaubenswahrheit. Das bezeugt die Schrift ebenso klar wie Einstimmigkeit der Überlieferung."[17]

Ein Engel ist seinem Wesen nach ein Geist, der sich außerhalb jeder räumlichen, materiellen und zeitlichen Dimension befindet. Ein Engel hat weder Körper noch Sinne, besitzt aber einen viel größeren spirituellen und intellektuellen Verstand als der Mensch. Der Engel oder der Dämon befindet sich dort wo er handelt[18]. Man kann zwar die Existenz des Satans nicht beweisen, aber wenn man nur ein wenig aufmerksam ist, kann man leicht seine Anwesenheit in unserer Welt erkennen.

In den Evangelien ist die Befreiung der Besessenen ein starkes Zeichen der Ankunft des Reiches Gottes. Zuerst zeigt Jesus damit seine Autorität: „Wenn ich aber die Dämonen durch den Finger Gottes austreibe, dann ist doch das Reich Gottes schon zu euch gekommen“ (Lk 11,20). Als die Jünger dann von der Mission zurückkehren, berichten sie voll Freude, dass die Dämonen ihnen gehorchen, wenn sie den Namen Jesu aussprechen. Und „da sagte er zu ihnen: Ich sah den Satan wie einen Blitz vom Himmel fallen“ (Lk 10,18). In den Anfängen der katholischen Kirche wird in der Apostelgeschichte von den vielen Exorzismen des Paulus berichtet. Auf diese Art und Weise konnten die Heiden die Macht des Geistes erkennen (vgl. Offb 16,18; Offb 19,11).

6. Man spricht vom Teufel, von Satan, Beelzebub: Hat der Teufel mehrere Namen in der Bibel?[19]

In der Tat findet man zum Beispiel das Wort Satan in verschiedenen Sprachen wie hebräisch, griechisch und lateinisch. In der hebräischen Bibel bedeutet das Wort: der Gegner, der Widersacher, der Feind, der Ankläger, aber der Ausdruck kommt im Alten Testament selten vor. Im Buch der Chronik (1 Chr 21,1): „Der Satan trat gegen Israel auf und reizte David, Israel zu zählen“. Dann findet man, wie

Satan die Erlaubnis von Gott bekommt, Hiob zu verführen (vgl. Hiob 1,6). In dem Buch Sacharja, steht der Satan rechts von Jeschua, dem Hohepriester, um ihn anzuklagen. „Der Engel des Herrn sagte zum Satan: Der Herr weise dich in die Schranken, Satan“ (Sach 3,2).

Im Neuen Testament wird das Wort mehr als 30 Mal mit oder ohne Artikel angewendet und wird als eine Macht dargestellt, die gegen Jesus und den Plan Gottes ist. In der Erzählung von der Versuchung in der Wüste wird er von Markus und Matthäus unter diesem Namen erwähnt. Johannes und Lukas erzählen, dass Satan in Judas gefahren ist, als er Jesus betrogen hat (vgl. Joh 13,27). Man erinnert sich auch an die scharfe Bemerkung Jesu an Petrus: „Weg mit dir, Satan…“ (Mt 16, 23). Paulus schreibt zum Beispiel für die Korinther: „(…) damit wir nicht vom Satan überlistet werden; wir kennen seine Absichten nur zu gut“ (2 Kor 2,11).

Der Teufel: auf Griechisch *Diábolos*, „der Durcheinanderbringer“, „der Verwirrer“, „der Verleumder“, „der Ankläger der Menschen“. „Doch durch den Neid des Teufels kam der Tod in die Welt“ (Weish 2,24).

Man findet mehr als 30 Mal dieses Wort im Neuen Testament. Ab und zu ist auch der Begriff „Satan“ zu lesen, wie in der Erzählung von der Versuchung in der Wüste bei Matthäus.

Die Dämonen (*daimonos*) oder Geister (*pneumata*): auf Griechisch haben diese Wörter nicht unbedingt eine negative Bedeutung. Wenn das der Fall ist, wird angegeben, ob es sich um „einen unreinen Geist“ (Mk 5, 2), „einen bösen Geist, einen stummen Geist“ (Mk 9, 25) handelt.

Das Böse, das Bösartige, das Schlechte: wie häufig auf Griechisch wird das Adjektiv, sprich *ponéros*, als Substantiv angewendet. „Rette uns vor dem Bösen“ (Mt 6,13), d.h. „rette uns vor dem bösen Geist… vor dem Verführer“. „Ich bitte nicht, dass du sie aus der Welt nimmst, sondern dass du sie vor dem Bösen bewahrst“ (Joh 17,15); „wir wissen, (…) die ganze Welt steht unter der Macht des Bösen“ (1 Joh 5,18-19). Im Gleichnis vom Unkraut unter dem Weizen, sagt Jesus: „Der gute Samen, das sind die Söhne des Reiches; das Unkraut sind die Söhne des Bösen“ (Mt 13,38).

Wir finden auch teilweise andere Benennungen wie:
„Der Versucher“ (Mt 4,3 und 1 Thess 3,5); „Der Fürst der Welt“ (Joh 12,31; 14,30; 16,11); „Beelzebul“ der Anführer der Dämonen genannt nach einem kanaanäischen Gott (Mt 12,24); „Beliar“, der „Taugenichts“ (2 Kor 6,15); „Der Ankläger“ (Offb 12,10-11); „Der Verführer“ (Gen 3,3; Offb 12,9; Offb 20,8); „Der Vater der Lüge“ (Joh 8,44); „Der Mörder“ (Joh 8,44; Hebr 2,14).

7. Welche Tiere symbolisieren den Dämon in der Bibel?

Das bekannteste Tier ist natürlich die Schlange im Buch Genesis (vgl. Gen 3,1-15). Der Dämon wird auch in Form „eines brüllenden Löwen“ dargestellt, der „sucht, wen er verschlingen kann“ (1 Petr 5,8). Dann finden wir in der Offenbarung den Drachen: „Ein anderes Zeichen erschien am Himmel: ein Drache, groß und feuerrot, mit sieben Köpfen und zehn Hörnern und mit sieben Diademen auf seinen Köpfen. Sein Schwanz fegte ein Drittel der Sterne vom Himmel…“ (Offb 12, 3-4).

Und dann weiter, immer noch in der Offenbarung:

„Michael und seine Engel erhoben sich, um mit dem Drachen zu kämpfen. Der Drache und seine Engel kämpften, aber sie konnten sich nicht halten und sie verloren ihren Platz im Himmel. Er wurde gestürzt, der große Drache, die alte Schlange, die Teufel oder Satan heißt und die ganze Welt verführt; der Drache wurde auf die Erde gestürzt und mit ihm wurden seine Engel hinabgeworfen. (...) Da geriet der Drache in Zorn über die Frau [die Kirche] und er ging fort, um Krieg zu führen mit ihren übrigen Nachkommen, die den Geboten Gottes gehorchen und an dem Zeugnis für Jesus festhalten" (Offb 12, 7-9 und 17).

Wir wissen also ganz genau, mit wem wir es zu tun haben…

8. Warum kämpfen die Dämonen so hartnäckig gegen den Menschen und die Schöpfung?

Die Menschen werden mit Gottes Erlaubnis von den Dämonen angegriffen. Der Dämon versucht uns sündigen zu lassen, indem er unsere Gemütsschwankungen, unsere Gelüste sowie unseres Fleisches Lust verstärkt. Aber nicht alle Sünden resultieren aus einem Eingriff des Dämons. Es ist teilweise zu einfach, alles dem Dämon anzulasten.

Der hl. Johannes Chrysostomus erklärt uns, dass der Teufel die Menschen nicht in Versuchung führen könne, so wie er es möchte, sondern nur so weit Gott es ihm erlauben würde. Auch wenn das Ausmaß der Versuchung also eingeschränkt sei, würde Gott dann den Teufel zurückstoßen, um die Schwäche der menschlichen Natur zu berücksichtigen.[20]

Gott hat dem menschlichen Paar die Herrschaft über die Schöpfung gegeben. Der Mensch ist fruchtbar und kann in Liebe Kinder nach dem Bild Gottes zeugen. Der Mensch, das menschliche Paar, ist das Meisterwerk Gottes, es ist nicht der Engel!

Pater Marie-Dominique Philippe erwähnt, dass der Dämon der Meinung ist, Gott habe sich geirrt, als er das materielle Universum und den Menschen geschaffen hat. Das Ziel des Dämons (und es war immer so) ist, zu beweisen, dass Gott einen Fehler gemacht hat. Aus diesem Grund will er die Menschheit zerstören. Er will, dass der Mensch in persona das Universum zerstört. Er selbst hätte kein Problem, alles allein zunichte zu machen, aber er will, dass der Mensch für die Umweltverschmutzung, für die Kriege, für die Abtreibungen usw. verantwortlich gemacht wird. Dadurch möchte er die Dummheit des Menschen beweisen.[21]

Seit ihrem Sündenfall leben die Dämonen in ihrem Aufbegehren gegen das Liebesprojekt Gottes. Sie beneiden die Menschen, das Meisterwerk des Schöpfers. Sie unternehmen alles, um ihn und den Kosmos zu zerstören. Wir müssen uns vor dem Neid hüten. Kain hat seinen Bruder Abel aus Neid erschlagen, der Hohepriester hat Jesus aus Neid verurteilen und kreuzigen lassen. In unseren Gemeinschaften zerstört am meisten der Neid die brüderliche Nächstenliebe.

Der Dämon versucht, das größte Übel mit allen zu seiner Verfügung stehenden Mitteln anzurichten. Er ist voller Hass gegen Gott und gegen den Menschen, der nach Gottes Ebenbild geschaffen wurde. „Die Tätigkeit Satans besteht vor allem darin, die Menschen zum Bösen zu verführen, indem er ihr Vorstellungsvermögen und ihre höheren Fähigkeiten beeinflusst, um sie in die dem Gesetz Gottes entgegengesetzte Richtung zu lenken.“[22]

Satan will die ganze Menschheit in seine Rebellion gegen

Gott einbeziehen und führt einen unerbittlichen Krieg gegen diejenigen, die Gott treu bleiben wollen (vgl. Offb 12,17). Er führt in die Welt die Sünde, den Streit, den Schmerz, den Tod und den „zweiten Tod", die ewige Verdammnis, ein.

„Denn der Teufel ist zu euch hinabgekommen; seine Wut ist groß, weil er weiß, dass ihm nur noch eine kurze Frist bleibt" (Offb 12,12b).

Augustinus von Hippo lehrt, dass der Teufel dem Menschen sehr oft schaden möchte, es aber nicht kann, da seine Macht der Macht Gottes unterstellt sei.[23] Ferner würde Gott auch diejenigen, die nicht tun, was Er will, dazu bringen, zu tun was Er will.[24]

Ambrosius von Mailand beruhigt uns mit der Aussage, dass der Teufel sich fürchte, uns aufs Neue in Versuchung zu führen, wenn wir ihm widerstanden haben, weil er nicht wieder besiegt werden möchte.[25]

9. Warum lässt Gott zu, dass Satan uns in Versuchung führen darf?

Nehmen wir zum Beispiel die Geschichte von Hiob in der Bibel. Gott erlaubt dem Dämon gegen Hiob vorzugehen, aber er stellt einige Bedingungen und setzt Grenzen. Hiob wird von dem Dämon gequält und lernt, durch die Geduld stärker zu werden. Er tut Buße, bleibt bescheiden, hofft und vertraut auf Gott. Gott erlaubt also die Handlung des Dämons, um unser Herz zu reinigen und zu stärken, damit wir ihm einen Beweis unserer Liebe geben: dies nennt man den geistlichen Kampf.
Gott erlaubt, dass wir unter dem Einfluss der Sünden stehen

und von ihnen verführt werden. Das Gleiche gilt für den Dämon, wir stehen unter seinem Einfluss. Das Warum bleibt ein Mysterium. Ich bin aber der Meinung, dass Gott die Macht, die dem Dämon verbleibt, sehr stark einschränkt. Egal was passiert, die Macht Satans bleibt in Gottes Hand. Gegenüber Christus wird der Dämon immer verlieren.

„Gott ist treu; er wird nicht zulassen, dass ihr über eure Kraft hinaus versucht werdet. Er wird euch in der Versuchung einen Ausweg schaffen, sodass ihr sie bestehen könnt" (1 Kor 10,13).

Ignatius von Loyola schreibt, dass der Dämon wie eine launenhafte Frau ist. Wenn wir ihm nachgeben, wird er immer aggressiver werden. Wenn wir aber widerstehen, wird er es nicht mehr wagen, uns anzugreifen, er ist dann wie ein „angeleinter Hund".

Durch meine eigene Erfahrung habe ich feststellen können, dass diese Eingriffe des Dämons sehr stark dazu beitragen können, die Menschen von den Sünden fernzuhalten, sie in ihrem spirituellen Kampf zu stärken, d.h. sie im Glauben, in der Hoffnung, in der Barmherzigkeit, also in der Heiligkeit wachsen zu lassen.

Der hl. Johannes Chrysostomos soll folgendes erklärt haben: Besessene können doppelt von der Situation profitieren. Zuerst können sie noch heiliger werden und machen so ihre irdischen Sünden wieder gut, statt sie im Fegefeuer nach ihrem Tod abbüßen zu müssen.

10. Wie greift der Dämon die Menschen an?

Wir wissen, dass die Dämonen auf verschiedene Art und Weise und mit unterschiedlicher Intensität angreifen können. „Das Böse ist (...) eine wirkende Macht, ein lebendiges geistliches Wesen, verderbt und verderbend, eine schreckliche Realität, geheimnisvoll und beängstigend. Wir haben gegen diesen unsichtbaren Feind zu kämpfen, der unserem Leben nachstellt und gegen den wir uns verteidigen müssen.“[26]

Meistens macht sich Satan unsere Zerbrechlichkeit zunutze und lockt uns mit einer Welt voller Begierden: Erfolg, Geld, Macht, Ehre, Vergnügen, Ruhm (vgl. 1 Joh 2,16). Und um das Falsche und das Böse durchzusetzen, mischt er das Ganze mit einigen Funken Wahrheit. „(...) der Satan tarnt sich als Engel des Lichts“ (2 Kor 11,14).

Der Dämon kann Menschen angreifen und einen starken dämonischen Einfluss auf sie ausüben. Dieser trifft Menschen, die schlimme Taten begehen, oder die freiwillig einen Pakt mit Satan geschlossen haben. In diesen Fällen kann man von dämonischen Einflüssen sprechen. In unserer heidnischen Gesellschaft sind wahrscheinlich viele Menschen davon betroffen. Sie merken nicht, dass sie vom Dämon manipuliert werden. Man redet von einer „übernatürlichen“ Handlung des Dämons.

Der Dämon übt Einfluss auf unsere Sensibilität, unsere Vorstellungskraft, unsere Leidenschaften sowie unsere Emotionen aus. Dieser äußert sich durch allerlei Beschwerden, wie körperliche und seelische Belastungen und Kommunikationsschwierigkeiten. Er kann das Gleichgewicht des Betroffen stark beeinträchtigen. Wenn der Einfluss des Dämons einen dauerhaften Charakter annimmt, kann man vom bösen, teuflischen oder dämonischen Einfluss reden. In diesem Buch gebe ich diesen Adjektiven die gleiche Bedeutung, ganz gleich um welche Ursache es sich handelt.

Man kann die Boshaftigkeit des Dämons auch an der Hartnäckigkeit erkennen, mit der er Übel anrichtet. Man braucht nur an das sadistische Vergnügen der Henker zu denken, die unschuldige Opfer demütigen und foltern, an die zerstörerischen totalitären Staaten des 20. Jahrhunderts, an den Nationalsozialismus und den Kommunismus, an die aktuellen Schäden, die durch die Sex- und Pornoindustrie verursacht werden, an unsere Kultur des Geldes, an die politischen Totalitarismen, die fast überall auf der Welt zu finden sind.

Aber der Dämon kann nicht in unseren tiefsten Seelegrund eindringen, wo nur Gott alleine Zutritt hat.

11. Sind wir alle durch die Taten der Dämonen betroffen?

Erfahrungsgemäß kann man die Opfer der Dämonen mehr oder weniger in vier Kategorien einteilen.

1. Zuerst gibt es Menschen, die sich wegen ihres Leichtsinns, ihrer Sünden oder Laster unter dämonischen Einflüssen befinden. Sie haben den Versuchungen der Dämonen nachgegeben.

2. Dann haben wir Menschen, die aufgrund ihrer Familiengeschichte oder aufgrund erlittener Gewalt gequält werden.

3. Es gibt auch die Opfer einer Verfluchung, einer Verwünschung, der Magie oder der Hexerei.

4. Betroffen sind auch einige aufgrund ihrer Liebe zu Gott. Und zum Schluss haben wir die Heiligen, wie Jean-Marie Vianney, Pfarrer von Ars oder Pater Pio usw.

Satan nutzt unsere in Unordnung geratenen Gemütsbewegungen, um uns anzugreifen. Wir müssen also mit unseren Leidenschaften und unseren Wünschen vorsichtig sein.

Wenn wir uns die sieben Todsünden (Hochmut, Geiz, Wollust, Zorn, Völlerei, Neid und Faulheit) anschauen und dazu die Traurigkeit oder die Acedia[27] der Mönche hinzufügen, stellen wir fest, dass wir alle von den Versuchungen betroffen sind. Es gehört zum spirituellen Kampf dazu.

In der Schöpfung sind wir alle mit allem und durch alles verbunden: mit den guten und schlechten Menschen, mit den guten und bösen Engeln. So ist es eben.

12. Wo „wohnen“ die Dämonen?

Wir sind daran gewöhnt, im dreidimensionalen Raum zu denken und die Zeit spielt hierbei eine entscheidende Rolle. Aber der Dämon befindet sich nicht in dieser Raumdimension. Er wohnt weder in einer Räumlichkeit noch an einem Ort. Gottes Wort erwähnt: „die bösen Geister des himmlischen Bereiches“ (Eph 6,12).

Wenn sich der Dämon an einem Ort aufhält, dann deshalb, weil er dort seine Macht auf irgendeine Art und Weise ausüben kann, aber es ist ein virtueller Kontakt. Er kann seine Macht nur an einem bestimmten Ort ausüben, zu dem er

Zugang gefunden hat. Seine lokale Bewegung ist also ausschließlich eine Reihenfolge von verschiedenen Kontakten mit unterschiedlichen Orten. Der Dämon ist nicht in der Lage, zugleich an mehreren Orten zu sein.[28]

13. Kann der Dämon zurückkommen, wenn er ausgetrieben wurde?

Trotz wiederholter Exorzismen gibt es Menschen, die nur teilweise befreit werden können. Auch wenn es für uns schwierig zu akzeptieren ist, müssen wir zugeben, dass es vorkommt. Es ist vielleicht schockierend, aber es ist anzunehmen, dass Gott manchmal gegen eine vollständige Befreiung ist.

Der Dämon belästigt in regelmäßigen Abständen weiterhin den Betroffenen und quält ihn. Es kann auch sein, dass einige irreparable neurologische Schäden entstehen, die zu neurologischen Läsionen und Dysfunktionen führen.

Der dämonische Einfluss wird dann zum Teil zum spirituellen Kampf der Person werden. Auch wenn es für unsere eingeschränkte Menschenlogik schwer nachvollziehbar ist, handelt es sich um einen Kampf der Liebe und der Treue, einen besonders harten Weg zur Heiligkeit, den Gott für diesen Menschen erlaubt hat.

Warum ist es so? Die Weisheit Gottes kann zum Beispiel voraussehen, dass die Person einen schlechten Gebrauch ihrer Freiheit machen würde. Es ist also für sie besser, in diesem spirituellen Kampf zu bleiben.

Auch wenn es für uns unverständlich ist, möchte vielleicht die Weisheit Gottes, dass der Betroffene die Existenz des

Dämons und seine möglichen Einwirkungen durch seinen Kampf unter Beweis stellt. Dies war zum Beispiel wahrscheinlich der Fall bei Antoine Gay aus Lyon im 19. Jahrhundert. Diese Fälle müssen also wie eine chronische Krankheit behandelt werden. Sie verlangen eine Intervention des Priester-Exorzisten, die in regelmäßigen Abständen stattfindet.

Es gibt aber auch Menschen, die psychisch so labil sind, dass sie nicht in der Lage sind, einen Exorzismus zu ertragen. Sie können diese Art von Gebet nicht aushalten. Man kann die Person nur zur Geduld und zum vertrauensvollen Gebet ermutigen.

Es gibt zum Schluss auch Menschen, die sich nach einem Exorzismus und der daraus resultierenden Befreiung nicht wirklich ändern und dem Dämon eine Tür offen lassen, wie es in dem Text von Matthäus beschrieben wird:

„Ein unreiner Geist, der einen Menschen verlassen hat, wandert durch die Wüste und sucht einen Ort, wo er bleiben kann. Wenn er aber keinen findet, dann sagt er: Ich will in mein Haus zurückkehren, das ich verlassen habe. Und wenn er es bei seiner Rückkehr leer antrifft, sauber und geschmückt, dann geht er und holt sieben andere Geister, die noch schlimmer sind als er selbst. Sie ziehen dort ein und lassen sich nieder. So wird es mit diesem Menschen am Ende schlimmer werden als vorher“ (Mt 12,43-45).

Dieser Text macht uns nachdenklich und kann uns wirklich beunruhigen.

Unter „offener Tür“ kann man zum Beispiel folgendes verstehen: Wollust, Sucht, einen Freundeskreis, mit dem man nicht brechen kann und der uns in das Böse führt usw. Dies kommt sehr häufig vor. Darum lege ich großen Wert auf die Betreuung der Person nach ihrer Befreiung.

Was merken wir im zweiten Teil des Zitates? Das Haus ist leer und das bedeutet, dass es von dem Dämon tatsächlich befreit worden ist, aber dass der Glaube und die Liebe zu Jesus nicht stark genug sind. Die Voraussetzung einer Befreiung ist aber der absolute Glaube an Gott als Herr und Erlöser. So kann das Haus von der starken Präsenz Gottes „bewohnt“ werden und der Dämon wird eine geschlossene Tür finden.

III.

**Heilt Kranke, weckt Tote auf,
macht Aussätzige rein, treibt Dämonen aus.**

(Mt 10,8)

14. Was ist eine Bedrängnis? Was ist eine Umsessenheit?

Je nach Stärke des dämonischen Einflusses kann man von Bedrängnis, Umsessenheit oder Besessenheit reden.

Bedrängnis und Umsessenheit sind äußere Angriffe des Dämons. In diesen Fällen greift der Dämon den Menschen seelisch und körperlich sowie in seinem Umfeld an. Da der Dämon weder den Verstand noch den menschlichen Willen direkt erreichen kann, handelt er über seine Psyche, sein Vorstellungsvermögen, sein Gedächtnis oder sein Gemüt.

Die Umsessenheit ist eine sehr starke und dauerhafte Versuchung, eine fixe Idee, von der man nicht loskommt. Im Falle einer dämonischen Umsessenheit führt der Dämon die Person stark in Versuchung. Durch die Beeinflussung ihrer Gefühle, ihres Gedächtnisses, ihrer Vorstellungskraft versucht er, sie sündigen zu lassen und sie psychisch zu zerstören: Geist des Todes, des Selbstmordes, des Mordes, der Unreinheit usw.

Umsessenheit kann auch eine psychische Ursache haben. Sie ist häufig mit unangenehmen umherschweifenden Gedanken assoziiert, die zu Angstzuständen führen. Die Vittoz-Methode[29] kann einen erfolgreichen Heilungsweg anbieten. Die Bedrängnis äußert sich in Störungen der Gesundheit, der Arbeit, der Beziehungen (Liebe, Freundschaft, berufliche Kontakte). Der Betroffene hat den Eindruck, geschlagen, gestochen oder erstochen zu werden. In der Nacht ist er dann oft sexuell erregt. Möglich sind auch: zeitweise auftretende Lähmungen eines Körperteiles, intensive Kälte- oder Verbrennungsgefühle. Visuelle oder akustische Halluzinationen kommen häufig vor, können aber psychisch bedingt sein. Der Unterschied ist nicht immer leicht auszumachen.

15. Was versteht man unter Besessenheit und wie kann man sie erkennen?

Die Besessenheit ist eine kraftvolle Beeinflussung Satans. Er agiert, als befände er sich im Körperinneren des Menschen, um ihn seiner despotischen Macht besser zu unterwerfen. Papst Johannes Paul II. sagte Folgendes dazu: „Prinzipiell kann man nicht verneinen, dass der Satan in seinem Wunsch zu schaden und zum Bösen zu verführen, zu dieser extremen Bekundung seiner Gewalt greifen kann.“[30]

Die Besessenheit bedeutet keine dauerhafte Inkarnation eines Dämons im Körper, sondern nur einen massiven Eingriff. So wie in dem Evangelium nach Markus beschrieben wird, als Jesus befiehlt „verlass ihn“ (Mk 1,25), könnte man den Eindruck haben, dass der Dämon von innen heraus agiert.

Um dieses Phänomen zu beschreiben, verwendet die Heilige Schrift folgende Worte: besitzen, quälen, ergreifen, angreifen, packen usw. Der Dämon benutzt den Körper als wäre er ein Instrument. Der Mensch verliert für einen Moment seine Autonomie und seinen freien Willen. Normalerweise kann er sich nicht daran erinnern. Der Dämon greift zuerst direkt in das Zentralnervensystem ein, beeinträchtigt dann indirekt die Intelligenz und den Verstand (geistige Verwirrung und unwillkürliche Handlungen).

Satan benutzt die Organe und die Gliedmaßen des Besessenen, um zu handeln, sich zu bewegen, zu sprechen, zu schreien usw., ohne dass dieser sich dagegen wehren kann. Der Bedrängte gestikuliert, macht heftige Gebärden, besitzt manchmal eine unnatürliche körperliche Kraft. Er kann einige Sachen aus der Vergangenheit oder der Zukunft wissen, Fremdsprachen kennen, die der Betroffene nie gelernt hat.

Er kann eine starke Aversion gegen Gott, Jesus, Maria, Gottes Wort, die Kirche, die heiligen Rituale und die Reliquien entwickeln.[31] Es kommt auch vor, dass der Dämon die Stimme des Besessenen in Form von Knurren, Gebrüll verwendet, gelegentlich von Beschimpfungen und Vulgarität begleitet. Dieser dämonische Eingriff greift das vegetative und sensitive Nervensystem an. Der Mensch kann Bauchschmerzen haben, hat das Gefühl, mit einem Messer gestochen zu werden, leidet unter Übelkeit, Erbrechen usw.

Man muss diese Zeichen relativieren, weil sie häufig nur während des Exorzismusgebets auftreten. Muss man sich also der Besessenheit sicher sein, um einen Exorzismus zu machen? Ja, man muss zumindest moralisch davon überzeugt sein.[32] Normalerweise bestätigt der Exorzismus die Besessenheit.

Haben wir es bei der Besessenheit mit einer Spaltung der Persönlichkeit zu tun? Nein, man kennt gewisse Arten von Wahnvorstellungen wie: ich bin Napoleon, Jesus Christus usw., d.h. gut bekannte psychiatrische Pathologien. Kann sich ein Besessener umbringen? Ich habe keine Beispiele dafür.

Man muss aber aufpassen. Hysterische Tobsuchtanfälle, unkoordinierte Bewegungen der Gliedmaßen, Schreie, verbale Gewalt (Beschimpfungen, Grobheiten) sind nicht unbedingt ein Zeichen eines dämonischen Einflusses. Es können auch klinische Anzeichen verschiedener sehr bekannter Pathologien wie Hysterie, Epilepsie, Schizophrenie u. ä. sein. Mit etwas Erfahrung kann der Exorzist relativ schnell zwischen einer dämonischen und einer psychiatrischen Krise unterscheiden (s. Fall von Valérie, S. 53). Aber der Teufel ist der Teufel! D.h. er will nicht entdeckt werden und kann sehr wohl eine psychisch kranke Person schleichend angreifen, damit er sich besser hinter dieser Pathologie verstecken kann.

In meinem Amt als Exorzist habe ich ca. 20 Fälle mit heftigen und eindeutigen Manifestationen erlebt (s. Fall von Tania, S. 61). Die Äußerungen waren je nach Stärke der Einflüsse unterschiedlich. In solchen Fällen müssen die Gebete in gewissen Abständen wiederholt werden.

Zum Schluss: Fälle von Besessenheit kommen selten, aber nicht extrem selten vor. Ich kann mir vorstellen, dass sie mit dem ständig zunehmenden Heidentum in unserer Gesellschaft immer mehr werden.

Solche Gebete können ohne Zustimmung des Betroffenen selbstverständlich nicht gesprochen werden. Für die ernsten Fälle benötigen wir ärztliche Unterstützung und der Besessene muss eine Einverständniserklärung unterschreiben.

16. Ist der Dämon allmächtig?

Die Bibel gibt der Macht des Bösen nie den gleichen Stellenwert wie der Macht Gottes oder Christi. Das Neue Testament, das Evangelium und die Briefe verkünden den endgültigen Sieg Christi durch seine eigene Anwesenheit und das Geheimnis des Kreuzes. Diese Niederlage Satans wird in der Offb 12,7-8 deutlich ausgedrückt: „Da entbrannte im Himmel ein Kampf; Michael und seine Engel erhoben sich, um mit dem Drachen zu kämpfen. Der Drache und seine Engel kämpften, aber sie konnten sich nicht halten und sie verloren ihren Platz im Himmel“; „Gott hat auch die Engel, die gesündigt haben, nicht verschont, sondern sie in die finsteren Höhlen der Unterwelt verstoßen und hält sie dort eingeschlossen bis zum Gericht“ (2 Petr 2,4).

Wir sind gegen den Dämon nicht hilflos. Wenn wir Vertrauen auf Gottes Liebe und seine befreiende Kraft haben, steht der Sieg Christi über jede Form des Bösen zu unserer Verfügung.

Die Macht Satans ist nicht unbegrenzt. Er besitzt zwar die Macht eines reinen Geistes, der über das Materielle agieren kann, aber diese Macht wird von Gott eingeschränkt. Wir haben zwar keine Ahnung, warum Gott dämonische Handlungen erlaubt, aber „wir wissen, dass Gott bei denen, die ihn lieben, alles zum Guten führt“ (Röm 8,28). Der Dämon kann in unseren Gedanken nicht lesen, weil er keinen Zugang zu unseren spirituellen Fähigkeiten hat. Gott lässt es nicht zu.

Kann der Dämon Wunder vollbringen? Nein, aber er kann, um die Menschen anzulocken oder um zu imponieren, erstaunliche Sachen bewirken, die einem „fantastisch“ vorkommen können. So wird es auch in der Offenbarung berichtet: Das „Tier“ wird die Menschen mit seinen „angeblichen Wundern“ verführen (Offb 19,20).

Kann der Dämon Unfälle verursachen? Ja, Verkehrsunfälle zum Beispiel. Deswegen sollte man sein Fahrzeug segnen lassen.

Aber durch den Tod und die Auferstehung Jesu ist der Sieg Christi über den Dämon eine absolute Sicherheit.

„(…) durch seinen Tod den zu entmachten, der die Gewalt über den Tod hat, nämlich den Teufel, und um die zu befreien, die durch die Furcht vor dem Tod ihr Leben lang der Knechtschaft verfallen waren“ (Hebr 2,14-15).

„Wir wissen: Wer von Gott stammt, sündigt nicht, sondern

der von Gott Gezeugte bewahrt ihn und der Böse tastet ihn nicht an. Wir wissen: Wir sind aus Gott, aber die ganze Welt steht unter der Macht des Bösen“ (1 Joh 5,19).

Ich möchte dazu noch etwas sagen. Es muss jedem Getauften, der bewusst lebt, klar sein, dass er an diesem spirituellen Kampf teilnimmt.[33] Jeder führt ihn auf seine Art und Weise, je nachdem wo er gerade steht. Wir kennen unsere Feinde: wir selbst, die Welt und Satan. Derjenige, der in Jesus Christus lebt, kann sich dessen Sieges sicher sein.

17. Kann man im Falle einer Besessenheit gleichzeitig von mehreren Dämonen besessen sein?

Ja, wir brauchen nur an Maria Magdalena zu denken, die von sieben Dämonen besessen war! Bei dem Besessenen von Gerasa spricht man von „Legion“. Im 19. Jahrhundert, in Illfurth (Elsass) waren die Kinder von zwei Dämonen besessen: Ypes und Oriba.

Ich musste bei einer 50-jährigen Frau den Teufel austreiben: sie hatte fünf Dämonen in sich, die ihren Namen angegeben haben: Shakouna, Kaya, Harbi, Miako, Diagoulo (s. der Fall von Marinette S. 37, der Fall von Albéric S. 30). Sie wurde nach einem zwölfjährigen Kampf und nach ca. 100 Exorzismen befreit! Je älter die Besessenheit, umso langwieriger und schwieriger ist die Befreiung, weil sich die Dämonen sehr stark eingenistet haben.

18. Bedeutet Besessenheit, dass der Dämon im Körper des Besessenen wohnt?

Es wäre übertrieben zu glauben, dass es einen „Wohnort" des Dämons in dem Besessenen gibt, so als wäre er ein unerwünschter Gast! Die Ausdrücke, die im Evangelium angewendet werden, können aber irreführend sein: „Ich befehle dir, du stummer und tauber Geist: Verlass ihn und kehr nicht mehr in ihn zurück! Da zerrte der Geist den Jungen hin und her und verließ ihn mit lautem Geschrei" (Mk 9,25-26). Es handelt sich hier um einen dämonischen Einfluss, der teilweise ein außergewöhnliches Ausmaß annehmen und den Eindruck vermitteln kann, dass der Dämon *aus dem Körperinneren des Bedrängten* handelt.

19. Können Heilige vom Teufel besessen sein?

Ja, einige Heilige waren tatsächlich vom Teufel besessen. Ein Mensch kann in einem Zustand der Gnade und trotzdem besessen sein und muss so einen harten spirituellen Kampf führen. Wir haben viele Beispiele dafür, Eustochia von Padua, Mirjam von Abellin, Antoine Gay, Madame Rolande, um nur einige zu nennen.

Um diese Problematik verständlicher zu machen, habe ich einen Text aus dem Buch von Msgr. Laurentin über Madame Rolande ausgesucht.

„Wenn ich vom Dämon besessen bin, fühlt es sich so an, als ob die Sinnesorgane abgeschaltet wären, als ob die Essenz meines Lebens zerstört wäre. Der Dämon sagt mir: 'Das Gebet? So ein Blödsinn! Warum sollte man so viel Zeit damit verschwenden? Du bleibst in deiner stillen Faulheit und wiederholst ständig die gleichen Worte für deinen Gott.

Aber er ist nicht da und hört dir nicht einmal zu! ... Die Eucharistie, so ein Quatsch! Sieh doch mal, nach deiner inbrünstigen Teilnahme am Gottesdienst weiß ich, sobald du ins Auto gestiegen bist, wie ich dich stundenlang quälen kann. Du machst alles falsch. Fasten … total absurd … Es ist höchste Zeit, dass du damit aufhörst. Du wirst komplett verrückt damit, du kriegst Halluzinationen! Du willst ständig ein neues Leben anfangen, aber ich komme immer wieder. Es muss dir klar sein, dass ich der Stärkere bin. Zum Schluss werde ich gewinnen und dich endgültig besitzen. (…) Wie lange wirst du noch brauchen, um zu verstehen, dass dein Gott dich verlassen hat? Egal was du denkst, er ist zu dir nur gemein und gefühllos.‘ Seit Karsamstag muss ich fast jeden Tag unter dieser Form von Besessenheit leiden. Und es kann ein paar Stunden dauern, bis es vorbei ist. Danach geht es mir so schlecht, dass der Tod sicher eintreten würde, wenn Gott mich nicht unterstützen würde.“[34]

Diese Art von mystischem Phänomen kommt selten vor. In solchen Fällen handelt es sich um die letzten Reinigungen, die von Gott erlaubt werden.

20. Kann der Dämon organische und psychische Erkrankungen verursachen?

Man muss sehr vorsichtig mit der Antwort sein, da normalerweise körperliche und psychische Erkrankungen eine natürliche Ursache haben. Ich habe aber festgestellt, dass ein starker dämonischer Einfluss verschiedene Beschwerden verursachen kann (s. Frage Nr. 22, S. 110). Könnte es so weit kommen, dass die Betroffenen neurologische Erkrankungen wie Multiple Sklerose oder Fibromyalgie, Zysten, Tumore, Fibrome, Krebs, Schilddrüsenprobleme usw. entwickeln? Ich bin nicht weit davon entfernt es zu glauben, bleibe aber sehr vorsichtig mit dieser Aussage. Gewisse Arten von Fluch können aber eventuell zur Sterilität bei der Frau und zur Impotenz beim Mann führen. Einige psychische Beschwerden, wie das Hören von Stimmen, Halluzinationen, depressive Verstimmungen, geistige Verwirrung, Phobien etc. können teuflischer Herkunft sein.

Man darf nicht vergessen, dass natürliche und dämonische Fakten vermischt sein können. Ich glaube, dies ist vor allem bei gewissen Patienten, die sich in einer psychiatrischen Anstalt befinden, sehr häufig der Fall. Aber das Pflegepersonal ist meistens gegen die Intervention des Priesters bei den Kranken. Diese Patienten sind sehr schwer zu erreichen und bleiben somit ohne spirituelle Begleitung.

Es ist zwar richtig, dass sich psychosomatische Erkrankungen auf den Bereich der Religiosität auswirken können. Der pseudo-mystische Wahn ist zum Beispiel keine Seltenheit. Ist es aber ein Grund, dass einige psychiatrische Anstalten den Besuch des Priesters bei den Kranken nicht zulassen? Man könnte viele Leiden lindern, es wird aber nicht getan.

21. Warum kann ein Ort infestiert sein?

Es kommt häufig vor, dass die Bewohner eines Hauses oder einer Wohnung über seltsame Phänomene ohne natürliche Ursache klagen: Türen oder Fenster, die von allein auf- und zugehen, Geräusche von Schritten im Speicher oder auf der Treppe, Gegenstände, die ihren Platz wechseln, kalter oder brennender Luftzug, ständiger Ausfall der Elektrogeräte, selbstständiges Ein- und Ausschalten des Radios oder Fernsehers, platzende Glühbirnen, Störungen der Elektronik.

Wenn man in eine infestierte Wohnung geht, ist auch ein Unwohl- und Beklemmungsgefühl möglich. Die Bewohner können unter Schlafstörungen oder wiederkehrenden Alpträumen leiden. Spannungen und Streitigkeiten innerhalb der Familie treten nach einem Umzug in eine okkult befallene Wohnung häufig auf.

Man muss natürlich vorsichtig sein, wenn man über solche Phänomene redet, aber es könnte auch eine okkulte Heimsuchung sein. Der Fachbegriff dafür ist *Infestation* (s. Fall von Infestation Nr. 1, S. 66). Die aktuellen oder die vorherigen Bewohner können für diese Infestation verantwortlich sein. Es bedeutet, dass an diesem Ort Okkultismus, Spiritismus, Magie, Hexerei, Folter, Verbrechen, Selbstmord etc. stattgefunden hat oder stattfindet. Man muss auch überprüfen, ob es nicht Gegenstände, wie Statuen, Bilder, Fotos etc. gibt, die dem Teufel geweiht sind.

Nach einem Hexen-Ritual, dessen Ziel es ist, Menschen zu schädigen, können Orte, genau wie Menschen, unter dämonischem Einfluss oder einer Verfluchung stehen. Tiere können übrigens auch infestiert sein. In dem Evangelium nach Lukas, Kap. 8, finden wir das Beispiel von den Schweinen. Aber es kann auch den Viehbestand, einen Hund etc. betreffen.

Um das Problem zu lösen, muss der Ort von einem Priester gesegnet werden. Falls vorhanden, müssen die infestierten Gegenstände unbedingt verbrannt werden, nachdem man sie mit Weihwasser besprengt hat.

Vorsicht! Der gleiche Fehler wird immer wieder gemacht. Personen, die eines natürlichen Todes in dem Haus gestorben sind, können auf keinen Fall die Ursache für eine Infestation sein. Das Gleiche gilt für Wohnorte, die in der

Nähe eines Friedhofs liegen oder für Wohnungen, die man im Keller eingerichtet hat (s. Fall von Infestation Nr. 2, S. 66). Unsere Städte sind seit Jahrhunderten besiedelt und Gebeine sind fast überall zu finden. Ein Skelett ist an sich weder gefährlich noch dämonisch.

22. Gibt es charakteristische Merkmale für Beschwerden dämonischer oder teuflischer Herkunft?

Wenn ich darüber spreche, bin ich natürlich sehr vorsichtig. Ich habe aber in meiner Tätigkeit als Exorzist folgendes feststellen können:

Die Bedrängten klagen im Regelfall über Kopf-, Bauch-, Unterleibs- oder Herzschmerzen. Es handelt sich häufig um wandernde Beschwerden, die einen unerträglichen Charakter annehmen können. Sie kommen und gehen, ohne erklärlichen Grund. Der Betroffene klagt häufig über Messer- oder Nadelstiche. Im Falle einer Verfluchung kann es vorkommen, dass die Beschwerden an bestimmten Tagen und zu einer bestimmten Uhrzeit auftreten.

Andere Manifestationen:

- Es wird häufig über Visionen und akustische Halluzinationen berichtet.

- Eine vorübergehende Lähmung ist auch keine Seltenheit. Der Betroffene kann vom Bett nicht aufstehen und kann sich nicht mehr bewegen. Dazu kommen eine panische Angst, das Gefühl erwürgt zu werden, sowie der Eindruck von eisiger Kälte oder Verbrennung.

- Es wird öfters von einer Hand, die den Bedrängten am

Hals packt, oder von Beklemmungs- und Erstickungsgefühlen gesprochen.

• Der Schlaf ist gestört und ruhelos, die Person leidet unter wiederkehrenden Alpträumen mit viel Gewalt und viel Blut.

• Zu Hause geschehen seltsame Dinge.

Die Beschwerden bleiben schulmedizinisch immer ohne Befund und alle Werte sind normal. Die Ärzte finden keine organische Ursache für die Schmerzen und die Medikamente bleiben wirkungslos.

Eine Mischung aus psychischen und dämonischen Beschwerden ist denkbar und kann so die Diagnose erschweren. In solchen Fällen muss man bei der Behandlung beide Seiten berücksichtigen.

23. Wann kann von seelischen oder psychischen Erkrankungen die Rede sein?

Vier Kriterien sind zu berücksichtigen:

1. ein Verhalten „außerhalb der Norm". Es hängt von der Person, von ihrer Lebenssituation und ihrer Kultur ab. Zum Beispiel wird ein aktiver Mensch plötzlich träge; eine Mutter interessiert sich nicht mehr für ihre Kinder und vernachlässigt ihren Haushalt; ein junger alleinstehender Mann wird alkoholsüchtig; ein ruhiger Jugendlicher wird gewalttätig;

2. wenn jemand deutlich zeigt, dass es ihm schlecht

geht, er sich in „seiner Haut“ unwohl fühlt und heftig reagiert;

3. Beschwerden, die zu Störungen in der Arbeit, in der Kommunikation, in der Entscheidungsfähigkeit der Person führen;

4. die Beschwerden einen dauerhaften und keinen vorübergehenden Charakter haben.

In solchen Fällen darf man die Problematik weder dramatisieren noch bagatellisieren, sie muss ernst genommen werden.

Eine psychische Erkrankung führt zu einer Störung des Denkens, Fühlens und Handelns beim Betroffenen. Diese Abweichung von der Norm ist so erheblich, dass die soziale Integration beeinträchtigt ist und zu seelischem Schmerz führt. Der Kranke ist sich seines Leidens nicht immer bewusst. Er versteht nicht, was mit ihm los ist und kann Scham- und Schuldgefühle entwickeln. Es ist also umso wichtiger, Empathie zu zeigen und die Person zum Facharzt zu schicken.

24. Kann man eine Neurose mit einem dämonischen Einfluss verwechseln?

Unter Neurose wird eine Gruppe von psychischen Verhaltensstörungen und den damit verbundenen Konflikten verstanden, die zu einer Beeinträchtigung der sozialen Kontakte führt.

Die neurotischen Symptome sind: Gemüts-, Denk- und Angststörungen, Aufbau von Abwehrmechanismen u.a.

gegen die Angst. Die Neurose entwickelt sich langsam und kann unterschiedlich schwer verlaufen.

Die Neurose kann eine belastende Situation (Arbeit, Familie) oder einen schweren seelischen Schock (Tod eines Kindes, Tsunami, Krieg, Trauerfall, Arbeitslosigkeit usw.) als Ursache haben. In der Regel merkt der Betroffene, dass es ihm nicht gut geht, möglicherweise lässt er sich aber nicht behandeln.

Im Alltag ist der Umgang mit einem Neurotiker schwierig. Er ist launisch, intolerant, streitsüchtig, aggressiv. Er leidet unter Schlafstörungen, Asthenie oder unter funktionellen Störungen wie Enuresis, Stottern, Tics.

Neurosen werden in verschiedene Kategorien eingeteilt:

Die *Angstneurose*. Der Alltag wird durch Angstgefühle geprägt. Der Kranke entwickelt Übelkeit, kalten Schweiß, Atemschwierigkeiten, Palpitationen oder Tachykardie, Druckgefühl im Hals oder Magen, Durchfälle etc. Er fühlt sich wie gelähmt und kann den alltäglichen Anforderungen nicht nachkommen. Er ist unruhig und psychisch labil (Tränen, Lachanfälle, Zittern).

Die *Zwangsneurose*. Wir haben als Symptome die körperliche und psychische Steifheit, Zwangsideen und Zwangsimpulse (Zwangshandlungen, andere Zwänge wie z. B. häufiges Händewaschen). Der Mensch hat Gewissensbisse, zweifelt an sich selbst, an den anderen und an seinem Glauben. Sie führt zur Lebenskrise, zu religiösen Zweifeln, zu Unzufriedenheit. Sadistische oder masochistische Züge können auftreten.

Die *phobische Neurose*. Hier ist die Angst auf bestimmte

Situationen fokussiert. Es besteht eine Furcht vor gewissen Gegenständen. Der Patient fürchtet sich in der Dunkelheit, an einigen Orten (Agoraphobie, Klaustrophobie), im Zug, in einem Aufzug, Furcht vor dem Wasser etc. Der Kranke meidet die problematischen Situationen, zieht sich immer mehr zurück oder nimmt nur wohlbekannte Wege (Straßen, Stadtteile etc.). Er kann auch jeglichen Aufenthalt außerhalb seines Wohnorts vermeiden.

Die *depressive Störung*. Unter Depression versteht man verschiedene Pathologien, die bestimmte Gemeinsamkeiten miteinander haben: körperliche und seelische Müdigkeit, Schlaflosigkeit, eingeschränkte Vitalität, Desinteresse für den Alltag, Alleinsein, Kommunikationsschwierigkeiten mit den Nahestehenden. Die Abulie[35] kommt häufig vor und kann dazu führen, dass der Mensch nicht mehr in der Lage ist, ganz gewöhnliche Sachen, wie z. B. essen oder sich waschen auszuführen. Als Begleiterscheinungen haben wir Ängstlichkeit sowie eine starke seelische Not, die vom Umfeld nicht immer verstanden werden. Die Ursachen der Pathologie können sehr alt (Kindheit oder Pubertät) sein, aber es gibt in der Regel einen auslösenden Faktor: Überarbeitung, Stress, seelischer Schock nach einem Trauerfall, Ankündigung einer schweren Krankheit, Arbeitslosigkeit oder Pensionierung, eine Trennung (Familie, Beziehung), bei Frauen eine Fehlgeburt oder eine Abtreibung, ein vermisstes oder verstorbenes Kind. Eine depressive Störung ist eine ernsthafte Pathologie, die behandlungsbedürftig ist und in die Hand von Spezialisten gehört. Zu viele Menschen glauben immer noch, dass sie ihr Problem allein lösen können. Und wenn das Umfeld ihnen sagt: „Raff dich endlich einmal auf, schau, wie du dich gehen lässt, es ist doch ein Jammer!“ usw. macht es das Ganze noch schlimmer. Bei einer depressiven Störung kann der Kranke eben nicht mehr seinen Willen positiv einsetzen und leidet extrem darunter.

Der Patient muss neurologisch behandelt werden. Antidepressiva können den Allgemeinzustand verbessern, die Angstzustände reduzieren, den Schlaf regulieren. Sie sind verschreibungspflichtig und müssen unter ärztlicher Aufsicht genommen werden. Anxiolytika sind sehr wirksam, führen aber zur Abhängigkeit und dürfen aus diesem Grund nicht länger als ein paar Wochen verschrieben werden. Das Umfeld des Kranken spielt eine große Rolle und kann ihn mit Empathie und Taktgefühl bei der Genesung unterstützen.

Die *manisch-depressive oder bipolare Störung* gehört auch zu dieser Kategorie. In dieser Erscheinungsform haben wir es mit einem Wechsel zwischen depressiven und euphorischen Phasen zu tun. Normothymische Medikamente sind das Mittel der Wahl und wirken stimmungsstabilisierend.

Die *hysterische Neurose.* Sie ist durch eine stark ausgeprägte somatische Ausdrucksform gekennzeichnet, wie Wahnideen, zwanghafte Bilder, hysterische Ausbrüche und Halluzinationen mit krampfartigen Anfällen, Spasmen, Bewusstseinsstörungen. Eine hysterische Frau fürchtet sich, nicht geliebt zu werden. Ihr innigster Wunsch ist, dem anderen zu gefallen und ihn zu verführen. Sie kann entweder viele Affären mit Männern haben oder jede Beziehung verächtlich ablehnen. Ihre emotionalen Anforderungen werden nie erfüllt, sie steht in Konkurrenz mit jeder Frau. Sie manipuliert, um sich ihre Wünsche zu erfüllen. Ihre Anfälle und ihre hysterischen Krisen sind immer sehr theatralisch und finden vorwiegend vor anderen Leuten statt, um das Ganze noch mehr zu dramatisieren (s. Fall von Valérie S. 53). Was das Essverhalten anbelangt, ist ein Wechselspiel zwischen Magersucht und Bulimie möglich.

Alle diese Erkrankungen können eine Eintrittspforte für

dämonische Einflüsse sein. Man muss also mit Bedacht und in Zusammenarbeit mit einem Psychiater diese Unterscheidungen treffen.

25. Gibt es eine „christliche" Neurose ?

Der Hintergrund für eine „christliche" Neurose ist eine sehr strenge Erziehung. Das Umfeld droht mit einem strafenden Gott, Lebenszufriedenheit ist verpönt, die eigenen Bedürfnisse müssen immer zurückgestellt werden, was zu einem übermäßigen psychischen Druck bei einem Kind oder Jugendlichen führen kann. Die Entstehung einer Depression oder Neurose ist dann möglich. Der Betroffene wird im Erwachsenenalter die Erziehung komplett ablehnen und gegen Gott und jede Form von Religion im Allgemeinen rebellieren. Eine solche Erziehung kann erhebliche und dauerhafte Schäden anrichten. Zu diesem Thema empfehle ich das Buch von Marie Romanens, *Le divan et le prie-Dieu*[36], vor allem das 9. Kapitel.

26. Welche verschiedene Arten von Psychosen gibt es, mit denen ein Exorzist konfrontiert werden kann?

Die Schizophrenie. Es handelt sich um eine psychische Erkrankung, die in unterschiedlicher Schwere vorkommt. Sie führt zur tiefen und permanenten Veränderung der Persönlichkeit. Der Kranke leidet unter Spaltung der Persönlichkeit, die zu Demenz und Realitätsverlust führen kann. Dieser Bruch kann sporadischer oder dauerhafter Natur sein und äußert sich durch ein banales introvertiertes Verhalten oder durch eine tiefe autistische Regression der Persönlichkeit. Die Fachleute sind sich über folgende

Merkmale einig: Sprachstörung (besonders vom Typus der Inkohärenz), Wahnideen, Halluzinationen, Gemütsschwankungen, autistische Züge usw. Die Erkrankung tritt meistens in der Jugend oder im frühen Erwachsenenalter auf. Die Auslöser können ein großer Misserfolg, ein Trauerfall, ein schwerer psychischer Schock sein.

Die Paranoia. Es handelt sich um einen Charakterzug und um eine Wahnbildung. Paranoide Züge kommen bei Männern häufig vor und können sich im Rahmen der sozialen Akzeptanz befinden. Oft ist keine Wahnbildung vorhanden. Die Betroffenen können unter psycho-pathologischen Störungen wie zwanghafte Persönlichkeitsstörung, Melancholie leiden. Die chronische Wahnbildung entsteht immer auf Grund von paranoiden Zügen.

Die paranoide Persönlichkeitsstörung ist durch folgende Merkmale gekennzeichnet: Misstrauen und Vorbehalt den anderen gegenüber; Distanziertheit den anderen gegenüber (übertriebene Höflichkeit oder Aggressivität), Starrsinn (autoritäre Züge, Unfähigkeit sich in Frage zu stellen); Hypertrophie des Egos (Egozentrik, Hochmut, Intoleranz und Verachtung, Sturheit, Despotismus); falsches Urteilsvermögen (Glauben und a priori-Überzeugungen, die Intelligenz wird durch die Leidenschaft und den Affekt gestört).

Der paranoide Mensch hat teilweise ein falsches Bild von der Realität. Er lehnt sie ab und wird von seinem Affekt getrieben. Er täuscht sich also über sich selbst und über die Welt. Er projiziert alle Misserfolge auf die anderen und auf die Schwierigkeiten, die er zu lösen hat. Er stellt sich nie in Frage.

Der Wahn in der Paranoia: Es handelt sich um eine chronische Psychose, die durch die schleichende Entwicklung der inneren Ursachen von einem dauerhaften und festen Wahnsystem gekennzeichnet ist. Der Verstand, das strukturierte Denkvermögen, die Willenskraft und die Handlungsfähigkeit werden aber aufrechterhalten. Dieser Wahn bleibt absolut kohärent und nachvollziehbar. Alles wird unter dem Gesichtspunkt der Person betrachtet, die Schlussfolgerungen klingen logisch. Da die Interpretationen einen glaubhaften Charakter behalten, können sie vom Umfeld akzeptiert werden.

Es handelt sich also um eine gut aufgebaute, stabile und organisierte Wahnstörung, die nach und nach zunimmt. Diese Störung ist normalerweise auf eine soziale Gruppe oder eine Person fixiert. Dieser Wahn ist chronisch, wird mit vollem Bewusstsein erlebt, der Betroffene behält sein Urteilsvermögen, aber nicht für sich selbst.

Die Halluzinationen. Sie können plötzlich auftreten, ohne dass es einen Grund oder eine bestimmte Veranlagung dafür gibt: Visionen, das Hören von inneren oder äußeren Stimmen (Schimpfwörter, Gotteslästerungen, Befehle), Empfinden, Geruch (synästhesische oder psychische Halluzinationen), das Erkennen der Gedanken des anderen und umgekehrt. Dieser Wahn wird meistens als eine äußere Aggression erlebt.

27. Kann man gleichzeitig unter einer psychischen Erkrankung und einem dämonischen Einfluss leiden?

Wie können wir einen dämonischen Einfluss von einer psychischen bzw. psychiatrischen Erkrankung unterscheiden?[37] Zuerst muss man den Betroffenen nach seinen Beschwerden fragen. Es gibt Gemeinsamkeiten wie Depression, körperliche Schmerzen, Migräne, akustische Halluzinationen, Schlaflosigkeit und Alpträume, Zwangsgedanken, Aggressivität, Beziehungsprobleme mit den Nahestehenden, Misserfolge im Alltag usw.

Man muss also nach den Ursachen suchen. Könnte die Person wegen ihres Verhaltens oder wegen des Umfelds unter dämonischem Einfluss stehen? Wenn das der Fall sein sollte, könnte der Mensch unter einem dämonischen Einfluss stehen, ansonsten handelt es sich um eine Krankheit.

Wir müssen vorsichtig sein. Es kommt häufig vor, dass psychisch Kranke ihren Zustand nicht wahrhaben wollen. Und wenn sie gläubig sind, sind sie davon überzeugt, dass sie unter dämonischem Einfluss stehen. Sie wollen nicht zum Arzt gehen, lehnen jede medikamentöse Behandlung ab, fragen aber immer wieder nach Befreiungsgebeten. Sie fahren kreuz und quer durch Europa, um endlich einen „kompetenten" Exorzisten zu finden, der sich für ihren Fall interessiert. Der Besessenheitswahn gehört zu den psychischen Störungen.

28. Wie ist die Psychoanalyse[38] aus christlicher Sicht zu bewerten?

Die Psychoanalyse wurde von S. Freud entwickelt und hat die therapeutische Erforschung unbewusster psychischer Vorgänge zum Inhalt. Die Psychoanalyse ist ein Verfahren zur Behandlung gewisser psychischer Störungen (Neurosen, Psychosen). Sie untersucht unbewusste Prozesse der menschlichen Psyche.

Es wäre ungerecht, die Forschungen Freuds über die seelischen Prozesse, wie die Bedeutung des Unterbewusstseins, die Konflikte, die Übertragung, der Ödipuskomplex usw. nicht anzuerkennen. Man muss aber vorsichtig bleiben und im Auge behalten, welchen Blick Freud auf das menschliche Dasein hatte.

Man kann u.a. zwei Vereinfachungen feststellen:

Obwohl Freud jüdische Eltern mit protestantischem Hintergrund hatte, war er überzeugter Atheist. Für ihn gab es keine Gabe Gottes, keine Gnade Gottes. Der Mensch muss allein mit seinen Problemen zurechtkommen und die Religion ist eine „kollektive Zwangsneurose".

Freud war Materialist. Aus diesem Grund unterschätzt die Psychoanalyse die spirituellen Fähigkeiten, die Intelligenz und den freien Willen des Menschen sehr stark. Der Mensch ist Opfer seiner Triebe, vor allem des Sexualtriebs. Er wird mehr oder weniger von seiner Triebenergie geleitet und hat wenig Hoffnung, sie selbst zu beherrschen. Diese stark einschränkende Sichtweise führt zu einem sehr pessimistischen Weltbild. Der Mensch ist nicht mehr als ein höher entwickeltes Tier ohne wirkliche Freiheit, da alles von der Vererbung, der Erziehung, dem sozialen Umfeld, den seelischen Schmerzen aus der Kindheit bestimmt wird.

Schon zu Lebenszeiten Freuds wurde diese einschränkende Weltanschauung von seinem Schüler Carl G. Jung bestritten. Heutzutage wird eine reine psychoanalytische Behandlung immer weniger praktiziert, weil sie zu lange dauert, zu teuer und wenig erfolgversprechend ist. Man zieht kürzere Behandlungsmethoden wie z.B. die kognitive Verhaltenstherapie vor. Diese Verfahren können von Nutzen sein, wenn man ihren Erfolg nicht überbewertet. Nach einer Studie des INSERM[39] (Februar 2004) wurden damit gute Erfolge bei Schizophrenie, Depression, bipolaren Störungen, posttraumatischen Belastungsstörungen, Essstörungen, sozialen Phobien erzielt.

Das christliche Menschenbild ist optimistischer. Der Getaufte weiß, dass er sich auf die Gnade Gottes, auf seine Barmherzigkeit verlassen kann, mag er noch so viele moralische Fehler begangen haben, noch so vielen Schwierigkeiten begegnet sein und tiefen seelischen Kummer erfahren haben. Er wurde nach dem Ebenbild Gottes geschaffen. Gott ist Liebe und wir werden von ihm grenzenlos geliebt.

Für den Gott von Jesus Christus gibt es keine Taugenichtse. Sei er noch so tief gefallen, noch so sehr verletzt, der Mensch hat das Recht auf einen Tropfen vom Blut Christi, der unser Erlöser ist. „(…) der mich geliebt und sich für mich hingegeben hat“ sagt Paulus in dem Brief an die Galater (Gal 2,20). Unter welchen Umständen der Mensch auch gelebt haben mag, der Getaufte ist in der Lage, ein neuer Mensch zu werden, der „in Gerechtigkeit und Heiligkeit“ neu geschaffen wird (Eph 4,17-24). Das ist die gute Nachricht des Evangeliums und des Glaubens.

29. Was soll man von der Hypnosetherapie halten?

Die Hypnose wird in der Psychiatrie angewendet, um bestimmte Pathologien zu behandeln (Hypnose nach Milton Erickson). Es handelt sich um einen Halbschlaf des Bewusstseins mit Aufrechterhaltung der Aufmerksamkeit und der Sinneswahrnehmung. Es gibt eine enge Verbindung zwischen dem Patienten und demjenigen, der diesen halbwachen Zustand hervorruft. Einige Therapeuten wenden die Hypnose im Rahmen einer Kurzzeitbehandlung wie der kognitiven Verhaltenstherapie an.

Die Hypnose fördert die Übertragung des Patienten auf den Hypnotiseur. Im Hypnosezustand kann man die Person in eine gute, aber auch in eine schlechte Richtung manipulieren, da der Hypnotiseur in Verbindung mit dem Unterbewusstsein des Patienten steht. Mit welchem Therapeuten haben Sie zu tun? Die klassische Hypnose, wie sie in der Psychiatrie angewendet wird, kann gute therapeutische Erfolge erzielen, aber diese Methode bleibt eventuell gefährlich für den Patienten.

In einigen Sekten wird die Selbsthypnose angewendet, um die Person in einen Zustand der Aufnahmebereitschaft und der Unterwerfung dem Guru gegenüber zu versetzen.

Somit kann sich die Hypnose als besonders schädlich erweisen, wenn sie zur Ausübung eines psychologischen Einflusses auf eine andere Person angewendet wird (s. der Fall von Ariane, S. 74). In ihrem Buch erklärt Michela[40], dass die „Frau Doktor" sie durch wiederholte Hypnosesitzungen nach und nach in einen Zustand der kompletten Unterwerfung versetzt hat, der dann zu perversen Praktiken führte: homosexuelle Beziehungen, Sadomasochismus und letztendlich zur Teilnahme an speziellen satanischen Praktiken. Vorsicht mit den Therapeuten, die nicht seriös sind.

IV.

Es soll bei dir keinen geben,
der Losorakel befragt, Wolken deutet,
aus dem Becher weissagt, zaubert,
Gebetsbeschwörungen befragt,
keinen Hellseher,
keinen, der Verstorbene um Rat fragt.

(Dt 18, 10-11)

30. Der Fluch – Hat es Konsequenzen, wenn man jemanden verflucht?

Der Begriff Fluch wird häufig auf Grund seiner Verwendung in der Heiligen Schrift falsch verstanden. Wenn Gott seinem Volk sagt: „Leben und Tod lege ich dir vor, Segen und Fluch“ (Dtn 30,19), soll es nicht bedeuten, dass Gott sein Volk verflucht, dass er sich in diesem Sinne das Unglück seines Volkes auf eine willkürliche Art und Weise wünscht. Es bedeutet folgendes: Wenn Israel sich entscheidet, den Geboten Gottes zu gehorchen, wird es glücklich sein, wenn es sich entscheidet, nicht zu gehorchen, wird es Unglück auf sich ziehen.

Können Menschen eine andere Person verfluchen? Ich habe persönlich noch keine Fälle dieser Art gehabt. Ich habe aber die beeindruckende Geschichte der Nonne Jeanne Fery studiert.

Sie ist 25 Jahre alt und lebt seit acht Jahren in einer Ordensgemeinschaft, als man feststellt, dass sie besessen ist. Ihr Fall wurde von mehreren Leuten aufgeschrieben, u.a. von ihrem Bischof aus Cambrai, der den Segen (bzw. Exorzismen) zwei Jahre lang (1584-1585) gesprochen hat.[41] Nachforschungen haben ergeben, dass diese Besessenheit wahrscheinlich auf einen zornigen Satz ihres eigenen Vaters zurückzuführen war. Der Vater war gewalttätig und ein Säufer. Als sie noch ein Säugling war und in den Armen ihrer Mutter lag, soll er etwas Ähnliches wie: „Ich verfluche dich, scher dich zum Teufel“ gesagt haben. Dieser Mann lebte wahrscheinlich in schwerer Sünde, hatte böse Absichten und hat sie außerdem sehr eindeutig verflucht. Seine Worte waren aus diesem Grund von erschreckender Wirksamkeit. Ab diesem Tag stand Jeanne unter dem Einfluss eines Dämons, der sie nach und nach zu verschiedenen

Pakten mit ihm geführt hat, die sie akzeptierte und die sie jahrelang an ihn gebunden haben. Durch die Exorzismen hat man die Namen vieler Dämonen erfahren: Nanon, Verräter, Häresie, Heiden, Gotteslästerer, Ninus, Blutdurstig, Cornau, Garga usw. Zu bemerken ist, dass während der Exorzismen von Jeanne die hl. Maria Magdalena dank ihrer mächtigen Fürbitte in zwei Visionen erschien.

Ein anderer Fall wurde mir berichtet. Es handelt sich um ein achtjähriges Mädchen, das die charakteristischen Merkmale eines dämonischen Einflusses aufwies. Nach eingehender Befragung stellte sich heraus, dass ihre eigene Mutter für die okkulte Behaftung wahrscheinlich verantwortlich war. Als sie schwanger wurde, wollte sie das Kind nicht. Sie hat versucht abzutreiben, aber es hat nicht geklappt. Sie hat nicht nur ihre Tochter bei der Geburt abgelehnt, sondern hat sie explizit verflucht. Hinzu kam, dass sie starke Hassgefühle gegenüber dem Kind hatte.

Ich bin der Meinung, dass Verfluchungen innerhalb der Familie auf Grund der Blutsverwandtschaft und der emotionalen Nähe erschreckend wirksam sein können, vor allem wenn sie von starken Hassgefühlen begleitet werden. Man wird also nie genug vor wütenden Worten warnen, deren Tragweite man im Moment nicht erfassen kann.

31. Was versteht man unter Verfluchung, Verwünschung oder Verhexung?

Unter Verfluchung oder Verwünschung versteht man die Kunst einer anderen Person etwas Böses anzutun, indem man den Teufel um Hilfe bittet. In einer Verfluchung sind drei Menschen beteiligt: derjenige, der einen Schaden anrichten will, der Initiator, dann der Hexer, der den Fluch ausspricht und das Opfer. In der Regel wird der Fluch durch einen Vermittler, einen sogenannten Magier, Hexer, Zauberer oder Verfluchenden ausgesprochen, der einen Pakt mit dem Dämon geschlossen hat, um effiziente Arbeit zu leisten. Ein Mensch, der etwas Böses anrichten will, wird ihn für seine Dienstleistungen aussuchen, damit er auf das Opfer einwirken kann. Dies nennt man Hexerei oder schwarze Magie.

Die sogenannte weiße Magie hat den Anspruch, das Gute zu tun, aber sie ist genauso gefährlich wie die schwarze Magie, da man dafür die Intervention des Dämons braucht. Sie wird als weiß bezeichnet, weil sie eine Zeit lang ein gewisses Wohlbefinden hervorrufen kann. Aber es geht nur darum, die Person in die Irre zu führen. Es kommt nämlich der Moment, wo sich der Dämon rächt, Beschwerden treten auf, die oft sehr heftig sind.

Ob Verfluchungen wirklich existieren? Um ehrlich zu sein, habe ich zuerst daran gezweifelt. Aber seitdem ich in Afrika gelebt habe und vor allem seitdem ich Exorzist bin, habe ich nicht nur aufgehört daran zu zweifeln, ich weiß auch, dass sie eine Realität sind und dass sie sehr schlimme bzw. unwiderrufliche Schäden anrichten können. Man muss manchmal Monate, sogar Jahre kämpfen, um eine Befreiung zu erreichen. Leider gibt es auch Misserfolge.

Alle heidnischen Zivilisationen haben die Hexerei praktiziert und praktizieren sie weiterhin. Es handelt sich um ein universales Phänomen in Zeit und Raum. Als Beispiel kann man diesen kurzen Ausschnitt aus dem Buch Deuteronomium zitieren, der uns vor solchen Anwendungen warnt und das vor 2500 geschrieben wurde: „Es soll bei dir keinen geben, der seinen Sohn oder seine Tochter durchs Feuer gehen lässt, keinen, der Losorakel befragt, Wolken deutet, aus dem Becher weissagt, zaubert, Gebetsbeschwörungen hersagt oder Totengeister befragt, keinen Hellseher, keinen, der Verstorbene um Rat fragt“ (Dtn 18,10-11). Zu dieser Zeit war es also schon ein Problem, um das man sich Sorgen machte.

Heutzutage werden unsere christlichen Gesellschaften immer heidnischer und all diese Praktiken kehren verstärkt zurück. Wenn der wahre Glaube nachlässt, steigt der Aberglaube.

Als Beispiel ein paar schreckliche Fälle, die mir begegnet sind:

Marylène, 28 Jahre alt, ist leitende Angestellte in einer internationalen Bank. Sie ist ausgesprochen gesund, sportlich und sehr attraktiv. Ihr direkter Vorgesetzter kommt aus Pakistan und versucht vergeblich, ihr den Hof zu machen. Eines Tages begeht Marylène den Fehler, ihm zu sagen, dass sie bis über beide Ohren in einen Mann verliebt ist, der in jeder Hinsicht ganz toll ist und dass sie sich bald verloben werden. Einen Monat später hat sie heftige Schmerzen am ganzen Körper. Jedes Essen endet mit Erbrechen und fürchterlichen Migräneanfällen. Sie hat Schmerzen rund um die Uhr, Tag und Nacht, und muss sich deshalb krankschreiben lassen bis sie irgendwann entlassen wird.

Dies ist vor 10 Jahren geschehen. Ihren Verlobten hat sie verlassen und sie leidet immer noch. Auf Grund einer unwiderruflichen Schädigung des Zentralnervensystems wurde sie von den Ärzten für den Rest ihres Lebens als arbeitsunfähig eingestuft. Da die Ärzte keine Erklärung für ihren Zustand haben, ist es sehr wahrscheinlich, dass Marylène das Opfer einer Verfluchung wurde, die von ihrem eifersüchtigen Chef in Auftrag gegeben wurde. In ihrer eigenen

Diözese wurden mehrere Exorzismusgebete für sie gesprochen, die wahrscheinlich den dämonischen Einfluss gestoppt haben, der erlittene Schaden ist aber nicht mehr rückgängig zu machen.

Isabelle, 50 Jahre alt, ledig und kinderlos, wohnt auf dem Land. Sie leidet unter unerklärlichen Beschwerden: Sie spürt stechende Schmerzen und Messerstiche, ihre Füße fühlen sich an, als würden sie sich in einem Schraubstock befinden, sie sieht teilweise verschwommen. Ihre Leiden finden eigenartigerweise immer um die gleiche Uhrzeit statt, am Tag und in der Nacht. Nun hat sie von ihrem Vater ein gewisses Vermögen geerbt. Ihre Neffen sind neidisch auf sie und hoffen, sie schnell zu beerben. Sie hat viele Ärzte aufgesucht, doch sie finden keine Erklärung für ihre Schmerzen, auch die Schmerzmittel bringen keine Erleichterung. Die Neffen haben sie mehrmals ihre Feindseligkeit spüren lassen. Es kann sein, dass sie sie mit einem Fluch belegt haben. Die Befreiungsgebete erleichtern eine gewisse Zeit ihre Beschwerden, haben sie aber nicht befreit.

Robert kommt von den Antillen, besitzt ein florierendes Unternehmen. Nach seiner Scheidung hat er eine schwere Depression. Während seines Aufenthaltes im Krankenhaus lernt er eine verheiratete Frau kennen, die ihn „tröstet“. Als er die Klinik verlässt, nimmt sie ihn bei sich zu Hause auf, wo auch ihr Mann und ihre Kinder leben und wird seine Geliebte. Robert wird nach und nach vollständig von dieser Frau beherrscht. Sie lässt sich in seiner Firma einstellen, wird zur Direktorin ernannt und verlangt für ihre Leistungen sehr viel Geld. Sie leitet mehr oder weniger das ganze Unternehmen, die Arbeit von Robert beschränkt sich jetzt darauf, Schecks zu unterschreiben. Es gelingt ihr, die Firma in eine Aktiengesellschaft umzuwandeln, deren Hauptaktionärin sie wird. Robert, seiner Ex-Frau und seinen Kindern gehört fast nichts mehr. Obwohl er von seiner Familie und seinen Freunden gewarnt wird, lässt Robert alles über sich ergehen, er reagiert nicht mehr. Er ist wie ein „Wauwau“ geworden. Robert ist das Opfer eines Verführungs- und Beherrschungsfluches. Ich habe für ihn gebetet, aber ich fürchte, dass die Situation nicht mehr rückgängig zu machen ist.

Thierry, 7 Jahre alt, wird mir von seinen Eltern gebracht. Seit er ein kleines Kind war, leidet er unter verschiedenen Beschwerden ohne erkennbare medizinische Ursache. Er ist in Afrika geboren, wo seine Eltern mehrere Jahre gewohnt haben. Sie verdächtigen das Kindermädchen, das sich seit der Geburt um das Kind gekümmert hat. Es hat sich sehr schnell herausgestellt, dass sie sowohl auf die Mutter wie auf das Kind eifersüchtig war. Es ist wahrscheinlich, dass sie etwas gegen das Kind unternommen hat. Ein Befreiungsgebet hat Thierry von seinen Leiden vollständig befreit.

32. Welche verschiedene Arten von Flüchen gibt es?

Ich beziehe mich auf die verschiedenen Informationen von Jean Pliya[42] und auf meine eigene Erfahrung.

Es ist von *Liebesfluch* die Rede, wenn es darum geht, einer Liebesbeziehung zu schaden. Durch einen giftigen Fluch versucht man ein körperliches, seelisches, privates oder berufliches Übel anzurichten.

Der *Übertragungsfluch*: Hier werden in Vertretung der betroffenen Person einer Puppe, einem Foto, oder einem Stück Unterwäsche Folterungen auferlegt, sogar Blutflecken und menschliche Knochen können mit einbezogen werden. Man schlägt mit dem Hammer auf die Puppe, das Foto usw., man sticht diese Gegenstände mit Nadeln oder Nägeln, man bindet oder fesselt sie mit Schnürsenkeln, Schleifen oder Haltegriffen. Man kann auch ein satanisches Ritual wie zum Beispiel eine schwarze Messe verlangen. Manchmal benutzen Menschen auch den direkten Kontakt: einen Kuss, einen Blick und sogar das Telefon.

Der *Fäulnisfluch* hat zum Ziel, eine Krankheit, möglichst eine tödliche, zu verursachen. Man verwendet dafür ein kleines totes Tier, wie Ratte, Kröte, Vogel, das in der Nähe des Opfers begraben wird.

Man spricht von einem *direkten Fluch*, wenn man das Opfer eine Flüssigkeit trinken lässt, oder ihm eine verfluchte Nahrung zu essen gibt. Wenn man sich in Gesellschaft fragwürdiger Personen befindet, sollte man also vermeiden, ohne Vorbehalt irgendetwas zu sich zu nehmen.

Es ist vom *indirekten Fluch* die Rede, wenn ein Gegenstand oder ein Tier dafür verwendet wird.

Ich habe mich gefragt, warum der Fluch so stark wirkt und warum er so schwer zu beseitigen ist. Es ist vielleicht darauf zurückzuführen, dass er verschiedene Formen des Hasses in sich vereint: der Hass des Initiators, des Vermittlers – zum Beispiel des Hexers – und des Dämons.

Bevor man zu der Schlussfolgerung kommt, dass ein Fluch ausgesprochen wurde, muss man selbstverständlich überprüfen, ob es nicht eine natürliche Erklärung für die festgestellten Beschwerden gibt, seien sie körperlicher oder psychischer Natur. Eine heidnische Sichtweise kehrt verstärkt in unsere Länder zurück: Jedes Unglück wäre demnach auf okkulte Maßnahmen von bösen Menschen zurückzuführen. Dies wird durch die Pseudo-Erklärungen von Hellsehern und Wahrsagern noch mehr gefördert: „Eine Wahrsagerin hat mir gesagt, dass ich unter einem Fluch stehe.“

33. Stehen viele Menschen unter einem Fluch?

„Eine unzählige Schar“ versichert uns Msgr. Ottavio Michelini (1906-1979) in seinem Buch *Die Menschheit an der Schwelle ihrer Befreiung. Offenbarungen Jesu an Priester und Gläubige.*[43][44]

„Das Wort Fluch ist die Ursache unbeschreiblichen Leides: Es weckt Betroffenheit, Zweifel und Ungläubigkeit auch bei denen, die seine Opfer sind. Es ruft Spott und Hohn bei jenen hervor, die nicht daran glauben: Verblüffung und schließlich Ärgernis bei denen, die seine Natur, Herkunft und Ursache kennen und Mittel zur Verteidigung finden müssten sowie Möglichkeiten zur Bekämpfung ... Es geht so weit, dass man den Priestern verboten hat, die Menschen zu „segnen“, die Opfer eines Fluches sind und hat ihnen empfohlen, sparsam mit dem Weihwasser umzugehen .... Es wird als Fehler betrachtet über einen Fluch zu reden, was ein Zeichen von Ignoranz und Negativität ist. Negativität gehört aber zur diabolischen Natur der Dämonen, die mit ihrer „Kirche“ auf Erden sie verbreiten, propagieren und die sich dank der Verfluchungen in der menschlichen Seele festsetzen kann. Der Fluch gehört zu den vielfältigen Mitteln, mit denen die finsteren Mächte der Hölle, Seelen in ihre Falle locken, die unerfahren, unvorsichtig und wehrlos sind. Ohne jeden spirituellen Beistand sind sie schwach und hilflos und fallen auf Grund ihrer eigenen Nachlässigkeit und des Versagens ihrer spirituellen Begleiter immer Täuschungen zum Opfer“.

34. Kann man das Opfer eines dämonischen Einflusses ohne eigene Schuld sein?

Ein Mensch kann unter einem starken dämonischen Einfluss stehen, obwohl er moralisch ohne Schuld ist. Er ist in diesem Fall das Opfer einer dämonischen Ansteckung. Die Ursache kann in seiner Familie, in seinem Umfeld liegen. Der Betroffene kann in seiner Kindheit unter Gewalt gelitten haben, das Opfer eines Fluches oder einer Verwünschung sein. Diese Fälle können für den Bedrängten sehr schwer zu akzeptieren sein.

Die Taufe ist ein wichtiger Schutz, aber sie reicht nicht immer aus. Dies ist der Grund, warum die Nicht-Getauften für dämonische Handlungen anfälliger sind. Wenn Bindungen vorhanden sind, wird der Taufbewerber also mehrere Exorzismen benötigen, bevor er getauft wird, weil das Sakrament als solches keine Befreiung mit sich bringen wird. Es haben mich mindestens zwei vor kurzem getaufte Bedrängte aufgesucht, die unter einem starken dämonischen Einfluss standen und man hatte während des Taufunterrichts nichts davon bemerkt. Die Taufbewerber, vor allem die Erwachsenen, kommen heutzutage von überall her: Die Einrichtungen, die in der Diözese für die Taufvorbereitung zuständig sind, müssen fragen, ob die Person eventuell mit Okkultismus oder anderen Praktiken in Kontakt gekommen ist, auch wenn sie von der Gefahr solcher Anwendungen keine Ahnung hatte. Ein Befreiungsgebet bzw. ein Exorzismus kann vor dem Sakrament der Taufe erforderlich sein.

35. Was kann man über Hexerei sagen?

Durch Verhexung kann man der Gesundheit, dem materiellen Besitz, dem Umfeld, der Arbeit einer Person Schaden zufügen. Darum ist sie so gefährlich.

Man spricht von *roter Magie*, wenn Menschen durch Verhexung versuchen, die Liebe eines Mannes oder einer Frau zu gewinnen, einen Rivalen zu eliminieren, einen Mann impotent oder eine Frau unfruchtbar zu machen, jede Liebesbeziehung scheitern zu lassen, einen Ehebruch zu veranlassen und/oder einen Seitensprung zu fördern, Streit in einer Beziehung oder in der Familie zu verursachen und sogar eine Rivalin hässlicher zu machen.

Es wird von *schwarzer Magie* gesprochen, wenn es darum geht einen Dritten zu erreichen und ihm auf verschiedene Art und Weise Böses anzutun. Die magischen Rituale bestehen also darin, Dämonen zu rufen und sie um ihre dämonische Handlung gegen diese oder jene Person zu bitten. Es ist sehr schwer zu wissen, wann die schwarze Magie angefangen hat. Diese Praktiken sind sehr alt und wurden in fast allen heidnischen Völkern und in allen sogenannten alten Zivilisationen angewendet (vgl. Dtn 18,10ff).

Einige sprechen von *weißer Magie* (Marabuts, Hellseher, Heiler) und behaupten, dass man viel Gutes tun kann, indem man „Geister“ ruft, aber es ist eine Illusion, da man dann in die Hände des Dämons gerät.

Die Bezeichnungen über Magie, die man im Internet findet, sind mit Vorsicht zu genießen, weil sie durch das Imaginäre gefärbt sind. Das Gleiche gilt für die Namen der Engel und Dämonen.

Die bekanntesten und am häufigsten angewendeten Rituale sind Voodoo, Macumba, afrikanische Zaubereien (Nord- und Schwarzafrika), sowie alle Praktiken, die sich in Frankreich und in Europa heutzutage noch verbreiten.

Die Vermehrung der Magier, Marabuts, Hexer usw. ist besorgniserregend. In Frankreich zum Beispiel gibt es sie zu Tausenden. Sie sind nicht verzeichnet und das aus gutem Grund!

36. Paranormale Phänomene und Parapsychologie

So werden bestimmte Phänomene genannt, die man mit dem heutigen wissenschaftlichen Kenntnisstand nicht erklären kann. Sie werden angeblich durch unbekannte unsichtbare Kräfte verursacht. Der Begriff *paranormal* bedeutet, „außerhalb der Norm" und umfasst sehr verschiedene Manifestationen. Inbegriffen ist alles, was nicht durch die physikalischen und chemischen Gesetze der Natur erklärbar ist. Das *Normale* ist, was wir durch Ursache und Wirkung verstehen und beherrschen können. Wir können die paranormalen Phänomene feststellen, können aber die Ursachen mit unseren Sinnen nicht erfassen, wie zum Beispiel Telepathie, Levitation, Bilokation, außerkörperliche Erfahrungen usw. Was kann man darüber sagen?

Die Psi-Gamma Phänomene

Die *Telepathie*: Wahrnehmung fremder Gedanken ohne Beteiligung der bekannten Sinneskanäle. Eine Mutter hat zum Beispiel plötzlich die Intuition, dass ihr Sohn einen Unfall gehabt hat; eine Nonne hat angefangen, intensiv für ihr Patenkind zu beten, als es während des Krieges[45] in Gefahr war.

Die *Präkognition* (die Vorahnung): das Wissen um Tatsachen, die tatsächlich später eingetreten sind. Beispiele: eine Jugendliche träumt vom Tod ihrer Großmutter; Herr O'Connor, der einen Platz auf der Titanic gebucht hat und mehrmals von einem Schiffbruch geträumt hat.

Die *Retrokognition*: das Wissen eines Ereignisses aus der Vergangenheit, von dem ein Dritter keine Ahnung haben konnte. Eine Wahrsagerin, die an Hand Ihres Geburtsdatums, ein Detail aus Ihrer Kindheit erzählt.

Die *Xenoglossie*: Kenntnis von fremden Sprachen ohne sie gelernt zu haben.

Die Psi-Kappa Phänomene

Die *Telekinese*: bedeutet Einwirkung aus der Ferne auf die Materie. Beispiele: ein berühmter Parapsychologe, Jean-Pierre Girard, hat im Jahre 1977 im Fernsehen Gabeln und sogar eine dicke Metallstange aus der Ferne verbogen: Bewegung von Gegenständen aus der Ferne ohne erklärbare physikalische Ursache; die Türen öffnen und schließen sich von selbst, die Gläser klirren; der Tisch dreht sich oder es klopft; die Salatschüssel erhebt sich von allein und fällt zu Boden.

Die *Teleplastie*: ist die erklärbare Materialisation eines Gegenstandes. Beispiele: Entstehung eines Apfels durch die mentale Konzentration eines Yogis; Rosen, die aus dem Mund oder aus der Brust von Yvonne-Aimée de Malestroit kommen[46]; die Tränen der Heiligen Jungfrau von Syrakus oder Akita; das aus einer Ikone fließende parfümierte Öl (Soufanieh, Toulouse).

Die *Levitation* von Gegenständen oder Menschen: Yogis, Teresa von Avila, Josef von Copertino, Mirijam von Abellin.

Die *wiederkehrenden Phänomene*: Klopflaute, Stimmen, Lichtblitze, Gerüche, Zerbrechen von herabfallenden Gegenständen; Bilokation, „außerkörperliche Erfahrungen"; Austritt aus dem Körper, Reise mit dem „ätherischen" Körper (Nahtoderfahrung: near death experience; OBE: out of body experience – außerkörperliche Erfahrungen).

Alle *mystischen Phänomene*: Wie Levitation, Bilokation, Stigmata, der plötzliche Duft eines Parfüms, Anorexia mirabilis, Erscheinung von Lebensmitteln, von Hostien, Blumen oder alle Besonderheiten, die als Wunder klassifiziert werden.

Erklärungsversuche

Die Anhänger des Paranormalen und der Parapsychologie behaupten, dass zum Beispiel der menschliche Geist, durch mentale Konzentration in der Lage ist, Phänomene wie Telepathie, Telekinesie, Teleplastie oder Levitation hervorzurufen. Diese Einstellung lässt uns folgende Frage stellen: Kann die menschliche Seele außerhalb des menschlichen Körpers und ohne ihn handeln? Die Antwort ist nein! Es widerspricht grundsätzlich der Funktionsweise des menschlichen Körpers. Der Körper wird von der Seele belebt und sie ist sein Organisations- und Lebensprinzip.

Das Handeln folgt also dem Sein: Die Seele, die sich in einem bestimmten Körper befindet, kann außerhalb von ihm nicht handeln: „Die Funktion der Seele ist es, den Leib zu bewegen, dessen Form sie angenommen hat, sie kann jedoch keinen anderen Körper durch ihre eigene natürliche Kraft bewegen."[47] Dank meiner geistigen Fähigkeiten kann ich alle meine Gliedmaßen bewegen, aber ihre Macht ist auf meinen eigenen Körper beschränkt. Nur dadurch kann unser Körper Einfluss auf einen anderen Körper haben. Die Erklärung, die von den Anhängern des Paranormalen gegeben wird, ist also nicht annehmbar. Es gibt eine noch zu untersuchende Ursache für diese Phänomene.

In unserem Universum gibt es verschiedene mögliche Ursachen: die erste Ursache ist Gott und dann kommen die übernatürlichen Ereignisse, die als Wunder einzuordnen sind (Phänomene, deren Zustandekommen nicht erklärbar ist). Es gibt auch die materiellen Ursachen mit physiologisch-chemischen Eigenschaften sowie die spirituell-menschlichen Ursachen. Zum Schluss haben wir die engelhaften oder übernatürlichen Ursachen, die von den Engeln oder den Dämonen kommen.

Bei allen erwähnten Phänomenen muss man die engelhaften oder dämonischen Ursachen von den übernatürlichen Ursachen trennen.

Die Psy-Gamma und Psy-Kappa Phänomene sind auf eine Intervention der Engel zurückzuführen. Die Engel haben die Möglichkeit auf die menschliche Psyche einzuwirken.

Die *guten Engel*: Eine Person ist in Gefahr, man muss für sie beten; gewisse Vorahnungen, die Warnung vor einer Gefahr oder vor einem Unfall; Beeinflussung des Körpers, um einen Unfall zu vermeiden; die Levitation bei den Heiligen, das Heranschaffen von Lebensmitteln oder Hostien (Elias, die Kinder von Fatima).

Die *Dämonen* sind für folgende Eigenschaften verantwortlich: Hellsichtigkeit, Wissen von Ereignissen aus der Vergangenheit und in der Zukunft, Einwirkung aus der Ferne auf Gegenstände oder Menschen (Ouija, Levitation, die magischen Kräfte der Yogis), Materialisation von Gegenständen, Poltergeister, Gespenster, Bilokation usw.

Man kann daraus schließen, dass die sogenannten „paranormalen" Phänomene sich sehr gut durch die engelhaften oder dämonischen Handlungen erklären lassen. Da aber die – gute – Theologie der Engel wenig bekannt ist, greifen einige Autoren auf Pseudo-Erklärungen zurück. Man findet immer wieder die Sammelbezeichnung „geistige Wesen". Dieser Begriff wird für alles Mögliche angewendet und führt dazu, dass man auf die Idee kommen könnte, es gäbe, abgesehen von den Engeln und den Menschen, andere intelligente Wesen. Wenn man aber eine gute Kenntnis der Engellehre besitzt, ist diese Hypothese überflüssig.

Anzumerken ist: Die Anhänger der Telepathie behaupten häufig, dass es sich um ein rein psychologisches Phänomen handelt. Der menschliche Geist wäre also in der Lage, auf einen anderen direkt einzuwirken. Sie stellen sich die geistige Welt wie ein durchsichtiges und offenes Universum vor, wo jeder zum Gedanken des anderen Zugang haben könnte. Im Gegensatz dazu würde der Körper anders funktionieren, er wäre undurchsichtig und würde den anderen Menschen verschlossen bleiben.

Diese Auffassung entspricht nur einer starken Sehnsucht nach der „Seelenkommunikation" mit den Engeln als Vorbild. Tischner meint: „Das Gedankenlesen in seiner reinen Form besteht darin, dass B in die Gedanken von A eindringt, ohne dass A eine Ahnung davon hat". Das Gegenteil ist aber richtig. *Man kann in den menschlichen Geist nicht hineinschauen.* Nur der Betroffene und Gott haben Zugang zu seinem Inneren, d.h. zu seinen Gedanken und seiner Freiheit: „Wer von den Menschen kennt den Menschen, wenn nicht der Geist des Menschen, der in ihm ist?" (1 Kor 2,11). Es geht um seine spirituelle Natur und um seine Würde. Die Hypothese, dass Telepathie rein natürlicher Herkunft ist, ist widersprüchlich. Einerseits bezieht sie sich auf die Transzendenz der Gedanken im Hinblick auf die Materie, anderseits zerstört sie ihre Unantastbarkeit. Sie verwandelt die geistige Welt in eine Art „WebSpirit".[48]

37. Woher kommt der Satanismus?

Unter *Satanismus* versteht man die Teilnahme an Satanskulten, die eine Karikatur der Verehrung Gottes und Jesu ist. Der Satanismus kommt ursprünglich aus England und aus den Vereinigten Staaten.

In England war der bekannteste Satanist Alexander Crowley (1875-1947). Er kam aus einer wohlhabenden Familie, die der freikirchlichen Bewegung, den sogenannten *Plymouth-Brüdern*, anhing. Er hatte zwei Leidenschaften im Leben: die Sexualität und den Teufel. Er wurde zuerst Mitglied einer Freimaurer-Gruppe, die aus Deutschland kam, *The Hermetic Order oft the Golden Dawn* (Hermetischer Orden der Goldenen Dämmerung).

1920 gründete er auf Sizilien die Abtei von Thelema. Sie wurde zu einem Ort der Unzucht und der grenzenlosen sexuellen Perversionen, an dem kultische Orgien mit Drogen und Sex an der Tagesordnung waren. Die italienische Regierung ließ das Kloster 1923 schließen. Crowley wird dann durch seine Bücher und Artikel bekannt. Damals wird er zum „bösesten Mann der Welt" erklärt. 1929 wurde er aus Frankreich ausgewiesen, er wurde in London verurteilt und ist 1947 gestorben. Bei der Beerdigung haben seine Anhänger ein Ritual schwarzer Magie durchgeführt, einige seiner Lieder sowie die Hymne an Satan von Giosuè Carducci gesungen.

In den USA können wir die *Church of Satan* von Anton LaVey anführen. Er ist 1930 geboren und hat seine frühen Jahre in Kalifornien verbracht. Er arbeitet zuerst in einem Zirkus, dann besucht er einen Kurs für Kriminologie und wird von der Polizei von San Francisco als Fotograf eingestellt. Nachdem er sich für Okkultismus interessiert und ihn studiert hat, gründet er 1966 offiziell und gemäß den kalifornischen Gesetzten die *Church of Satan* und ernennt sich selbst zum „Hohen Priester" bzw. zum „schwarzen Papst". Abgesehen von der Hölle, dem Bösen und der Gewalt spielt Sex eine zentrale Rolle in dieser satanischen Religion. LaVey erklärt, dass der Satanskult nichts anderes als eine Religion der Materie und des Fleisches ist. Sie wird durch eine nackte Frau auf dem Altar symbolisiert. Im Jahre 1975 hat sie 10 000 Mitglieder. Er ist der Verfasser mehrerer Bücher, wie die *Satanische Bibel*, die *Satanische Hexe*, die *Satanischen Essays.*

Der *Temple of Set* wurde 1975 von Michael Aquino gegründet. Aquino bezieht sich auf LaVey und hat mit ihm zusammengearbeitet, bevor er ihn verlassen hat. Aquino war Offizier der US-Armee und Spezialist psychologischer Kriegsführung. Seth, der Fürst der Finsternis, hätte Aquino mit einem Auftrag betraut. Der *Tempel* hätte mit extremistischen politischen Bewegungen faschistischer oder neonazistischer Färbung Affinitäten.

The *Final Church* von Manson trägt den Namen ihres Gründers Charles Manson. Eines ihrer zehn Gebote heißt:

„Du musst töten…“. Manson bedeutet, „Sohn des Menschen“, d.h. er ist eine „Mischung“ aus Satan und Christus. Am 8.8.1969 werden z.B. die Schauspielerin Sharon Tate und vier ihrer Gäste auf grausame Weise im Haus der jungen Frau in Beverley Hills ermordet. Manson ist für den Mord verantwortlich, er hat sein Gebot in die Praxis umgesetzt.
Es ist also kein Zufall, wenn sich der eher bissige und gelegentlich satanische Sänger Marilyn Manson diesen Namen ausgesucht hat.

Die *Luziferianer*. Es ist wichtig, sie von den Satanisten zu unterscheiden. Sie sind der Meinung, dass Luzifer, der „Lichtträger“ viel mächtiger ist als Satan. Sie sind Luzifer geweiht und begeistern sich für seinen Hochmut und seinen Ungehorsam Gott gegenüber. Sie vergöttern auch Lilith, das weibliche Gegenstück von Luzifer. Gott wird als Feind und Henker der Menschen gebrandmarkt. Es gibt mehrere luziferianische Bewegungen: der orthodoxe Luziferianismus und die *Wicca*-Bewegung, die sich als Nachfolger der Hexerinnen und Hexer betrachten, die in Europa unter dem Ancien Régime[49] verurteilt wurden.

Die *„Hobby“-Satanisten*. Alle Anhänger des Satanismus sind nicht unbedingt in einer Gruppe oder in einer festen Bewegung zu finden. Einige nennen sich selber Satanisten, weil sie behaupten, satanische Praktiken anzuwenden, die sie da und dort übernommen haben. Sie haben eine Philosophie und eine Lebensart, die sich den fundamentalistischen Satanisten nähern. Meistens handelt es sich um Jugendliche, die keine religiöse Bildung haben und die auf diese provokante Art und Weise ihren Familien- und Gesellschaftsfrust ausdrücken. Sie basteln sich einen synkretistischen Satanismus an Hand von Horrorfilmen, Gothic Büchern, Texten oder Ritualen, die sie im Internet gefunden haben, organisieren spiritistische Sitzungen, perverse Festveranstaltungen (z. B. Opfergaben von Tieren), sexuelle Orgien. Es handelt sich oftmals um antichristliche Praktiken, die häufig zu Kirchen- oder Friedhofsschändungen führen.

Unter den pseudo-religiösen Bewegungen, die den Satanismus zur Folge haben können, kann man u.a. die New-Age-Bewegung, die Freimaurerei, die Gothic Mode anführen.

38. Was versteht man unter satanischen Ritualen?

Es ist nicht nötig, die ekelerregenden Einzelheiten dieser Rituale zu beschreiben, die meistens eine Karikatur der katholischen Liturgie darstellen: Parodie von Taufen und Eheschließungen, schwarze Messen, bestialische Praktiken, die die grundlegenden Unterschiede zwischen Mensch und Tier ablehnen, Schändung von Friedhöfen usw. Während der Rituale fließt Blut, ein Tier wird geopfert. Michela erzählt in ihrem furchterregenden Buch, *J'ai quitté Satan*[50], dass man ab und zu für solche Rituale sogar ein Kind opfert. Der *Osservatore Romano* vom 30. Juli 1990 kann nicht umhin, sich folgende Frage zu stellen: „In Italien verschwinden ca. 100 Menschen pro Jahr, über die man nie wieder etwas erfährt. Unter den Vermissten gibt es viele Jugendliche und Kinder. In 7 Monaten sind 15 Kinder verschwunden, d.h. 84 Kinder innerhalb von 3 Jahren". Das Verschwinden dieser Menschen kann mehrere Ursachen haben, ein Teil davon ist bestimmt auf satanische Entführungen zurückzuführen.

Bei den menschlichen Opfern findet zuerst ein sexueller Missbrauch statt, dann kommt es zu Kannibalismus[51]. Diese Rituale werden vorzugsweise an Tagen und zu Uhrzeiten durchgeführt, an denen die katholische Liturgie stattfindet: in der Nacht von Samstag auf Sonntag, oder vor den großen religiösen Festen. „Samstagnacht", erzählt Michela weiter, „schenkten wir Satan alle Jugendlichen, die Drogen nehmen und die sexsüchtig sind. Man weihte ihm alle Menschen, die nach der Disco wegen Drogen oder Alkohol in dieser Nacht durch einen Unfall sterben"[52]. Sie fügt noch hinzu: „Für die Satanisten ist es ein Glück, einen Nicht-Getauften zu finden, da die Dämonen in ihn eindringen können, ohne auf Widerstand zu stoßen. Außerdem hatte ich zu dieser Zeit erfahren, dass Frauenärzte und Geburtshelfer/innen des Krankenhauses Mitglieder der Sekte waren, und dass sie alle Säuglinge gleich bei der Geburt dem Satan weihten. Keiner merkte etwas davon, weil die Formeln mental gesprochen wurden, Gesten oder besondere Rituale waren überflüssig."[53]

Die Satanisten verwenden hinterlistige vielfach von Sekten benutzte Verführungsmethoden, um psychisch labile und sozial schwache Menschen zu überzeugen. Sie sind dem Anschein nach vertrauenerweckend und ohne Hintergedanken. Es ist aber nur Fassade, um die Leute zu verführen und neue Mitglieder anzuwerben.

Dies gilt vor allem für die Kontakte per Internet. Durch das Web kann man viele neue Mitglieder finden, weil man nicht verpflichtet ist, seinen richtigen Namen und seine wahren Absichten zu nennen. Die nicht informierten Minderjährigen können sehr schnell darauf hereinfallen. Also Vorsicht damit!

39. Welche Konsequenzen hat es, wenn man einen Pakt mit dem Satan schließt?

Um diese Frage zu beantworten, beginne ich mit einem Beispiel. Während meines Amts als Priester-Exorzist musste ich eines Tages für Christophe beten, der Satan gerufen hatte, um eine Prüfung zu bestehen. Während er das Gebet der Absage an den Teufel sprechen muss, kann er nicht sagen „ich widersage Satan.“ Der Dämon wollte ihn daran hindern. Aber Christophe ist nicht so weit gegangen und hat keinen Pakt mit seinem Blut unterschrieben.

Wenn man sich dem Teufel durch einen Pakt mit seinem Blut verschreibt, wird alles viel schlimmer. Der Dämon hat dann freie Bahn, um seinen Einfluss auszuüben, der die geistigen Fähigkeiten, den Verstand und den freien Willen beeinträchtigen kann.

Erst erfüllt Satan meistens die menschlichsten und die schmeichelhaftesten Wünsche desjenigen, der sich ihm geweiht hat. Der „Jünger“ wird durch seine Erfolge und das Gelingen seiner Pläne berauscht, aber es dauert nur eine gewisse Zeit. Plötzlich lehnt Satan jede Art von Unterstützung ab und sein Leben geht zu Bruch. Alles läuft schief und fällt auseinander. Der Feind schlägt ihm zum Beispiel vor, Suizid zu begehen: „Es bleibt dir nichts anderes übrig, als dich umzubringen.“

Es ist äußerst gefährlich einen Pakt mit Satan zu schließen und extrem schwierig sich davon zu befreien, da es sich um eine freiwillige Tat handelt. Die Person ist also mit ihm verbunden. Das will aber nicht heißen, dass diese spirituelle „Bindung“ unwiderruflich ist. Wenn der Sünder sein Herz der Gnade der Reue öffnet, wird es diese Bindung brechen und die Person ihre vollständige Freiheit wiederbekommen.

40. Welche satanischen Gruppen gibt es heutzutage?

Die Verehrer von Satan sind diskret, vor allem weil sie ab und zu in blutige Verbrechen verstrickt sein können. Es ist schwierig, diese Gruppen zu erfassen. Ständig bilden sich neue Gruppierungen und Sekten, die auseinandergehen und verschwinden. Meistens sind die satanistischen oder luziferianischen Gruppen eher klein (5 bis 10 Mitglieder).

Man kann die ungefähren Zahlen zugrunde legen, die P. Gilles Jeanguemin[54], Exorzist in Italien, angibt. Im Jahre 2000 hat er in London 60.000, in Turin 40.000, in San Francisco 20.000 Leute erfasst. Diese Gruppen sind nicht zentralisiert, es ist wie ein Nebel, der sich ständig bewegt. Weiterhin soll es nach P. Jeanguemin zwischen 300.000 und 500.000 Anhänger Satans auf der Welt geben, eine immerhin ziemlich beeindruckende Zahl.

Wir möchten auf keinen Fall jede Form von Musik verteufeln, aber wir müssen ein paar Worte darüber sagen. Einige Bands, wie *Black Sabbath* oder *Led Zepellin* usw. oder andere aus der Punk-, Rock- oder Metal-Szene befinden sich am Rande des Satanismus. Diese Musik beruht auf dem „Beat", einem synkopischen Rhythmus, der die Sensibilität und den Trieb, vor allem den Sexualtrieb, fördert. Die Lautstärke ist 20 Dezibel stärker, als man normalerweise ertragen kann. Die Texte enthalten häufig einen teilweise klaren Aufruf zur Gewalt, oder fördern unterschwellig die Brutalität.

Ich nenne einige Beispiele, die ich zufällig verschiedenen Liedern einiger Bands entnommen habe:
„Gott hat mir gesagt, ich muss dich lebendig häuten, ich bringe die Kinder um. Ich sehe sie gerne sterben"; „Ich lasse die Mütter weinen! Ich überfahre sie mit meinem Auto, ich will sie schreien hören!"; „ich gebe ihnen vergiftete

Bonbons zu essen!“ usw. Mehr brauche ich nicht dazu zu sagen.

In Clisson (Loire-Atlantique) kommen jedes Jahr im Juni mehrere zehntausend Besucher[55] zu dem „Hellfest“ oder „Festival de l’Enfer“ (Festival der Hölle) genannt. Die dort auftretenden Bands tragen leider sehr bildhafte Namen wie *Bloodbath, Decapitated, Blasphème*[56], *Suicidal Tendencies* und verwenden abscheuliche Worte. Ich fühle mich verpflichtet, aus informativen Gründen ein paar Sätze zu zitieren: „Wir opfern Kinder auf Befehl von Satan; genieße den Geschmack von Blut; deine Tochter befindet sich unter den enthaupten Körpern (…); pinkelt auf Christus und bringt den Priester um; lobt das Biest… die Abteilung Panzer Marduk führt ihren Kreuzzug gegen das Christentum weiter…“. Dieses Festival wird unter anderem vom Rathaus von Clisson und vom Generalrat von Loire-Atlantique subventioniert und stillschweigend vom Kultusministerium gebilligt.

Die Anhänger von *Heavy Metal* leben in einer Welt voller Gewalt und wenden satanische Symbole an, auch wenn sie nicht wirklich einen Kult mit Satan treiben. Für sie steht Satan als Symbol für die libertäre Aufsässigkeit, dessen Image benutzt wird, um zu provozieren und sich gegen die sozialen Normen und die Normen der Gesellschaft zu stellen. Dadurch teilen sie die gleiche Meinung wie einige politische Gruppen, die Atheisten, die Anarchisten, die Antichristlichen.

Die *Hells Angels* ist ein atypischer Motorradclub, der in den 50er Jahren in Kalifornien entstanden ist. Ursprünglich handelt es sich um entlassene und arbeitslose amerikanische Soldaten. Mit ihren schweren Motorrädern fahren sie in Dörfer, wo sie ihre Unterkunft und ihre unauffälligen

Hauptquartiere haben. Sie haben Zeichen und Symbole übernommen, die auf das satanisch Imaginäre zurückgreifen, sie beziehen sich auf den Teufel, Sex, Gewalt und Tod, tragen aussagekräftige Tattoos. Ihre Lederkleidung ist bedeckt mit eindeutigen Anspielungen aus dem Heiligen Römischen Reich oder aus der Nazi-Zeit. Die *Hells Angels* schließen sich meisten zu Gangs (Drogenhandel, rechtswidriger Waffenhandel, Geldwäsche, Prostitution u.a.) zusammen. Sie sind, unter anderem, in den USA und in Canada regelmäßig in rassistische Verbrechen und Straftaten jeder Art verwickelt.

41. Okkultismus, Spiritismus: Harmlose oder gefährliche Spiele?

Der Mensch wurde schon immer von der unsichtbaren Welt und von dem Geheimnis des Jenseits fasziniert. Der Okkultismus nutzt diese Anziehungskraft aus. Die okkulten Praktiken sind gefährlich, zuerst einmal, weil sie eine ungesunde Neugier bei den Menschen wecken. Solche Praktiken versprechen einen Zugang zu dieser unsichtbaren Welt und lassen vermuten, dass sie besondere Kräfte verschaffen. Die Falle ist: diese Kräfte, sowie die „Gabe" der Hellsichtigkeit, der Wahrsagerei oder der Pseudo-Heilung sind eine Realität.

Wer steht hinter diesen Praktiken? Auch wenn die Person es meistens nicht weiß – was bei vielen Wahrsagern und Heilern häufig der Fall ist – dahinter steht der Feind, d.h. der Dämon, der seine Opfer manipuliert, auch wenn diese fest davon überzeugt sind, etwas Gutes zu tun. Man lebt also in einer Welt der Täuschung.

Wenn diese Praktiken über längere Zeit angewendet werden, ist es nahezu sicher, dass der Mensch nach und nach unter okkulte Behaftung gerät. So entstehen sogenannte dämonische Bindungen, die schädliche Auswirkungen auf das Opfer haben.

42. Was versteht man unter generationenübergreifenden Bindungen?

Msgr. Rey, Bischof von Toulon, sagte mir eines Tages folgendes: „Die Tragweite der Inkarnation in unserem Leben beinhaltet eine ‚Rückführbarkeit' unserer Herkunft, d.h. auf unsere Ahnen, von denen wir genetisch, psychologisch und eventuell spirituell im Guten und im Bösen abhängig sind." Es ist uns bekannt, dass die Erbanlagen die gesamte Übertragung der Eigenschaften auf ihre Nachkommen beinhalten.

Unser Erbe kann also verschiedener Natur sein. Es kann sich auf den Körper wie z. B. auf seine Gestalt und auf andere körperliche Ähnlichkeiten auswirken, oder, was schwieriger zu akzeptieren ist, es kann eine Disposition für gewisse Krankheiten (Tuberkulose, Alkoholismus, Geschlechtskrankheiten, Hämophilie, Herzmissbildungen usw.) fördern. Wir wissen, dass diese Erbanlagen Anfälligkeiten und Krankheiten bei den Nachkommen verursachen können. Jeder von uns hat solche Merkmale feststellen können.

Das Erbe kann auch psychologischer Art sein. Es handelt sich hier um die Übertragung gewisser moralischer und psychologischer Dispositionen, die durch die Erziehung und den Einfluss des familiären und sozialen Umfelds weitergegeben werden. Von seinem Umfeld beeinflusst, wird der Betroffene dazu neigen, das Verhalten seiner Eltern nachzuahmen.

Und zuletzt, was verstehen wir unter spirituellem Erbe? Wenn es in der Familie mehrere Handlungen gegen das Leben (Suizid, Abtreibung, Verbrechen u.a.) gegeben hat, kann ein sogenannter Geist des Todes einen Nachkommen binden. Es können dann körperliche und psychische Beschwerden bei ihm entstehen.

Nehmen wir das Beispiel eines Großvaters, einem großen Meister bei den Freimaurern. Es kann sein, dass der Enkel nach dem Tod des Großvaters verschiedene Beschwerden aufweist, da die Bindung dann auf ihn übergegangen ist. Wenn eine Großmutter die Wahrsagerei, den Spiritismus, das Pendel oder das Tarot aktiv betrieben hat, kann dies Bindungen bei einem Nachkommen verursachen. Ich habe das in vielen Fällen festgestellt, meistens bei Frauen, vor allem dann, wenn es um die Mutter oder die Großmutter geht, oder wenn der Verwandte das Kind in solche Praktiken einbezogen hat, oder wenn sie unter demselben Dach ausgeführt wurden (der Fall von Prosper S. 47; Charlènes Aussage, S. 69).

Wenn nahe oder entfernte Vorfahren animistische Kulte mit Geisterbeschwörung und eventuell auch Hexerei betrieben haben, können die Nachkommen, auch die Getauften, unter dämonischer Beeinflussung stehen. Alle diese Fälle sind heutzutage und auf allen Kontinenten gang und gäbe. Ich selbst wurde im Laufe meines Amts als Exorzist häufig damit konfrontiert.

Wir stellen zwar fest, dass es familiäre, soziale und vererbte Konditionierungen gibt, die die moralische Verantwortung der Lebenden vermindern können, aber wir müssen sofort hinzufügen, dass es zwei Fallen gibt, die man vermeiden muss. Vorsicht, man könnte nämlich zu einem gewissen Fatalismus neigen – ich kann nichts dafür – und eine

Opferhaltung einnehmen. Es bringt nichts, sich hinter dem Satz zu verstecken: „Es ist die Schuld meiner Vorfahren". Der freie Wille existiert[57]. Und mit der Gnade Gottes bleibt jeder Mensch für seine freien Entscheidungen vollkommen verantwortlich.

Nach der Erfahrung vieler Priester-Exorzisten können also Lebende dämonische Bindungen erben, die durch ausschweifende Handlungen ihrer Ahnen entstanden sind. Es ist eine Art dämonischer Ansteckung. Diese Bindungen können auch erhebliche Beschwerden bei den Nachkommen verursachen (s. der Fall von Martin S. 40).

Aber jeder Getaufte kann die Hilfe der von ihm benötigten Gnade Gottes erhalten, so wie es im ersten Brief an die Korinther geschrieben ist: „Er (Gott) wird nicht zulassen, dass ihr über eure Kraft hinaus versucht werdet" (1 Kor 10,13).

Wie in jeder Vorgehensweise religiöser Art besteht das Risiko, andere mögliche Ursachen zu übersehen, die die Beschwerden des Betroffenen, sowie Krankheiten, psychische Störungen usw. erklären könnten. Jeder Fall muss also einzeln betrachtet werden und mit einer angebrachten Therapie behandelt werden.

43. Was bedeutet die Zahl 666?

Man findet diese Zahl in der Bibel. Johannes, der im Exil auf Patmos lebte, erwähnt auf eine anscheinend mysteriöse Art in der Offenbarung Kapitel 13 die Zahl 666: „Die Kleinen und die Großen, die Reichen und die Armen, die Freien und die Sklaven, alle zwang es, auf ihrer rechten Hand oder ihrer Stirn ein Kennzeichen aufzubringen. Kaufen oder verkaufen konnte nur, wer das Kennzeichen trug; den Namen des Tieres oder die Zahl seines Namens. Hier braucht man Kenntnis. Wer Verstand hat, berechne den Zahlenwert des Tieres. Denn es ist die Zahl eines Menschennamens; seine Zahl ist sechshundertsechsundsechzig“ (Offb 13,16-18). Der historische Hintergrund der Offenbarung ist das römische Reich, vor allem unter Nero (54-68 n. Chr.). Das „Biest“ war das Symbol des heidnischen Reichs, des Verfolgers der Christen.

Ein Journalist hat mich einmal gefragt, was diese Zahl bedeutet. Es war am 6. Juni 2006, d.h. am 6.06.2006. Und heute macht man uns Angst mit dem 21.12.2012.

Im Laufe der Zeit hat diese Zahl zu vielen und verschiedenen Interpretationen geführt: Einige schreiben, dass die Zahl der Buchstaben dem Namen Cäsars, dem Verfolger der Christen, in hebräischen Buchstaben die 666, entspricht. Andere behaupten, dass die Zahl 6 am nächsten der Zahl 7, der perfekten Zahl Gottes, ist. Da die 7 einen Ausdruck der Vollkommenheit darstellt, würde also 666, d.h. die 6, die dreimal wiederholt wird, die zutiefst verwurzelte Unvollkommenheit im Gegensatz zur göttlichen Vollkommenheit und den Hochmut Satans mit seinem Streben nach Gottgleichheit bedeuten.

44. Die Gothic-Kultur – Was kann man darüber sagen?

Die Gothic-Kultur ist in den 70/80er Jahren des 20. Jahrhunderts entstanden. Es handelt sich um eine Subkultur, die aus dem Punk-Umfeld, aus den Traditionen der schwarzen Romantik und der Phantastik kommt. Zentrales Merkmal für die Goths ist ein Styling außerhalb der gesellschaftlichen Norm, bei dem die Farbe schwarz sowie bestimmte Kleidung bevorzugt wird, weiße Schminke, lange Mäntel, Stiefel, Totenkopf-Schmuck, Kruzifix, eine eigene Sprachform usw.

Sie bevorzugen eine finstere, düstere, häufig morbide Inszenierung – die also störend ist – und die häufig der Ausdruck einer romantischen Traurigkeit darstellt, die mit dem Tod und dem Schwefel flirtet.

Diese außergewöhnlichen äußerlichen Merkmale können psychisch labile Jugendliche anziehen. Aber Goths sind normalerweise weder Straftäter noch gefährliche Menschen. Und wenn sie dann doch satanische Gruppen integrieren, oder satanische Praktiken anwenden, handelt es sich um Einzelfälle.

45. Wie kann man den Vandalismus und die Schändungen erklären?

Die Straftäter, die diese Art von Verbrechen begehen, sind zwar in der Minderheit, aber das Phänomen bleibt aus folgenden Gründen besorgniserregend. Es zeigt den Willen gegen etwas zu verstoßen, das von allen Zivilisationen und von allen Religionen bis zum heutigen Tag respektiert wurde. Ich rede vom Geheimnis des Todes, vom menschlichen Körper, von Bindungen innerhalb der Familien, die über Generationen entstanden sind.

Heutzutage werden in Frankreich viele Kultstätten zerstört oder entweiht: Friedhöfe, Kirchen, Kapellen und ich erwähne nur die christlichen Religionsstätten. Folgende Straftaten wurden festgestellt: Zerstörung von Statuen, Zerbrechen von Stühlen, Hinzufügen von Beschriftungen mit satanischen Symbolen, Graffitis. In den Friedhöfen werden

Kreuze umgeworfen und zerbrochen, Gräber werden schändlich entweiht und Särge geöffnet.

Im Jahre 2009 hat der Service d'Information Générale de l'Etat[58] 389 Schändungen von christlichen, zum Großteil katholischen Kultstätten festgestellt: 180 Friedhöfe, 209 Kirchen, Kapellen und Kreuzwege. Das bedeutet einen Anstieg um 40% im Vergleich zu 2008[59]. Eine Mitverantwortung des Dämons ist bei diesen Verbrechen mehr als eindeutig, da es nicht nur darum geht, einen perversen Zerstörungsdrang zu befriedigen. Diese Gewalttaten betreffen christliche Symbole und Zeichen, die der Dämon verabscheut.

46. Okkulte Behaftung: Welche Eintrittspforten gibt es?

Es gibt heutzutage so viele Möglichkeiten dem Feind Tür und Tor zu öffnen, dass es schwierig ist, alle Praktiken zu erwähnen, die zu einer dämonischen Bindung führen können. Man kann aber folgende Faktoren nennen, die in zwei Kategorien unterteilt werden müssen. Es gibt auf der einen Seite die *aktiven* Eintrittspforten, d.h. das Opfer hat aktiv dazu beigetragen und auf der anderen Seite die sogenannten *passiven* Eintrittspforten. Der Betroffene ist dann das Opfer einer dämonischen Ansteckung, die entweder auf sein Umfeld (Vorfahren, Familie), oder auf eine Person, die ihm absichtlich Schaden zufügen will, zurückzuführen ist.

In der aktiven Rubrik finden wir Praktiken, die seit jeher angewendet wurden, wie Okkultismus, Esoterik, Spiritismus, Astrologie, Wahrsagerei, Hellsichtigkeit, Numerologie, Befragung von Wahrsagern, afrikanischen Heilern (Marabuts), Kartenlegern, Hexern, Hellsehern und Heilern. Dazu kommt das Pendeln, die Tarotkarten, das automatische

Schreiben, die sehr aggressive Rockmusik, gewisse harte Kampfsportarten wie Kung-Fu und andere[60], eine tantrische Einweihung, Schamanismus, eine aktive Teilnahme an östlicher Spiritualität, Zen, Yoga, transzendentale Meditation, Öffnung der Chakren[61].

Nehmen wir als häufig auftretendes Beispiel diejenigen, die in ihrer Moral schwer entgleist sind, die über einen längeren Zeitraum suchtkrank sind: Alkohol, Geld, Drogen, Spiel, Sex, aktive Homosexualität, Pornographie usw. Diese Fälle kommen am häufigsten vor. Man kann sich aber von diesen Abhängigkeiten befreien, wenn man sich aufrichtig für die Reue und Umkehr entscheidet.

Man kann auch in dieser Rubrik alternative Therapien wie Kinesiologie, Reiki, Tai Chi, Reflexologie, Biofeedback, Anthroposophie[62], die Bioenergetik usw. hinzufügen, d.h. alles was sich den sogenannten energetischen Praktiken und Techniken annähert. Die Behandler beziehen sich auf die chinesische oder japanische Medizin und/oder haben eine New-Age-Denkweise (s. Frage 60, S. 189). In diesen Bewegungen sind, es muss betont werden, Entgleisungen wie bei Sekten an der Tagesordnung[63]. Zu erwähnen sind auch die Handhabungen von Physiotherapeuten oder Osteopathen, die den sogenannten Energieausgleich durch Handauflegen praktizieren – was die Gültigkeit solcher Therapieverfahren keinesfalls in Frage stellt.[64] Zum Schluss gibt es auch Psychotherapeuten, die durch Hypnose einen Einfluss auf den Patienten ausüben können. Die psychische Abhängigkeit kann durch eine okkulte Behaftung verstärkt sein. Ich habe einen sehr aussagekräftigen Fall einer solchen Beeinflussung bereits gesehen.

In der aktiven Rubrik findet man jede Form von Magie, Hexerei (allein oder mit anderen), wenn sie von der Person selbst angewendet wird, das Tragen von Amuletten, Pentakeln, Talismanen, Piercings oder Tattoos.

Andere Eintrittspforten: Mitgliedschaft bei den Freimaurern, bei Sekten[65], hochsensitive Menschen (s. Fragen 53, S. 172 und 54, S. 174), oder wenn der Betroffene einen Pakt mit Satan geschlossen hat oder den Satanismus praktiziert.

In der *passiven* Rubrik kann man alles übernehmen, was bereits im Teil über die aktive Teilnahme erwähnt wurde. In diesem Fall wurden die o.g. Techniken vom Umfeld oder von den Vorfahren angewendet. Dazu kommt die Familiengeschichte: Verletzungen in der Liebe wie Scheidung oder Ehebruch; Angriffe auf das Leben wie Abtreibung, Suizid oder Mord; seelische Verletzungen wie Mangel an Liebe, Missbrauch in der Kindheit oder in der Jugend, Inzucht, Vergewaltigung; große Ängste wie Traumata, Trauerfälle, Autounfälle, Todesangst, Phobien.

Bei den *passiven* Eintrittspforten findet man auch Probleme mit dem Umfeld, den Nachbarn usw. Haben Sie Feinde? Hat man Sie verflucht? Bedroht? Wenn ja, muss man den Namen (oder Vornamen) der Menschen aufschreiben, die für diese okkulte Behaftung verantwortlich sein könnten und sich den Namen der bösen Geister merken, die in Frage kommen. Man wird dann der Person den Inhalt des Befreiungsgebets[66], das vom Priester gesprochen wird, erklären können und den Betroffenen um sein Einverständnis bitten. Wenn die Person katholisch getauft wurde, wird man sie auffordern, durch das aus tiefer Überzeugung gesprochene Gebet, die Sakramente und einem aufrichtigen moralischen Leben, zu einer Verbindung zur Kirche und zu seinem Erlöser Jesus Christus zurückzukehren.

In der Rubrik der sogenannten *passiven* Eintrittspforten findet man auch die Depression, die Magersucht, die Neurose, die Psychose, die Suchtkrankheiten, allerlei Angstzustände, Verhaltens- und Persönlichkeitsstörungen usw. Laut den Statistiken der WHO leidet ein Drittel der Menschheit irgendwann einmal im Leben unter psychischen Beschwerden oder Verhaltensstörungen.

Es ist also sehr wichtig zu verstehen, dass diese Beschwerden eine Eintrittspforte für eine okkulte Behaftung sein können. Man sagt ab und zu, dass die festgestellten Leiden entweder psychischer oder dämonischer Natur sind. Ja, es mag sein, aber ich glaube, dass beides Hand in Hand geht.

47. Was ist Schamanismus?

Unter Schamanismus versteht man Praktiken, die auf der Verbindung zwischen den Menschen und den „Geistern" der Natur (den Tieren, den Toten, den Seelen der noch nicht geborenen Kinder, den Seelen der Kranken, die man ins Leben zurückholen muss usw.) beruht. Diese Tätigkeit wird vom „Schamanen" ausgeübt. Er wird von der Gemeinschaft als solcher anerkannt und arbeitet eng mit ihr zusammen.

Der Schamanismus kommt ursprünglich aus den traditionellen Völkern Sibiriens. Von diesem Gebiet ausgehend hat sich dann das schamanistische Denken bis zum Balkan und in den Fernen Osten ausgebreitet und hat später wahrscheinlich die Beringstraße mit den eingeborenen Völkern Amerikas überquert. Man findet ähnliche Praktiken bei vielen Völkern wie zum Beispiel bei den Mongolen, aber auch in Nepal, China, Korea und Japan, bei allen Ureinwohnern Amerikas, in Afrika, in Australien und bei den indigenen Völkern Amerikas. Es gibt also viele Arten von Schamanismus.

Der Schamanismus als solcher wurde in Sibirien ab dem 17. und 18. Jahrhundert beobachtet. Ab dem 19. Jahrhundert wird die Kontaktaufnahme mit den Geistern als das religiöse Grundphänomen betrachtet, das von einer „Ekstase" begleitet wird, die als religiöse Grunderfahrung definiert wird. Aber diese Denkweise ist heute sehr umstritten, weil es sich wahrscheinlich um einen banalen Trancezustand handelt.

Die Praktiken der Schamanen sind wahrscheinlich von okkulten Elementen sehr stark geprägt. Die angewandten Methoden sowie die Beschwörungen, die Anwendung von Drogen, die hervorgerufenen Trancezustände, um mit den „Geistern der Natur" in Kontakt zu treten sind äußerst fragwürdig. Der Schamane wird dann zu einer Art Guru einer Gruppe mit Sektencharakter (s. Fall von Yvan, S. 26).

48. Das Voodoo-Ritual

Voodoo (auch Wodu oder Vodun) ist eine Religion, die aus dem ehemaligen Königreich Dahomey kommt. Sie ist in Benin und Togo immer noch sehr verbreitet. In Benin ist sie die offiziell anerkannte Religion. Die aus diesen Ländern kommenden Sklaven führten Voodoo ab dem 17. Jahrhundert auf den Karibikinseln und in Amerika ein. Es erklärt, warum es auf den Antillen, in Brasilien (Macumba genannt), oder in den USA, vor allem in Louisiana unterschiedliche Voodoopraktiken gibt. Voodoo hat sich auch in Nordafrika ausgebreitet, den dortigen Ländern angepasst und weiterentwickelt. Die bekannteste Form davon ist die Gnawa, die in Marokko und Algerien zu finden ist und die mit der arabisch-moslemischen religiösen Folklore vermischt ist.

Man schätzt, dass es ungefähr 50 Millionen Voodoo-

Mitglieder auf der Erde gibt. Im Jahre 2011 existieren auf der ganzen Welt sehr viele Gemeinschaften, die Voodoo praktizieren, vor allem auf dem amerikanischen Kontinent und auf den Antillen. Seit kurzem verbreitet sich das Voodoo auch in Kanada. Viele neu entstandene Gruppen versuchen, diese Glaubensform bekannt zu machen.

Es ist heute weitgehend bewiesen, dass Voodoo-Praktiken erschreckend wirksam sind, wenn es darum geht jemanden, dem man schaden will, mit einem Fluch oder Zauber zu belegen, weil diese Praktiken mit Magie und Hexerei vermischt sind. Im Rahmen meines Amts habe ich die Wirksamkeit Voodoos des Öfteren festgestellt.[67]

V.

Der Herr sprach zum Satan: Woher kommst du?
Der Satan antwortete dem Herrn und sprach:
Die Erde habe ich durchstreift, hin und her.

(Hiob 1,7)

49. Naturheilverfahren, Komplementärmedizin, energetische Therapieverfahren, Alternativmedizin: Was soll man davon halten?[68]

Es gibt die klassische Naturheilkunde, die sich schon lange bewährt hat und andere Therapieformen unklarer Herkunft, die von „Therapeuten" ohne genügende Fachkenntnisse praktiziert werden.

Die Anwendung letzterer ist nicht ungefährlich und von dieser ist in diesem Buch die Rede. Als Priester-Exorzist habe ich regelmäßig feststellen können, welche Schäden sie anrichten kann. Ich würde sagen, dass sie zu 60% aus Scharlatanerie, 20% Placeboeffekt, aber auch 20% Okkultismus bestehen, weil sich der Teufel gerne dort einschleicht, wo Irrtum und Lüge herrschen. Ich habe sehr häufig ein Befreiungsgebet für Menschen sprechen müssen, die von unseriösen Therapeuten behandelt wurden. Sie litten unter körperlichen und seelischen Beschwerden, die man schulmedizinisch nicht erklären konnte. Das Verschwinden der Beschwerden nach dem Befreiungsgebet war eine Bestätigung ihrer okkulten Herkunft.

Viele unserer Zeitgenossen bleiben der sogenannten wissenschaftlichen Medizin fern. Sie finden sie zu aggressiv, invasiv, eher respektlos der Natur und dem Menschen gegenüber, bzw. traumatisch. Daher der aktuelle Erfolg der naturheilkundlichen Medizin, der energetischen oder alternativen Heilverfahren. Neben der klassischen Schulmedizin und Naturheilkunde bieten einige Menschen Wunderverfahren an wie: transzendentale Entspannung, energetische Massage, Check-Up des Karma-Niveaus usw.

Wer sucht, wird die extravagantesten Behandlungsformen finden. Die Therapieansätze mögen auf den ersten Blick unterschiedlich sein, aber es wird schnell klar, wie sehr sich das Vokabular und die Methoden ähneln.

Zuerst findet man vielversprechende Worte. Es ist immer wieder die Rede von *Selbsterkenntnis*, von *Gleichgewicht aller Art*, sei es seelischer, körperlicher, emotionaler oder sozialer Natur, von *Einheit des Körpers und des Geistes*, von *Harmonie*, von *Ausgleich der Energie*, von *Wohlbefinden*, von *persönlicher Entwicklung*, von *Selbstverwirklichung*, von *Selbsterfüllung*.

Dann kommt die beruhigende Wirksamkeit der Therapie, die auf jahrhundertelanger Erfahrung beruht. Die wohltuenden Wirkungen werden zum Großteil durch das Mitbringen von Folklore erklärt, indem sie sich auf alte, vergessene aber wieder entdeckte Traditionen beziehen. Die Rezepte kommen vorzugsweise aus dem Fernen Osten (China, Japan). Solche Therapeuten reden immer von spektakulären Erfolgen. Die Wirkungen sind sanft, ausgleichend, beruhigend, *energetisch* oder noch besser *energetisierend*.

Sie beruhen auf einer Betrachtungsweise des Menschen und des Kosmos, die man als vorwissenschaftlich bezeichnen kann: Das Leben kommt von einer (kosmischen, astralen, universellen sogar göttlichen) *Energie*, die sich im ganzen Kosmos und in jedem Wesen, vor allem im Menschen ausbreitet. Sie wird bei den Indern *Prana*, bei den Chinesen *Qi*, bei den Ägyptern *Ka* usw. genannt. Der gesunde Mensch verfügt über eine ausgeglichene und harmonische Energie. Wenn aber diese Energie Schwankungen unterliegt oder blockiert ist (zum Beispiel in den Meridianen), ist die Gesundheit des Menschen so gestört, dass verschiedene Beschwerden entstehen. Die Lösung für deren Heilung ist dann ganz einfach. Der Therapeut, der von einem Guru eingeweiht wurde, kann Ihre Energie durch Handauflegen oder durch eine besondere Art von Massage wieder ausgleichen. Von ein paar Unterschieden abgesehen, findet man diese Heilverfahren mehr oder weniger in der Kinesiologie, beim Reiki, Shiatsu oder anderen energetischen Massagen.

Alle diese Techniken sind in einer heidnischen Kultur entstanden, in der die religiösen Traditionen und die Heilungs- und Behandlungsprozesse mit Magie, dem Herbeirufen von Geistern oder heidnischen Göttern vermischt waren. Es kann tatsächlich sein, dass der Therapeut während einer Behandlung ein Mantra spricht oder seinen Lieblingsgeist um Hilfe bittet.

Und wenn die alternative Behandlung erfolglos bleibt, ist es weder die Schuld der Methode, noch die des Therapeuten. Der Grund ist einfach der, dass sie nicht genug daran glauben! Man hat bei diesen Praktiken häufig sektiererische Entgleisungen festgestellt, der Therapeut wird schnell zum Guru.

50. Reiki ist in Mode. Kann ich mich auf diese Art und Weise behandeln lassen?

Unter den Wundertherapien ist Reiki sehr beliebt. Im Département Var allein gibt es (Stand 2011) mindestens 12 Reiki-„Meister" und es wurden 400 in Frankreich registriert. Physiotherapeuten, Osteopathen, Chiropraktiker, lassen sich in Reiki einweihen, um mehr Erfolg – zumindest glauben sie es – in ihrer therapeutischen Fachrichtung zu erzielen. Man kann sich in Reiki an einem Wochenende, bei einem „Ausbildungskurs" einweihen lassen!

Reiki wurde in Japan von Mikao Usui (1865-1926) ab 1922 eingeführt. Dank verschiedener Meister – es gibt heutzutage sehr viele – hat es sich im Westen sehr schnell verbreitet (man kann nach drei Einweihungen, d.h. innerhalb von ein paar Monaten Reiki-Meister werden). Laut seinen Anhängern soll Reiki geistige Ruhe und ein allgemeines Wohlbefinden bringen. Es beruht auf dem esoterischen japanischen Konzept vom *Ki*[69], d.h. der *universellen Lebenskraft*, dem Atem, der überall in der Natur und vor allem im menschlichen Körper zu finden ist.

Der Reiki-Praktizierende behandelt den Menschen durch Handauflegen und mentale Konzentration und arbeitet mit der Lebensenergie sowie der Öffnung der Chakren.

Reiki ist eine unkonventionelle Behandlungsform. Ihre Anhänger beschreiben es als eine Entspannungs- und Heilungstechnik durch das Handauflegen, eine ganzheitliche Technik *energetischer Harmonisierung*, eine Heilkunst und wenn man glaubt, was die Reiki-Meisterin Karin Worms sagt: „Ein richtiger Weg der persönlichen Entwicklung und der Veränderung".

Reiki ist direkt vom *Mikkyo*, dem japanisch-trantrischen Buddhismus inspiriert, dessen Einweihungssystem es zum Großteil übernimmt. Man kann jeden Organismus mit Reiki behandeln: Menschen, Tiere und sogar Pflanzen! In der Praxis wird das Handauflegen verwendet, um die Energie zu kanalisieren, die zwischen Gebendem und Empfänger fließt.

Reiki wird von den meisten Wissenschaftlern als Pseudowissenschaft betrachtet. Studien haben nicht nur bewiesen, dass die Wirkungen von Reiki einem Placebo ähnlich sind, sondern die Erfahrung zeigt vor allem, dass diese Technik gefährlich sein kann, weil dabei okkulte Wesen übertragen werden können (s. der Fall von Sandra S. 48).

Wenn Sie bezüglich gewisser Techniken Zweifel haben, fragen Sie Ihren Therapeuten.

Zur Information: Die amerikanischen Bischöfe haben die Anwendung dieser Therapie in den katholischen Universitäten der Vereinigten Staaten verboten.

51. Was soll man von der Kinesiologie, der Reflexzonentherapie, der Anwendung gewisser Mikrosysteme halten?[70]

Wir müssen feststellen, dass es genauso viele unterschiedliche Kinesiologie-Anwendungen wie es Kinesiologen gibt. Kann man also trotzdem etwas darüber sagen? Die Kinesiologie beruht auf dem Gedanken, dass es eine besondere Wechselwirkung zwischen den Emotionen, den Muskeln und einigen Organen gibt. Die Kraft eines Muskels kann wegen eines Defizits des energetischen Flusses blockiert sein.

Die Kinesiologie übernimmt die Prinzipien der chinesischen Medizin, die besagen, dass ein kosmischer Energiefluss mit Kreisläufen (Meridianen) und einigen spezifischen Punkten (den Akupunkturpunkten) durch den Körper fließt. Wenn diese Energie frei und ausgeglichen fließen kann, wird das getestete Organ gesund sein und der Muskel stark.

Jenseits des Atlantiks entwickelt die Kinesiologie ständig neue Methoden: „touch for health“, „brain gym“, „energy training“, „movement dynamics“, „behavioral kinesiology“. Alle diese Therapien haben den muskulären Test gemeinsam.

Man befindet sich vor einem vereinfachenden und veralteten Bild des menschlichen Körpers und seinem Stoffwechsel [71]. Eine kinesiologische Diagnose kann dazu führen, dass man gesunde Menschen als krank erklärt und umgekehrt. Es kann zur Verschreibung von unnötigen Medikamenten führen. Angebrachte Maßnahmen werden nicht durchgeführt. Der Muskeltest ist subjektiv und seine Interpretationen fragwürdig. Die Methode ist für die Diagnose einer Pathologie nicht zuverlässig. Sie beeinflusst den Patienten und der Placeboeffekt ist groß.

Die Reflexzonen-Therapie und andere Mikrosysteme beruhen darauf, dass die Fußsohle (Fußreflexzonentherapie) oder bestimmte Körperteile mit den verschiedenen Organen in Verbindung stehen. Man kann durch die Fußsohlenmassage und/oder das Nadeln gewisser Punkte ein krankes Organ heilen. Es scheint aber, dass diese Verbindungen ziemlich willkürlich sind und dass sich die Therapeuten untereinander über die genaue Lokalisation der Reflexzonen nicht einig sind. Kann man diesen Methoden vertrauen? Es ist fragwürdig.

Was soll man von der Phytotherapie, der Pflanzenheilkunde, halten? Wenn es sich um eine Behandlung mit Pflanzen oder ätherischen Ölen handelt, ist es als solches spirituell nicht gefährlich, aber diese Behandlungen werden manchmal mit dubiosen Denkweisen assoziiert.

52. Kann ein Christ spirituelle Lehren aus dem Fernen Osten wie Yoga anwenden?

Viele, auch christlich getaufte Menschen, sind heutzutage in ihrem Glauben verunsichert und interessieren sich für die religiösen Lehren aus dem Fernen Osten in der Hoffnung,

Weisheiten und Überzeugungen wiederzufinden, die sie verloren haben. Die Suche nach der Gotteserfahrung ist berechtigt und sogar notwendig, wenn man nicht bei einem zu abstrakten Glauben und einem zu trockenen Intellektualismus stehenbleiben will. Dieser Weg, der uns zu Gott führt, gehört der Mystik: Die Gotteserfahrung, die Kommunion mit der Liebe Gottes ist ein Geheimnis. Es ist der Weg, den jeder Getaufte gehen muss, welches Leben er auch immer führen mag. Es ist der Weg zur Heiligkeit, zur Perfektion der Barmherzigkeit, wie das Zweite Vatikanische Konzil es im Text Nr. 40 vom *Lumen Gentium* definiert hat. Es ist ein inspirierender Weg, auf dem sich aber viele Fehler und Illusionen verstecken können. Was taugt die *Weisheit* von Yoga als spirituellem Weg? Ist es die Weisheit Gottes und von Gott gewollt? Ist es diejenige, die uns retten wird?[72] „Das ist das ewige Leben: dich, den einzigen wahren Gott, zu erkennen und Jesus Christus, den du gesandt hast" (Joh 17,3). Der Weg des Yoga ist mit dem christlichen spirituellen Weg in der Tat nicht vereinbar.

Man glaubt irrigerweise, dass sich Yoga bloß auf mentale Konzentrationsübung und Körperentspannung beschränkt: Für die Hindus ist Yoga vorwiegend eine *spirituelle* Tätigkeit. Für sie ist es undenkbar, Yoga als eine einfache körperliche Technik zu betrachten. Yoga beruht auf einer theologischen Anschauung Gottes und der Welt und ist vor allem ein Weg der spirituellen Entwicklung.

Die östlichen Religionen kennen die Offenbarung nicht, die Gott den Menschen durch das Volk Israel und dann allen Menschen durch die Menschenwerdung seines Sohnes Jesus Christus machen wollte. Diese Offenbarung erklärt uns, wer Gott (die Dreifaltigkeit der Liebe) ist, wie wir ihn kennen lernen, lieben und uns also retten können. Das Unwissen dieser Offenbarung ist ein Drama, weil dem Menschen nichts anderes übrig bleibt, als sich zu überlegen, wie er Gott erreichen kann und dieser Weg ist mit Fehlern und Illusionen gepflastert.

Die religiöse Vorgehensweise des Christen beruht auf der Gabe Gottes: „Wenn du wüsstest, worin die Gabe Gottes besteht und wer es ist, der zu dir sagt: Gib mir zu trinken!, dann hättest du ihn gebeten, und er hätte dir lebendiges Wasser gegeben" (Joh 4,10). Diese Gabe hängt in keiner Weise von einem Verdienst unsererseits ab, denn die Liebe Gottes war zuerst. Er hat uns als Erstes geliebt (vgl. 1 Joh 4,10). In der Spiritualität des Yoga muss der Mensch mit Händen und Füßen kämpfen, um Gott zu erreichen. Dafür benötigt er *Techniken* und *Anweisungen*. Es geht nicht mehr darum, die Gabe Gottes mit Demut und Bereitschaft zu empfangen, sondern er muss nach ihr greifen, um sie zu besitzen.

In der christlichen Vorgehensweise ist die Beziehung zu Gott Liebe, ein Austausch, beide stehen sich einander gegenüber, eine Beziehung der Andersartigkeit, wo beide Partner voll und ganz sie selbst bleiben. Im Gegenteil dazu strebt im Yoga die Seele nach der Auflösung im Unendlichen. Die Definition des Wortes Yoga bedeutet: „die Vereinigung mit dem Absoluten". Der Yoga ist also eine Lehre, um die Fusion des *Individuums* mit dem *Universum* zu erreichen, wo sich der Mensch in das Göttliche auflöst und aufhört, er selbst zu sein.

Für den Christen zeigt sich Gott als „der ‚ich-bin-da'" (Ex 3,14), der seit aller Ewigkeit existiert. Er ist der Schöpfer und ist grundsätzlich anders als der Kosmos. Gott ist der Welt immanent und zugleich transzendent und lässt sie zu jeder Zeit existieren.

Im Osten ist das Göttliche überall, es befindet sich in jedem Wesen und jedes Wesen ist göttlich. Es ist der Fehler des Pantheismus, der den transzendentalen Gott von seiner Schöpfung nicht unterscheidet. Der Yoga lehnt grundsätzlich die christliche Unterscheidung zwischen der menschlichen und der göttlichen Natur ab. Nach P. Jean-Marie Verlinde handelt es sich um eine „Gottheit ohne Namen und ohne Gesicht".

Die theologische Inkompatibilität betrifft auch das Geheimnis der Erlösung. In Bezug auf die Erlösung streben Yoga-Techniken an, das *individuelle Ich* durch mentale Konzentration zu erweitern, um die in uns ruhende Quelle der Reinheit zu finden. Man braucht also keinen Erlöser, da man die Erlösung in sich selbst findet.

Diese Denkweise steht ganz deutlich in Widerspruch zur christlichen Offenbarung, wo die menschliche Berufung nicht darin besteht, uns in der Gottheit aufzulösen, sondern uns von Gott erreichen und heilen zu lassen: „Wer in mir bleibt und in wem ich bleibe, der bringt reiche Frucht; denn getrennt von mir könnt ihr nichts vollbringen" (Joh 15,5). In der christlichen Spiritualität lässt sich der Mensch auf Gott ein und lässt sein Vertrauen auf ihn wachsen. Er überlässt sich ihm, der ihn unendlich übertrifft, voll und ganz im Gebet, in den Sakramenten, in der Anbetung, im Gotteslob.[73]

Im Yoga ist auch die gemeinschaftliche Dimension betroffen, weil es um einen sehr individualistischen Weg der Reinigung und der Vereinigung mit Gott geht. Der Mensch ist nur auf sich selbst konzentriert, was jede Art zwischenmenschlicher Kommunikation ausschließt, die die große Offenbarung und die fundamentale Anforderung des christlichen Geheimnisses darstellt.

Die christliche Offenbarung verkündet einen Gott, der auf den Menschen durch die Inkarnation und die Erlösung zugeht. Yoga bietet aber genau den entgegengesetzten Weg an. Der Mensch sucht die Ekstase, kehrt in sich zurück, um nur sich selbst zu finden. Dadurch wird er auf sich selbst zurückgeworfen und die Abkapselung kann dazu führen, dass er nicht mehr in der Lage ist, ein authentisches soziales Leben zu führen. Es wäre eine Illusion zu glauben, dass ein Christ Yoga-Techniken anwenden kann, ohne von dieser theologischen und spirituellen Denkweise beeinflusst zu werden. Yoga ist eindeutig weder eine medizinische Wohlbefinden-Therapie noch eine Unterstützung der spirituellen Entwicklung. Er hat den falschen Anspruch, einen Weg der Vereinigung mit Gott anzubieten, der der christlichen Mystik vollkommen entgegengesetzt ist. Man kann nicht die Yoga-Techniken anwenden *ohne den spirituellen Inhalt implizit zu unterstützen.*

Yoga ist eine Willenslehre, die anstrebt, *Kräfte* zu entwickeln, die der Praktizierende zuerst für seinen eigenen Gebrauch und dann auf andere anwendet. Er kann nach und nach zu einer okkulten Behaftung führen. Je mehr der Praktizierende den Weg des Yoga einschlägt, desto mehr ist er in der Lage, die Gesetze der Natur zu beherrschen und außergewöhnliche Dinge zu vollbringen. Diese übermenschlichen Kräfte sind eine Realität und werden meistens durch mentale Konzentration entwickelt. Aber es handelt sich weder um eine Gabe Gottes noch um ein von Gott gegebenes Charisma. Es ist zu befürchten, dass sie vom Prinzen der Lüge kommen!

In Indien wurde der Yogi immer als ein Besitzer okkulter Fähigkeiten, als ein Magier betrachtet. Der Weg des Yoga ist also nicht ungefährlich, sei es auf psychologischer, sei es auf spiritueller Ebene. Die Erfahrung hat uns gezeigt, dass okkulte Bindungen entstehen können, die nach und nach den Menschen in seiner inneren Freiheit einschränken. Frieden und Glück in den Gesprächen mit Gott und auch in den Beziehungen mit den anderen lassen allmählich nach. Das kann zu schweren Depressionen führen.

Ich füge noch hinzu, dass ich mehrmals ein Befreiungsgebet sprechen musste für Menschen, die Yoga[74] praktiziert hatten (s. der Fall von Thierry S. 52).

52 A. Tai Chi Chuan und Qi Gong[75]

Das Tai Chi Chuan gehört ursprünglich zu den chinesischen Kampfkünsten. Die Bewegungen (Formen genannt) gehören zu dieser Tradition: Angriff, Ausweichmöglichkeiten, Abwehr. Durch die Übung bestimmter Bewegungsabläufe lernen die Krieger, die für den Kampf unentbehrlichen Eigenschaften wie Gleichgewicht, Konzentration, zügige Gegenschläge usw. anzuwenden. Von außen betrachtet hat man den Eindruck, dass der Praktizierende gegen einen unsichtbaren „Schatten" kämpft. Menschen aus dem Westen könnten zur Schlussfolgerung kommen, dass es sich nur um eine einfache Gymnastik handelt.

Das Qi Gong hat zum Ziel den Atem zu kontrollieren, was, von gewissen Bewegungen begleitet, durch interne und externe Atemübungen erreicht wird. Durch ein Zusammenspiel von Körperbewegungen und mentalen Visualisierungen (statischer oder dynamischer Bewegungen, mentaler Entspannung, Atemübungen) hat es den Anspruch, das Gleichgewicht zwischen den „Energien" verschiedener Körperorgane aufrechtzuerhalten oder wiederherzustellen. Die Grundlage dieser Energetik ist die chinesische Medizin, vor allem die Akupunktur. Die Theorie der „Energien" beruht auf keiner nachweisbaren wissenschaftlichen Realität.

Die Tai-Chi-Chuan- und/oder Qi Gongübungen gelten als sehr gesundheitsfördernd und werden von den Krankenkassen und Privatversicherungen manchmal erstattet. Was kann man darüber sagen?

Diese Praktiken und Techniken können einige Elemente „natürlicher" Herkunft mit guten Körperübungen beinhalten. Das Problem besteht auf Grund des anthropologischen und philosophischen Anteils dieser Praktiken. Die Übungen sind mit einer „mentalen Einstellung" und einer für uns fremden „Spiritualität" gekoppelt, die mit der christlichen Anthropologie wenig vereinbar ist.

Ganz konkret ausgedrückt, wenden die westlichen Meister des Tai-Chi-Chuan und Qi Gong eine nicht richtig verinnerlichte Lehre an, die sich auf eine problematische östliche Spiritualität bezieht. Und häufig fügen sie jenes Quäntchen der heutzutage sehr beliebten New-Age-Kultur hinzu.

Dazu kommt, dass diese Praktiken eine gewisse Aggressivität und den Willen fördern können, Macht auf andere auszuüben. Sie werden dann zu „Eintrittspforten" für dämonische Einflüsse. Es wäre also ein grober Fehler, diese Praktiken ausschließlich als eine äußerst wirksame Gymnastik zu betrachten.

Zum Schluss gibt es das Problem mit dem „Therapeuten" oder mit dem „Meister" selbst, der solche Techniken lehrt: Was geht in seinem Kopf vor, wenn er unterrichtet? Welche Lebensphilosophie hat er, welche Religion? Das weiß man nicht! Es kann durchaus sein, dass er schnell über Buddhismus, Reinkarnation, Karma mit Ihnen reden wird.

Es geht über eine einfache körperliche Betätigung hinaus. Das Risiko einer dämonischen Beeinflussung ist mit diesen Techniken denkbar. Es ist also besser, davon Abstand zu nehmen!

In der chinesischen Tradition gibt es mindestens vierzig gewalttätige Kampfkunstarten (s. Wikipedia) wie zum Beispiel Kungfu. Es handelt sich um sehr ausgearbeitete Verteidigungs- und Angriffstechniken mit Einsatz der Hände, wobei man aber den Gegner schwer verletzen bzw. töten kann. Selbstverständlich spielt der dämonische Einfluss in solchen Techniken eine große Rolle.

53. Was versteht man unter Hochsensibilität?

Viele Kinder und Jugendliche sind heutzutage hochsensibel. Warum? Seit den 60er Jahren konsumieren Kinder und Jugendliche alltäglich Bilder und Töne. Zuerst gab es nur das Fernsehen, jetzt sind Videospiele und Internet dazu gekommen. Sie sind außerdem daran gewöhnt, sich in einer virtuellen Welt zu bewegen. Es führt dazu, dass bei den meisten das Vorstellungsvermögen, die Sensibilität und die Affektivität zu Lasten der spirituellen Fähigkeiten, der Intelligenz und des freien Willens zu stark gefördert werden.

Das bedeutet, dass sie im Alltag eher auf die Wünsche und Impulse ihrer Emotionalität achten: „ich fühle dies und das…; ich habe kein gutes Gefühl dabei…“. Wenn dieser Zustand zur Gewohnheit wird, ist klar, dass es besorgniserregend werden kann, weil der Mensch dank seiner kognitiven Fähigkeiten und seines freien Willens zuerst entscheiden muss und sich nicht von seinen Emotionen leiten lassen sollte.

Die Folge davon ist eine unschlüssige Jugend, die unfähig ist, sich langfristig zu engagieren und ihre Meinung häufig ändert. Sie ist öfters ängstlich, weil Hochsensibilität häufig mit schlecht kontrollierten und sehr destabilisierenden, vagabundierenden Gedanken verbunden ist.

Die Hochsensibilität ist eine übertriebene Entwicklung der Feinfühligkeit zu Lasten des Geisteslebens und der Welt der Vernunft. Folgende Praktiken fördern die Hochsensibilität: die Suche nach verschmelzenden Beziehungen, alles was mehr oder weniger mit dem New Age zu tun hat, die paramedizinischen Praktiken, die *Energien* anwenden, die Techniken der transzendentalen und östlichen Meditation und das sogar dann, wenn man die Anwesenheit Gottes während des Gebets *fühlen* will.

Welche Symptome treten auf? Der hochsensible Mensch *fühlt* alles (Menschen, Orte, Gegenstände), aber sein Empfinden ist körperlicher Natur und hat nichts mit der Intuition oder mit dem Urteilsvermögen zu tun. Wenn sein Empfinden angenehm ist, wird sich der Mensch körperlich wohl fühlen, er hat den Eindruck „aufzutanken". Wenn das Gefühl aber unangenehm ist, wird er Angst oder eine große Müdigkeit verspüren und den Eindruck haben, dass er ausgesaugt wurde. Diese Hochsensibilität äußert sich durch eine besondere Empfindlichkeit der fünf Sinne und kann eine offene Tür für okkulte Behaftung darstellen.

Der hochsensible Mensch ist häufig müde, hat einen leichten Schlaf und träumt viel. Er mag die Einsamkeit. Er ist gerne allein in der Natur, weil er den Eindruck hat, dort *aufzutanken* und vermeidet Menschenmengen, weil sie ihn stressen. Er zieht häufig Menschen mit Problemen an, hat mit ihnen eine verschmelzende Beziehung und den Eindruck, das Unwohlsein des anderen aufzusaugen.

Er entscheidet normalerweise nach seinem *Bauchgefühl*, ohne über die Situation nachgedacht zu haben, bricht leicht in Tränen aus (bei Filmen), ein abrupter Wechsel zwischen Weinen und Lachen ist ebenfalls möglich. Diese psychischen Schwankungen sind häufig sehr destabilisierend.

Hochsensibilität ist für alle okkulten Praktiken eine Voraussetzung, egal ob es sich um Magnetismus oder andere Formen der Fernheilung (wie bei Reiki), Radiästhesie[76], Wahrsagerei, Spiritismus und jede Art von Magie handelt. Man spricht von Medium, wenn die Person einen Beruf daraus macht.

54. Wie kann man einem hochsensiblen Menschen helfen?

Es ist dringend notwendig, den Menschen über seine Schwäche aufzuklären, ihm zu erklären, was Hochsensibilität ist, ihn verstehen zu lassen, welche Risiken damit verbunden sind.

Man muss der Person die Allgemeinsymptomatik der Hochsensibilität aufzeigen, damit sie sich ohne Schwierigkeiten darin erkennen kann und Ihnen ihr Vertrauen schenkt. Um gut argumentieren zu können, ist es wichtig, Details aus ihrem Alltagsleben anzusprechen. Sie müssen sie über Phänomene aufklären, die kein Mensch vorher erwähnt hat.

Sie können vielleicht zuerst damit anfangen, über die Ursachen der Hochsensibilität zu reden. Dafür verwenden Sie konkrete Beispiele, damit der Betroffene gut verstehen kann, dass Sie logisch und analytisch denken. Man muss ihn über die negativen Aspekte seines Zustandes, vor allem über die Verarmung des Intellekts, aufklären.

Zum Schluss muss man ihm beibringen, wie er diese Hochsensibilität verlieren kann. Dafür muss er lernen, mehr in der Realität zu sein. Aber das reicht nicht aus. Er muss erkennen, wann er zu sensitiv wird, zu sehr fantasiert und seinen Verstand nicht gebraucht. Das Risiko, sein Leben zu *träumen*, statt es mit Klarsicht anzupacken, ist nicht zu verharmlosen. Er muss lernen, sich richtig einzuschätzen, seine Fähigkeiten und Defizite besser zu erkennen, um sich mit der Realität besser auseinandersetzen zu können. Alltägliche, sich wiederholende Aktivitäten und insbesondere handwerkliche Tätigkeiten können eine Unterstützung sein. Man kann sich auch von einem Therapeuten mittels der Vittoz-Methode helfen lassen.[77][78]

Man sollte aber einem hochsensiblen Jugendlichen davon abraten, einer Gebetsgruppe (wie die der charismatischen Erneuerung) beizutreten. In einer solchen Gruppe muss sich der Mensch dem Einfluss der Charismen öffnen. Ein hochsensibler Mensch wird nicht in der Lage sein, den Unterschied zwischen der spirituellen Öffnung gegenüber dem Heiligen Geist und der Hochsensibilität auszumachen.

55. Wann wird Hochsensibilität zur Hellsichtigkeit?

Hochsensibilität kann zum Beruf werden. Es ist der Bereich der Hellseher, haben sie nun gute oder schlechte Absichten. Sie behaupten, anderen ihre Fähigkeiten zur Verfügung zu stellen. Dank der Vorahnungen kann man Katastrophen und Unfälle vorhersehen; dank der Wahrsagerei verspricht man den Menschen zu helfen, die richtigen Entscheidungen zu treffen; dank des Magnetismus ist man in der Lage die Schmerzen der Leidenden zu lindern, usw.

Aber die Wirksamkeit dieser Fähigkeit ist kein ausreichendes Kriterium, da wir wissen, dass der Dämon in der Lage ist, allerlei Wunder, vor allem falsche Heilungen, zu bewirken. Und wenn er in der Lage ist, eine kurzfristige Wohltat zu vollzubringen, handelt er nie umsonst. Er versucht allerlei Leute zu verführen und Hellseher sind, wie schon erklärt, eine begehrte Beute.

Und die Kunden bekommen dadurch große Probleme okkulter und seelischer Natur. Je mehr *Fähigkeiten* der Hellseher erwirbt, desto mehr steht er unter dem Einfluss des Dämons. Die Befreiung im Namen Christi ist möglich, wenn der Hellseher akzeptiert, auf seine Fähigkeiten zu verzichten, um sich allein der Obhut Gottes anzuvertrauen.

Zum Schluss müssen wir betonen, dass die Hellsichtigkeit überhaupt nichts mit einem Charisma zu tun hat. Die Hellsichtigkeit ist eine dauerhafte und stabile Disposition und das Charisma ist übernatürlich und nicht konstant. Derjenige der behauptet, er hätte das Charisma der Heilung und er könnte es anwenden, wann er will, ist ein Hellseher und kein Charismatiker.

56. Veränderte Bewusstseinszustände (ASC)[79]

Alle Bewusstseinszustände, die anders als der übliche Wachzustand sind, werden veränderte Bewusstseinszustände (ASC) genannt. Unter der Rubrik ASC findet man sehr verschiedene Phänomene wie Träume, Hypnose, Ekstasen, Trancezustände, Besessenheit, fortgeschrittene Entspannungsmethoden, Astralreisen, NDE[80] (Nahtoderfahrungen) und OBE[81] (außerkörperliche Erfahrungen). Einige ASC kommen häufig vor und sind jedem zugänglich, zum Beispiel wenn man in Gedanken versunken ist.

In diesem Zustand stehen die Handlungen des Menschen wenig oder sogar überhaupt nicht mehr unter der Kontrolle der Vernunft. Das führt dazu, dass das Denkvermögen und die freiwillige Selbstkontrolle eingeschränkt sind. Das Zeitgefühl wird dann sehr subjektiv. Man kann den Eindruck erhalten, dass die Zeit nicht mehr existiert, stehen bleibt, langsamer oder schneller wird. Dieser Zustand kann mit Wohlbefinden, sogar Euphorie oder Erleuchtung begleitet sein. Wenn der Mensch wieder zu vollem Bewusstsein kommt, kann es vorkommen, wie nach einer Hypnose, dass er sich an nichts erinnern kann. Die Nahtoderfahrungen (NDE) wie die außerkörperlichen Erfahrungen (OBE) sind gute Beispiele für die ASC. In letzteren Fällen ist das Gefühl, sich außerhalb des Körpers zu befinden, völlig subjektiv. Die Seele kann den Körper nicht verlassen, ohne dass es zum Tod zu führt.

ASC können spontane und kaum gefährliche Phänomene sein. Es sieht aber anders aus, wenn jemand versucht, sie künstlich zu auszulösen.

Menschen, die unwillkürlich veränderte Bewusstseinszustände erleben, können dazu neigen, diese höher als ihr alltägliches Leben zu bewerten. Wenn sie anfangen, sich künstlich in diesen Zustand zu versetzten, laufen sie Gefahr, mehr und mehr den Anschluss an das Alltagsleben zu verlieren und sogar Pathologien zu entwickeln. Zu den Techniken, die ASC fördern, gehören einige Entspannungstechniken wie Sophrologie und Yoga, transzendentale Meditation (mit Wiederholung eines Mantras), alle Meditationstechniken, die von östlichen spirituellen Lehren wie Zen, Zazen, Krishnamurti, Yogasutra von Patanjali usw. inspiriert sind. In diesen Techniken werden die ASC durch mentale Konzentration erreicht und haben als Grundlage eine naturalistische Mystik. Es geht darum, die Vereinigung mit kosmischen und angeblich göttlichen Energien zu erreichen und das individuelle Bewusstsein im unbegrenzten und gesichtslosen Universum aufzulösen. Das Ziel dieser Vorgehensweise sollte die innere Ruhe sein, aber es darf nicht mit der Erfahrung des richtigen inneren Frieden verwechselt werden, den allein der Heilige Geist uns schenken kann.

Für einen Getauften sind diese Erfahrungen schädlich, weil sie als Basis eine Betrachtung des Kosmos und eine Anthropologie haben, die mit dem katholischen Glauben unvereinbar sind: Monismus, Pantheismus. Das Gleiche gilt für die Anwendung von Drogen, vor allem LSD und Ectasy, die schnell ASC hervorrufen können, vor allem in Verbindung mit einer aggressiven musikalischen Umgebung (Beat, zu hohe Lautstärke usw.).

Es gibt einen anderen Grund Abstand von jeder Technik zu nehmen, die zu einer künstlichen Bewusstseinserweiterung führen könnte, um eine pseudo-mystische Erfahrung zu machen. Diese Techniken führen dazu, dass wir in unsere innere Welt gehen und sie geben *ein falsches Bild der mystischen Erfahrung* wieder. Sie machen das mystische Leben bzw. die Vereinigung mit Gott von den menschlichen Bemühungen abhängig und nicht von einem Gott, *der als Erster die Gnaden veranlasst und gibt.* Und diese Gaben sind uneingeschränkt geschenkt und unvorhersehbar. Es wäre gefährlich und hochmütig, sich Zustände anzueignen, die Gott allein schenken kann. Sie erscheinen, wann und wo Er will.

Satan ist immer in der Lage, sich als „Engel des Lichts“ zu tarnen (vgl. 2. Kor 11,14). Wir müssen, so wie die Heiligen, realistisch bleiben: Teresa von Avila kämpfte, um Levitationserlebnisse zu vermeiden, Philipp Neri machte Witze, um nicht in Ekstase zu fallen.

57. Gibt es die Armen Seelen?

Im Allgemeinen versteht man unter diesem Begriff Seelen von Verstorbenen bzw. von Verdammten, die in der Lage wären, sich den Lebenden auf verschiedene Art und Weise sichtbar zu machen, um sie zu quälen. Man kann an die Phänomene der Gespenster, der Poltergeister und sogar der Erscheinung eines Verstorbenen denken. Viele Priester-Exorzisten berichten, dass sie im Verlauf der Segensgebete Worte gehört haben, die aus dem Mund der Besessenen kamen, wie: „Ich bin Rinaldo, ich bin ein Räuber, der im 16. Jahrhundert gelebt hat und ich bin verdammt“, „Ich, Isabelle, bin dazu verurteilt worden, auf der Erde zu wandern und ich brauche eure Gebete.“[82]

Wenn die Exorzisten uns erzählen, sie haben während eines Exorzismus Worte des Besessenen gehört, die anscheinend zu einer menschlichen Identität gehörten, können wir ihnen Vertrauen schenken. Ich habe das während eines Exorzismus selbst erlebt. Gabriele Amorth zitiert mehrere Fälle in seinem Buch *Exorzisten und Psychiater*[83], aber er zieht keine Schlussfolgerung daraus und lässt die Frage offen.

Soll man diese Problematik vertiefen, die viele Priester-Exorzisten verunsichert und die bei der breiten Öffentlichkeit großes Interesse weckt? Ich halte es für nötig. Um diese Frage zu beantworten, müssen wir uns auf die katholische Theologie, das kirchliche Lehramt und die Tradition beziehen.

Welche Beobachtungen hat man in der Regel gemacht? Welche Fakten kennen wir? Glaubwürdige Menschen haben seit jeher berichtet, mehr oder weniger leuchtende gespenstische Gestalten gesehen zu haben. Das Phänomen geschieht meistens in der Nacht und häufig in der Nähe von Friedhöfen oder sogenannten Spukhäusern. Wenn man ein Exorzismusgebet für einen Besessenen spricht, hört es sich so an, als ob seine Worte nicht von einem Dämon, sondern von der Seele eines Verstorbenen kämen. Das würde bedeuten, dass die Seele eines Verstorbenen, sei sie verdammt oder aus dem Fegefeuer kommend, sich in einer lebenden Person *verkörpern* könnte.

Die Art und Weise, wie sich diese Seele teilweise ausdrückt, erweckt den Anschein, als befände sie sich weder im Himmel, noch im Fegefeuer, noch in der Hölle. Dies entspricht den drei möglichen Zuständen nach dem körperlichen Tod. Die Seele wäre weder verdammt, noch gerettet, sie würde also auf Gebete warten, um gerettet zu werden. Es beträfe diejenigen, die nicht in der Gnade Gottes waren, die nicht um Verzeihung gebeten haben, die aber nicht so weit gegangen sind, Gott abzulehnen. Was kann man dazu sagen?

Es muss deutlich betont werden, dass es für die lebenden Erwachsenen, die sich verantwortungsbewusst verhalten, keinen Mittelweg zwischen der Gnade und der Todsünde gibt, sei der Betroffene nun getauft oder nicht. Diesbezüglich kann man den theologisch ausführlichen Beitrag von Kardinal Charles Journet, *Dieu à la rencontre de l'homme*[84] lesen. Nach dem körperlichen Tod befindet sich ein verantwortungsvoller Erwachsener zwangsläufig in einem dieser beiden Zustände. Handelt es sich um den Gnadenzustand, ist er gerettet, befindet er sich jedoch im Zustand der Sünde, kann man sich vorstellen – und Mystiker wie die hl. Schwester Maria Faustyna Kowalska und Marthe Robin lassen das vermuten – dass Christus einen letzten Versuch macht, dem Verstorbenen seine Barmherzigkeit spüren zu lassen, um ihn zu retten. Wenn der Tote aber diese Barmherzigkeit verweigert, verliert sich die Seele selbst. Das persönliche Gericht akzeptiert diese freie Entscheidung der Seele: „Und wie es dem Menschen bestimmt ist, ein einziges Mal zu sterben, worauf dann das Gericht folgt“ (Heb 9,27).

Es ist also schwer vorstellbar, wie eine vom Körper getrennte Seele eine gewisse Zeit in einem *unbestimmten* Zustand bleiben könnte, auch dann wenn man annimmt, dass der *Übergang* ab dem Zeitpunkt der Bewusstlosigkeit bis zu dem Moment, in dem die Seele die ewige Welt endgültig betritt, die Möglichkeit eines letzten Gesprächs mit Gott zulässt.

Bezüglich des persönlichen Gerichtes finden wir im *Katechismus der Katholischen Kirche* folgendes: „Jeder Mensch empfängt im Moment des Todes in seiner unsterblichen Seele die ewige Vergeltung. Dies geschieht in einem besonderen Gericht, das sein Leben auf Christus bezieht – entweder durch eine Läuterung hindurch oder indem er unmittelbar in die himmlische Seligkeit eintritt, oder indem er sich selbst sogleich für immer verdammt.“[85]

Kann man es außerdem für richtig halten, dass eine von ihrem Körper getrennte menschliche Seele (wie zum Beispiel eine Seele im Fegefeuer oder eine verdammte Seele), sich im Körper eines Besessenen auf irgendeine Art und Weise inkarnieren kann? Nein, es ist unmöglich, weil sich die menschliche Seele nur mit ihrem eigenen Körper vereinen kann. Wenn außerdem diese Seele durch den Mund eines Besessenen reden würde, würde es bedeuten, dass sie in der Lage wäre, die Stimmorgane eines Köpers in Bewegung zu setzen, der nicht ihr eigener ist. Dies ist unmöglich, weil die menschliche Seele nur einen Einfluss auf ihren eigenen Körper hat. „Die Seele kann keinen anderen Leib als ihren eigenen bewegen.“[86] Wenn man diese Hypothese zu

Grunde legt, verwechselt man die Fähigkeiten der menschlichen Seele mit denen eines Engels. Letzterer kann nämlich auf die Materie einwirken, auf jeden Körper einen Einfluss ausüben und sich im Körper eines Besessenen vergegenwärtigen. Die menschliche Seele besitzt ihre eigenen Eigenschaften und verfügt über solche Fähigkeiten nicht. Man darf die Natur und die Eigenschaften der menschlichen Seele nicht mit der Natur und den Eigenschaften eines Engels verwechseln. Sie sind von Natur aus verschieden!

Einige Menschen sind der Auffassung, dass das Jüngste Gericht genau deswegen geschaffen wurde, um den armen Seelen Zeit zu lassen, sich an Gott zu wenden und gerettet zu werden. Sonst hätte es ihrer Meinung nach keinen Sinn. Thomas von Aquin erklärt ganz deutlich, dass dieses Gericht auf Grund der sozialen Natur des Menschen nötig ist, aber auch deshalb, da die Folgen seiner Taten noch nach seinem Tod Auswirkungen auf die Lebenden haben. „Der Mensch kann sich in den Konsequenzen seiner Taten überleben. Ein jüngstes und öffentliches Gericht ist nötig: alles, was zum Leben eines Menschen gehört, wird dann endgültig und explizit verurteilt.“[87]

Zu welcher Schlussfolgerung kann man also kommen? Die einzig mögliche Interpretation dieser Phänomene ist die, dass der Dämon *lügt*, indem er die Seele eines Verstorbenen oder eines Verdammten vortäuscht. Diese Falle ist, und zwar seit Jahrhunderten, den Exorzisten sehr gut bekannt. Ich zitiere Thomas von Aquin: „Wie der hl. Augustinus und der hl. Johannes Christostomos sagen, geben sich die Dämonen für die Seelen der Verstorbenen aus, um den Irrtum der Heiden festzuschreiben, die an diese Hypothese glauben.“[88] Als ich im Senegal lebte, konnte ich selbst diese Denkweise bei einigen afrikanischen Traditionen feststellen.

In den Vorbemerkungen des *Rituale Romanum* aus dem Jahr 1614 wird der Exorzist explizit gewarnt. „Der Exorzist ergehe sich nicht in Geschwätz oder in überflüssigen und neugierigen Fragen, zumal über zukünftige und verborgene Dinge, die mit seinem Amt nichts zu tun haben; vielmehr gebiete er dem unreinen Geiste, zu schweigen und nur auf Befragen zu antworten. Auch schenke man dem bösen Geiste keinen Glauben, wenn er behaupten sollte, es sei die Seele irgendeines heiligen oder eines Verstorbenen oder gar ein guter Engel." (Absatz 14)

Ein apulischer Exorzist hat folgendes berichtet[89]:

„Ich verneine die Möglichkeit, dass der Dämon sich der Seele eines Verdammten bedienen kann, um von einer Person oder einem Ort Besitz zu ergreifen, denn es wäre für die noch lebenden Angehörigen eine ungeheure Qual zu wissen, dass ihr Verwandter unter den Dämonen ist. Das wäre lediglich eine vom Teufel veranstaltete Täuschung, um die noch Lebenden der Verzweiflung anheim zu geben. Ich erinnere mich dazu an das, was Padre Pio mir sagte, als ich ihm über meinen ersten Exorzismus berichtete, bei dem der Teufel mir gesagt hatte, zu viert in jenem Körper zu sein und dass alle diese vier Verdammte seien, deren Namen und Herkunftsorte er mir sogar angab, sowie auch ihre Todesart. Padre Pio antwortete mir heftig: ‚Lass dich nicht täuschen; sie sind nicht zu viert, sondern es ist nur einer; und es ist der *Teufel* selbst, der mit viererlei Stimmen spricht und alle möglichen Haltungen einnimmt.'
Als ich dem Teufel das ins Gesicht sagte, gab es zur Antwort: ‚Weißt du nicht, dass ich der Lügner von Natur bin?'"

Ich habe selbst den Fall eines Dämons gehabt, der versucht hatte, die Seele des verstorbenen Zwillings der besessenen

Person vorzutäuschen. Ich brauchte nur zu sagen: „Halt den Mund, Lügner!“ um das Phänomen sofort zu stoppen.

Und zum Schluss haben wir in Frankreich einen Text der doktrinalen Kommission erhalten. Es handelt sich um einen Ausschnitt der Bischofskonferenz Frankreichs vom 19. 01. 2007[90]. Dieser Text hatte zum Ziel, einige praktische und doktrinale Fehler zu korrigieren, die sich in die „Heilungspraktiken der Familienbiografie durch die Eucharistiefeier“ eingeschlichen haben[91]. Sie betont klar und deutlich, dass die Seelen der Verstorbenen den Lebenden in keiner Weise schaden können. Sie ist von Msgr. Pierre-Marie Carré, Präsident der doktrinalen Kommission der CEF (Bischofskonferenz Frankreichs) und von Kardinal Pierre Barbarin, Erzbischof von Lyon sowie von vier anderen Bischöfen (s. Anhang 9) unterzeichnet.

Man kann daraus schließen, dass die armen Seelen nicht existieren und wenn, dann nur in den Köpfen von einigen Menschen, die wenig Ahnung von Theologie haben und die einige Phänomene falsch interpretieren. Diese Meinung ist also theologisch nicht zulässig. Wenn eine theologische Meinung gegen Wahrheiten natürlicher und übernatürlicher Natur verstößt, *haben wir es nicht mehr mit einer Meinung, sondern mit einem Fehler zu tun.*

58. Wie soll man die Manifestationen der Seelen aus dem Fegefeuer gegenüber den Lebenden verstehen?

Handelt es sich um eine Manifestation der Seele in ihrer ontologischen Realität? Auf Grund ihrer Natur ist sie nicht in der Lage dazu; man bräuchte die übernatürliche Intervention Gottes, was nicht auszuschließen ist. Die menschliche Seele ist aber unfähig, durch Stöhnen, Rufe, leuchtende

Punkte usw. auf die Sinne der heimgesuchten Person einzuwirken.

Man muss also die glaubhafte Hypothese vom engelhaften Eingriff aufstellen: Im Fall eines Engels hat man es vielleicht mit dem Schutzengel zu tun, der im Dienste Gottes dem Menschen diese Botschaft bringt und ihn darum bittet, etwas für eine bestimmte Seele aus dem Fegefeuer zu tun. Die engelhaften Interventionen kommen wahrscheinlich öfter vor, als man es vermutet.

Die Manifestation des Propheten Samuel gegenüber Saul während des Treffens mit der Totenbeschwörerin (vgl. 1 Sam 28,8-19[92]) hat wahrscheinlich die gleiche Ursache. Die Priester und Kommentatoren haben mehrere Hypothesen aufgestellt: Göttliche oder dämonische Intervention? Betrug der Frau? Wie dem auch sei, Gott hat zugelassen, dass sich die Seele Samuels wirklich manifestiert und die Zukunft voraussagt.

Beispiel einer verwirrenden Manifestation: Auf einer sehr kurvenreichen Straße Frankreichs hat eine junge Frau einen Unfall und stirbt. Einige Monate später nimmt ein Mann auf der gleichen Strecke eine Anhalterin mit, die zu ihm sagt: „Fahren Sie bitte langsamer, diese Straße ist gefährlich!“ Als er ins Dorf ankommt, steigt der Autofahrer aus, um Zigaretten zu kaufen. Als er zurückkommt, ist die junge Frau verschwunden. Nach seinen Beschreibungen erkennt man die junge Frau, die vor ein paar Monaten gestorben ist.

Wie kann man diese „Erscheinung“ verstehen? Es handelt sich um eine engelhafte Unterstützung: Der Engel im Dienste Gottes kann den Lebenden in menschlicher Form erscheinen. Es gibt viele Beispiele dafür in der Bibel – wie zum Beispiel der Engel, der der zukünftigen Mutter

Samsons erscheint (vgl. Ri 13,3). Durch diese Intervention hat Gott aus Barmherzigkeit den unvorsichtigen Autofahrer warnen wollen.

Die gleiche Erklärung gilt für die „Erscheinungen" von Gespenstern, Polstergeistern oder anderen Wesen, für die in Spukhäusern auftretenden Phänomene, wohlwissend, dass die Dämonen die gleichen Fähigkeiten besitzen.

Aus dem Tagebuch der hl. Schwester Maria Faustyna Kowalska:

„Oft begleite ich die Seelen Sterbender, erflehe ihnen Vertrauen auf Gottes Barmherzigkeit und bitte Gott um Seine große Gnade, die immer den Sieg davon trägt. Manchmal gelangt die Barmherzigkeit Gottes im letzten Augenblick zum Sünder, in sonderbarer und geheimnisvoller Weise. Nach außen scheint es, als wäre alles verloren, aber so ist es nicht. Angestrahlt vom starken Strom der endgültigen Gnade Gottes wendet sich die Seele im letzten Moment mit solcher Liebe Gott zu, dass sie sofort Nachlass aller Schuld und Strafe erhält. Nach außen gibt sie uns keine Zeichen der Reue und Zerknirschung, weil sie auf äußere Dinge nicht mehr reagiert. O, wie unerforscht ist die Barmherzigkeit Gottes.

Aber, o weh, es gibt Seelen, die freiwillig und bewusst diese Gnade ablehnen und verachten. Selbst während des Sterbens schenkt der Barmherzige Gott der Seele diesen lichten inneren Augenblick und wenn die Seele will, hat sie die Möglichkeit, zu Gott zurückzukehren. Doch manchmal ist bei den Seelen eine so starke Verhärtung, dass sie bewusst die Hölle wählen. Sie vereiteln alle Gebete, die andere Seelen für sie zu Gott bringen, ja selbst die Anstrengungen Gottes."[93]

59. *Der Exorzismus von Emily Rose, The Rite – Das Ritual:* Entsprechen diese zwei Filme der während eines Exorzismus erlebten Realität?

Der Exorzismus von Emily Rose kam im Jahr 2005 ins Kino. Der Film bezieht sich auf ein Drama, das 1976 in Deutschland geschah: Eine junge Frau aus Bayern, Anneliese Michel, ist nach mehreren Exorzismusgebeten gestorben. Die Gebete wurden von zwei Priestern, P. Renz und P. Alt gesprochen, die von ihrem Bischof beauftragt waren. Es handelte sich um einen Fall dämonischer Besessenheit, die von der Obrigkeit der Diözese ordnungsgemäß festgestellt wurde. Damit haben wir es mit einem Einzelfall in der Geschichte des Exorzismus zu tun. Die junge Frau ist nämlich kurz danach in einem Zustand schwerer körperlicher und seelischer Erschöpfung gestorben. Nach einem langen Ermittlungsverfahren wurden am Ende des Prozesses die Eltern des Opfers sowie die Priester-Exorzisten wegen unterlassener Hilfeleistung gegenüber Menschen in Lebensgefahr zu einer Strafe verurteilt. Der Tod war in der Tat nicht auf den Exorzismus als solchen, sondern auf die extreme Schwäche von Anneliese zurückzuführen.

Das Gerichtsverfahren wurde von starker Desinformation durch die Medien begleitet und hat der Arbeit der Kirche auf diesem Gebiet sehr geschadet. Seitdem trauen sich die deutschen Bischöfe nicht mehr, Exorzisten offiziell zu ernennen. Die Debatten während des Gerichtsverfahrens sind im Film ziemlich gut wiedergegeben worden. Sie sind insofern interessant, weil sie die Entwicklung der verschiedenen Hauptbeteiligten, sowie deren Bewusstwerdung hinsichtlich der übernatürlichen Dimension der Situation gut vermitteln.

Einige Kritikpunkte: Man hat die dämonischen Manifestationen in den Exorzismusszenen maßlos übertrieben, wahrscheinlich um einen gewissen spektakulären Effekt zu erreichen. Dies entspricht aber nicht der Realität. Es gibt in dem Film einen anderen Fehler, der ziemlich verbreitet ist: Der Dämon habe die Fähigkeit, sich bei den Menschen zu rächen, die in den Prozess involviert sind. Betroffen seien z.B. P. Moore, die Rechtsanwältin, der Arzt, der die Fakten bezeugen konnte. Das ist falsch.

Diese Geschichte, die in der deutschen Kirche passiert ist, hat zumindest einen Vorteil gehabt: Sie hat den Priester-Exorzisten einige Risiken ihrer Arbeit bewusst gemacht. Ein Grundwissen in Psychiatrie ist mehr als erforderlich und gegebenenfalls ist eine medizinische Unterstützung bei den schwierigen Fällen notwendig.

Der Film, *The Rite – Das Ritual*, erschien März 2011. Er wurde nach dem Buch eines amerikanischen Journalisten, Matt Baglio[94] gedreht. Er hat eine relativ seriöse Studie über mehrere italienische Priester-Exorzisten gemacht. Auf Grund der Recherchen des Autors ist dieser Film erwähnenswert.

Welche positiven Seiten hat die Geschichte, die im Film erzählt wird? Der junge amerikanische Priester wird von seinem Bischof nach Italien geschickt, um eine gute Ausbildung im Hinblick auf seine Tätigkeit als Exorzist zu bekommen. Er glaubt am Anfang nicht wirklich an den Dämon und an okkulte Behaftungen. Aber am Ende der Ausbildung ist er davon überzeugt, dass Menschen tatsächlich besessen sein können und dass sie extrem leiden. Die Kirche muss sich aus Nächstenliebe um sie kümmern. Was die Herangehensweise und den Inhalt anbelangt, ist der Einblick in den Unterricht eines dominikanischen Priesters über diese Themen außerdem ziemlich realitätsnah, auch wenn die Wortwahl sehr belehrend klingt.

Der Film zeigt in der letzten positiven Szene, wie der Priester – der nicht der jungen Journalistin in die Arme gefallen ist, wie es manchmal in solchen Filmen der Fall ist – in seiner Pfarrei das Sakrament der Beichte erteilt. Der Anstand ist gerettet.

Wenn man aber das Buch gelesen hat, stellt man fest, dass die Verfilmung von Matt Baglios Werk ziemlich weit entfernt ist. Der Film betont das Spektakuläre der Exorzismusgebete und verstärkt systematisch ihren Effekt durch einen sehr aggressiven musikalischen Hintergrund. Es gibt außerdem mehrere Fakten, die mit der Realität nicht übereinstimmen. Zum Beispiel: Kurz nachdem der römische Priester-Exorzist eine junge Frau befreit hat, leidet er selbst unter okkulter Behaftung, was natürlich Unsinn ist. Bis auf ein paar seltene Ausnahmen braucht der Priester-Exorzist keine Angst vor den Repressalien des Dämons zu haben. Gott lässt es nicht zu.

Es ist sehr wahrscheinlich, dass die Zuschauer des Rituals den Eindruck hatten, nur einen banalen Horrorfilm gesehen zu haben. Nach dem Film waren sie bestenfalls der Überzeugung, dass der Dämon nur ausnahmsweise und in sehr seltenen Fällen von Besessenheit agiert. Meistens manifestiert sich aber der Dämon auf eine okkulte und verborgene Art und Weise.

60. Was versteht man unter New Age?

Das New Age ist keine spirituelle Bewegung, sondern eher ein Gedankensystem, eine Sichtweise der spirituellen Welt, die die Gläubigen unserer Zeit beeinflusst. Diese Theorie ist im Buch von Marilyn Fergusson, *Die sanfte Verschwörung. Persönliche und gesellschaftliche Transformation im Zeit-*

alter des Wassermanns nachzulesen, das 1980 erschienen ist. Durch diese Bewegung sind sämtliche nebulösen Gruppen entstanden, die Ideen vertreten, die der jüdisch-christlichen Auffassung vom Kosmos und von Rettung vollkommen widersprechen, obwohl sie weiterhin die christlichen Konzepte anwenden. Die Lehre Christi dieser Gruppen beruht auf den theosophischen Lehren von Helena Blavatski, der Anthroposophie von Rudolf Steiner und auf der esoterischen Schule von Alice Bailey. Das New Age ist eine sehr beliebte Mischung verschiedener Denkweisen, Therapien und Praktiken, deren Anwendung in Seminaren über *Selbstverwirklichung* vorgestellt wird und in denen die *Bewusstseinserweiterung* praktiziert wird.

Der Gott der New-Age-Bewegung ist weder persönlich noch transzendent. Es handelt sich weder um den Schöpfer noch um den Versorger aus dem Universum, sondern um eine *unpersönliche Energie,* die der Welt immanent ist und mit der sie eine kosmische Einheit bildet. Diese Einheit ist monotheistisch und pantheistisch. Der Kosmos ist unerschaffen, unendlich und selbstversorgend. Bei der Mystik der New-Age-Bewegung handelt es sich um eine Fusion mit dem Universum.

In dieser ausgiebigen New-Age-Literatur wird Jesus Christus unter anderem als ein weiser Mann, ein spiritueller Meister oder als ein Avatar dargestellt. Es gibt unter den verschiedenen New-Age-Strömungen einige Gemeinsamkeiten, die wie folgt beschrieben werden.

Es gibt den historischen, persönlichen und individuellen Jesus. Er unterscheidet sich von dem ewigen, unpersönlichen und universalen Christus. Das Opfer Christi am Kreuz wird von den Anhängern der New-Age-Bewegung neu interpretiert, da die Sünde nicht wirklich existiert, es gibt nur

„Fehler". Der Mensch muss den Weg der Selbstverwirklichung und der Selbsterlösung einschlagen. Das geschieht durch aufeinander folgende Reinkarnationen. Die Apokryphen haben den gleichen Stellenwert wie die vom biblischen Kanon anerkannte Heilige Schrift.

Die auf der New-Age-Denkweise beruhende Literatur ist sehr umfangreich. Durch den Verkauf solcher Werke mit Titeln wie: *Die Engel erlebt; Und der Himmel tat sich auf – Jenseitsbotschaften* erzielen einige Verlage einen großen Umsatz. Der brasilianische Schriftsteller Paulo Coelho ist Spezialist auf diesem Gebiet. Er hat seine Bücher in der ganzen Welt verkauft: *Der Alchemist*, 100 Millionen Exemplare, wurde in 66 Sprachen übersetzt! Er hat auch andere Beststeller geschrieben, wie: *Auf dem Jakobsweg: Tagebuch einer Pilgerreise nach Santiago de Compostela; Sei wie ein Fluss, der still die Nacht durchströmt* usw.

Wir müssen jedoch akzeptieren, dass viele unserer Mitmenschen auf der Suche nach Spiritualität sind. Es wäre ein großer Fehler, wenn wir Christen, aus Unwissenheit oder Nachlässigkeit, ihnen die spirituellen Schätze unseres mystischen katholischen Erbes vorenthalten würden: Es ist unsere Aufgabe dieses Erbe zu entdecken, zu vertiefen und es zu verbreiten.

Im Text des Päpstlichen Rats für die Kultur und des Päpstlichem Rats für den Interreligiösen Dialog können wir einen wunderbaren und ausführlichen Bericht über New Age finden: *Jesus Christus, der Spender lebendigen Wassers. Überlegungen zu New Age aus christlicher Sicht.* Der Text enthält sehr gute Begriffserklärungen.[95]

VI.

Ich kann befreit werden.

Dann sah ich einen neuen Himmel
und eine neue Erde.
Und er, Gott, wird bei ihnen sein.
Er wird alle Tränen von ihren Augen abwischen.

(Offb 21,1-4)

61. Hat Jesus Dämonen ausgetrieben?

Wenn wir das Evangelium sorgfältig lesen, stellen wir fest, dass Jesus der Exorzist *par excellence* ist. Die Befreiung der Besessenen durch Jesus bringt zwar seine Autorität zur Geltung, aber sie ist vor allem ein starkes Zeichen der Ankunft des Gottesreiches: „Wenn ich aber die Dämonen durch den Finger Gottes austreibe, dann ist doch das Reich Gottes schon zu euch gekommen" (Lk 11,20). Jesus befreit die Besessenen dank seines Wortes, das mit Autorität gesprochen wird: „Schweig und verlass ihn!" (Mk 1,25).

Ich erwähne einige Ausschnitte aus der Bibel, wo Jesus Dämonen austreibt. In diesen Texten handelt es sich um die Befreiung einer bestimmten Person, wie zum Beispiel: der Besessene von Kafarnaum (vgl. Mk 1,21; Lk 4,31), der mondsüchtige Junge (vgl. Mt 17,14; Mk 9,14; Lk 9,33), die Geburt der Syrophönizierin (vgl. Mt 15,21; Mk 7,24), der Besessene von Gerasa (vgl. Mk 5,1; Mt 8,28; Lk 8,26), der stumme Besessene (vgl. Mt 9,32; Lk 11,14), die seit achtzehn Jahren verkrümmte Frau (vgl. Lk 13,13).

An manchen Stellen beschränken sich die Evangelisten darauf zu erwähnen, dass Jesus *viele* Dämonen austrieb: sieben bei Maria Magdalena, was wir nur durch einen einzigen Satz erfahren (Lk 8,2; Mk 16,9). Meistens machen die Evangelisten diesbezüglich keine genauen Angaben. Durch die Anwesenheit Jesu allein werden Besessene spontan befreit: Er, Jesus „trieb viele Dämonen aus. Und er verbot den Dämonen zu reden, denn sie wussten, wer er war" (Mk 1,31-34).

Diese Texte scheinen sehr weit von uns weg zu sein und aus einer anderen Zeit zu stammen. Die Befreiung gilt aber immer noch für die Menschen von heute: „Wenn euch also der Sohn befreit, dann seid ihr wirklich frei" (Joh 8,36). Und wir benötigen dringend das radikale Novum der Erlösung durch Christus, Sieger über die Kräfte des Bösen.

62. Bringen die Evangelisten Besessenheit und Krankheit nicht durcheinander?

Einige Exegeten (Bibelwissenschaftler) haben versucht, die Exorzismen von Jesus auf Heilungen zu reduzieren. Sie sagen, dass man zu dieser Zeit dem Dämon häufig Beschwerden ankreidete, die heutzutage als spezifische Pathologien bekannt sind. Das ist nicht falsch. Aber es ist nicht akzeptabel zu behaupten, dass Jesus solche Fehler begangen hat. Jesus ist die Wahrheit und auf diesem Gebiet, wo psychische Beschwerden mit okkulter Behaftung häufig vermischt sind, unterscheidet er eindeutig zwischen einer Krankheit und Besessenheit.

Ein sorgfältiger Leser des Evangeliums wird sofort merken, dass Jesus die Heilung von Kranken mit der Befreiung von Besessenen nicht verwechselt. Wenn ein Kranker oder ein Behinderter zu ihm kommt, um geheilt zu werden, verlangt Jesus ein Glaubensbekenntnis, dann legt er seine Hände auf, berührt einen Körperteil: Es gibt fast immer eine Berührung von Jesus. Im Gegensatz dazu stellt man fest, dass Jesus einen Besessenen anders als einen Kranken behandelt: Er fasst ihn nicht an, er legt seine Hände nicht auf, salbt ihn nicht mit Öl. Er befiehlt Satan wegzugehen: „Verlass diesen Mann…“ (Mk 5,8).

In der apostolischen Rede von Matthäus ist eindeutig, dass Jesus den Unterschied zwischen Kranken und Besessenen macht: „Das Himmelreich ist nahe: Heilt Kranke, weckt Tote auf, macht Aussätzige rein, treibt Dämonen aus! Umsonst habt ihr empfangen, umsonst sollt ihr geben“ (Mt 10,7-8).

63. Wie ist die Kirche zum Amt für Exorzismus gekommen?

Zu diesem Amt kam die Kirche zuerst durch die Apostel, die die Aufgabe erhalten hatten, die Gute Nachricht und die dazu gehörenden Zeichen wie die Heilung von Krankheiten und die Befreiung der Besessenen zu verkündigen: „Dann rief er die Zwölf zu sich und gab ihnen die Kraft und die Vollmacht, alle Dämonen auszutreiben und die Kranken gesund zu machen“ (Lk 9,1), oder wie es in diesem kurzen Ausschnitt von Markus beschrieben ist: „Sie trieben viele Dämonen aus und salbten viele Kranke mit Öl und heilten sie“ (Mk 6,13).

Lukas sagt uns, dass Jesus diese Funktion dann auf die 72 Jünger erweitert hat. Sie kehrten von ihrer Mission zurück und berichteten voll Freude: „Herr, sogar die Dämonen gehorchen uns, wenn wir deinen Namen aussprechen“ (Lk 10,17).

Es sind die deutlichen Zeichen des Sieges Christi über die Welt der Dunkelheit und des Schmerzes; sie bestätigen die Wahrheit und die Macht der Verkündigung: „Und durch die, die zum Glauben gekommen sind, werden folgende Zeichen geschehen“ (Mk 16,17). Dann haben die Apostel und die Jünger nach Christi Himmelfahrt die Dämonen weiter ausgetrieben, indem sie den Namen Jesu anriefen (vgl. Apg 8,7; 16,16; 19,11).

Später muss man die Schriften der Kirchenväter konsultieren. Sie schreiben, dass in den Anfängen der Kirche Geistliche und Laien ohne Unterschied im Namen Jesu Dämonen austreiben. Diese Befreiungen bestätigen die Wahrheit des Evangeliums und die Ankunft des Reiches Gottes. Justin der Märtyrer (+165) behauptet, dass die Getauften im Namen Jesu, der unter Pontius Pilatus gekreuzigt wurde, die Besessenen erlösen, die die heidnischen Exorzisten und Hexer nicht befreien können[96]. Im nächsten Jahrhundert bestätigt Irenäus von Lyon (+202), dass durch die Anrufung des Namens Jesu Christi, der unter Pontius Pilatus gekreuzigt wurde, Satan aus den Menschen ausgetrieben wurde.[97]

Ab dem 3. Jahrhundert musste die Kirche zur Verhinderung von Missbrauch damit anfangen, dieses Amt zu reglementieren, indem ein Ritual für Exorzismus eingeführt und einem der vom Bischof ernannten Priester anvertraut wurde. Ein Brief von Papst Cornelius, der von Eusebius von Caesarea[98] aufbewahrt wurde, erwähnt die Exorzismen unter den niederen Weihen und Papst Innozenz I. befiehlt 416, dass das Amt für Exorzismus der Zuständigkeit des Bischofes der Diözese unterliegt.

Heute wird dieses Amt ausschließlich von Priestern ausgeübt, die ausdrücklich vom örtlichen Bischof ernannt werden. Es bedeutet, dass es normalerweise nur einen Exorzisten pro Diözese gibt. Man kann sich fragen, warum es in gewissen Diözesen Frankreichs teilweise so schwierig ist, den Namen und die Adresse des Priester-Exorzisten zu bekommen. Wenn die leidenden, gequälten Menschen keine Antwort von der Kirche bekommen, wenden sie sich an Scharlatane, die nicht zögern, Werbung zu machen. Es wird dann teuer und das in vielfacher Weise.

64. Welchen Kampf führt die Kirche gegen Satan?

Der von der Kirche geführte Kampf folgt den gleichen Richtlinien wie der Kampf Christi gegen Satan. Jede Macht kommt von Jesus und die Kirche treibt in seinem allerheiligsten Namen die Dämonen aus. Dieses Thema wurde häufig von den Päpsten angesprochen: Papst Paul VI. betont in der Generalaudienz vom 17.11.1972 folgendes: „Wir reden von den Bedürfnissen der Kirche, und eines dieser Bedürfnisse ist diese eigenartige und schwierige Verteidigung… Gegen wen? Wir müssen den Kampf gegen (…) das Dunkle führen, (…) wir müssen gegen den Teufel kämpfen". Und Papst Johannes Paul II. wird sich ca. fünfzehn Jahre später diesbezüglich noch konkreter und ausführlicher ausdrücken:

„Das ist die große Gewissheit des christlichen Glaubens: ‚Der Herrscher dieser Welt ist gerichtet'. ‚Der Sohn Gottes ist erschienen, um die Werke des Teufels zu zerstören' (1 Joh 3,8). Christus, der Gekreuzigte und Auferstandene, hat sich also als jener Stärkere geoffenbart, der den starken Mann, den Teufel, besiegt und dem er die Gewalt genommen hat. Die Kirche hat Anteil am Sieg Christi über den Teufel: Christus hat in der Tat seinen Jüngern die Gewalt gegeben, Dämonen auszutreiben (Mt 10,1; Mk 16,17). Die Kirche übt diese sieghafte Gewalt durch den Glauben an Christus aus und durch das Gebet, das *in bestimmten Fällen die Form des Exorzismus annehmen kann.*"[99]

In den Vorbemerkungen des Rituals für Exorzismus 2005 kann man folgendes lesen:
„Daher hat die Kirche die ihr von Christus verliehene Vollmacht, Dämonen auszutreiben und ihren Einfluss zu unterbinden, schon seit der apostolischen Zeit ausgeübt (vgl. Apg 5,16; 8,7; 16, 18; 19, 12). Daher betet sie ‚im Namen Jesu' beständig und vertrauensvoll, dass sie vom Bösen

befreit wird (vgl. Mt 6,13). In demselben Namen und in der Kraft des Heiligen Geistes gebietet sie den Dämonen auf verschiedene Weise, dass sie das Werk der Evangelisierung nicht verhindern (vgl. 1 Thess 2,18) und als die Stärkeren (vgl. Lk 11,21-22) die Herrschaft über das All und die einzelnen Menschen zurückgeben. ‚Wenn die Kirche öffentlich und autoritativ im Namen Jesu Christi darum betet, dass eine Person oder ein Gegenstand vor der Macht des bösen Feindes beschützt und seiner Herrschaft entrissen wird, spricht man von einem Exorzismus.'"[101] [102]

„Der Dienst, Besessene zu exorzisieren ist in besonderer und ausdrücklicher Weise an die Erlaubnis des Ordinarius Loci gebunden, der in der Regel der Diözensanbischof selbst ist. (…) Der Priester aber, dem der Dienst eines Exorzisten auf Dauer oder für einen Einzelfall anvertraut wird, führe dieses Werk der Liebe, vertrauensvoll und demütig aus unter der Aufsicht des Diözesanbischofs." (Nr. 13) [102]

Um im Einzelnen richtig entscheiden zu können, muss man ein gutes Urteilungsvermögen besitzen und große Vorsicht walten lassen.

„Der Exorzist darf nicht leichthin annehmen, dass jemand von einem Dämon besessen ist, der an irgendeiner, besonders psychischen Krankheit leidet"; aber der Exorzist muss sich der „Tricks und Listen bewusst sein, die der Teufel anwendet, um den Menschen in die Irre zu führen, oder um den Bedrängten davon zu überzeugen, sich dem Exorzismus nicht zu unterziehen" (Nr. 14)[103].

„Der Exorzist soll deshalb mit dem Vollzug des Exorzismus nicht eher beginnen, bis auf moralische Sicherheit gestützt feststeht, der zu Beschwörende sei wirklich von einem

Dämon besessen und der Betroffene, wenn möglich zustimmt. Gemäß bewährter Praxis sprechen folgende Zeichen für Besessenheit: über ein unbekanntes Gespräch mit ausführlichen Worten reden oder den Sprecher erkennen; weit Entferntes und Verborgenes kundtun; Kräfte zeigen, die über das Alter oder die Kondition hinausgehen“ (Nr. 16).[104]

65. Befreiung: Kann man sich auf die Kräfte von Heilern, Marabuts, Fluchaufhebern verlassen?

Ich lese in einem Gratisanzeigeblatt folgende Annonce: „Msgr. XXX, Exorzist, Hellseher, Heiler, Fluchaufhebung, Wahrsagerei, Magnetismus….“: alles in einem. Oder ein anderes Inserat mit einer anderen Wortwahl: „Herr K., großer Wahrsager, Hellseher; wenn Sie nicht mehr leiden wollen, nehmen Sie so schnell wie möglich Kontakt mit mir auf. Liebeszauber, Glück, Schutz, Fluchaufhebung… Sie werden die Person, die Sie lieben, zurückgewinnen (sie wird wie ein kleiner Hund hinter Ihnen herlaufen) (sic)… Impotenz, Glück im Spiel, finanzielle Schwierigkeiten“. Die Scharlatane haben in der okkulten Szene gut Fuß gefasst und sie betrügen – gegen Bezahlung – eine erschreckend hohe Zahl an leidenden Menschen, die häufig labil und zu naiv sind.

Ich selbst habe folgendes festgestellt: Auch wenn die Leidenden katholisch getauft sind, kommt es ziemlich häufig vor, dass der Besuch bei dem Priester-Exorzisten das allerletzte Mittel ist, zu dem sie greifen und auch erst dann, nachdem sie alle möglichen Scharlatane ausprobiert haben, die ihnen nicht nur nicht geholfen haben, sondern ihr Unwohlsein sogar häufig verstärkt haben. Was kann man dagegen machen? Man sollte die Priester-Exorzisten dazu ermutigen, ihre Arbeit zu tun und mehr auf den leidenden

Menschen zuzugehen. Muss noch betont werden, dass die Priester-Exorzisten kostenlos die Menschen empfangen?

Ich bin manchmal sehr betroffen, wenn ich feststelle, wie schwierig es sein kann, einen Termin mit einem Exorzisten zu vereinbaren. Man muss zuerst Personen kontaktieren, die die Anfragen filtern. Es kann auch sein, dass ein Treffen mit dem Priester abgelehnt wird. Man darf sich nicht wundern, wenn die Gläubigen anderswo hingehen. Jeder getaufte Katholik hat das Recht mit dem Priester-Exorzisten seiner Diözese über seine Probleme zu sprechen.

66. Wie sucht der Bischof einen Priester für das Amt des Exorzisten aus?

Man kann im *Rituale* von 2005, Absatz 13 folgendes lesen: „Niemand kann rechtmäßig Exorzismen über Besessene aussprechen, wenn er nicht vom Ortsordinarius eine besondere und ausdrückliche Erlaubnis erhalten hat. Diese Erlaubnis darf der Ortsordinarius nur einem Priester geben, der sich durch Frömmigkeit, Wissen, Klugheit und untadeligen Lebenswandel auszeichnet.“[105]

Der gesunde Menschenverstand verlangt, dass man für dieses Amt einen nicht allzu jungen Priester mit guten theologischen und spirituellen Kenntnissen aussucht, der an den Dämon glaubt, aber auch an die Mittel, die unser Herr und seine Kirche zur Verfügung stellen, um ihn zu vertreiben. Man braucht selbstverständlich eine Grundausbildung in Theologie, aber auch in der Engellehre. Das Lesen der umfangreichen Literatur über dieses Thema sowie die Berichte seiner Exorzisten-Kollegen werden ihm helfen. Er muss auch über gute anthropologische, psychologische und psychiatrische Kenntnisse verfügen, ohne ein langes

Studium in diesen Fächern absolviert zu haben. Der Priester-Exorzist ist kein Psychiater.

Er muss gut mit Menschen umgehen können und über viel Erfahrung verfügen. Es ist auch notwendig, dass er in jeder Situation mit Aufmerksamkeit und Empathie zuhört, wie seltsam die geführten Gespräche ihm ab und zu vorkommen mögen. Franz von Sales sagte, dass man für den vom Dämon gequälten Menschen, die häufig von ihrem Umfeld nicht verstanden werden, ein „Ozean von Barmherzigkeit" sein muss.

Dieser Priester muss natürlich ein gutes Urteilsvermögen besitzen und bewiesen haben, dass er in der Lage ist, eine angemessene Entscheidung zu treffen. Er ist als Mensch psychisch sehr stabil, dem Gebet zugewandt und sein Schlaf ist ausgezeichnet. Es ist ratsam, dass er im Zustand der Andacht verweilt, eine vertrauensvolle und uneingeschränkte Hingabe der Heiligen Jungfrau gegenüber aufweist, regelmäßig beichtet und fastet. Das Fasten, mit Gebet verbunden, entspricht nämlich einer „Entsühnung" (Lev 16,29-31). So gelangt man in einen Zustand spiritueller Armut, die den Empfang der Gnade und die Führung durch den Heiligen Geist unterstützt. So wie es bei Jesus der Fall war, der vierzig Tage in der Wüste gefastet hat (vgl. Lk 4,1f.), ist das Fasten eine Vorbereitung auf die großen Aufgaben, die uns vom Heiligen Geist anvertraut sind. Jesus hat es empfohlen, aber er hat uns vor dem Formalismus gewarnt, der sich dahinter verstecken kann (vgl. Am 5,21; Jer 14,12). Es ist mit dem Gebet und den Almosen eines der größten Mittel der christlichen Buße: Paulus hat zum Beispiel sehr häufig gefastet (vgl. 2 Kor 11,27), die Jünger haben ebenfalls gefastet, bevor sie auf Missionsreisen gegangen sind (vgl. Apg 13,2).

Ein gewisser kräftiger Jähzorn ist übrigens nicht schlecht, weil der zu führende Kampf Ausdauer und Kühnheit verlangt. Noch ein Wort zu diesem Thema: Der Priester hat sich für diese Stelle selbstverständlich nicht beworben.

Zuerst kann der Bischof dieses Mandat *ad actum*, d.h. nur für einen Fall erteilen, dann für einen Zeitabschnitt von sechs Monaten oder einem Jahr mit eventueller Verlängerung.

Was die Praxis anbelangt, ist es am besten, mit einem erfahrenen Kollegen ein paar Wochen zu arbeiten. Auf diese Art und Weise kann man sehen, wie man ein Gespräch führt, wie man zu einem Entschluss kommt und wie man dann entschieden, aber vorsichtig, handelt. Diese Lernphase mit einem erfahrenen Priester-Exorzisten ist unentbehrlich, um zu üben, wie man eine Diagnose stellt und um einschätzen zu können, wie viel Zeit man für die Gebete benötigt.

Der Priester wird sich dann, wenn nötig, mit verschiedenen Leuten, Psychiatern oder erfahrenen Begleitern beraten, um die leidenden Menschen unter den besten Bedingungen zu empfangen und zu betreuen. Regelmäßige Berichte an den Bischof sowie ein Austausch mit seinen Kollegen über die schwierigeren Fälle haben sich als besonders nützlich erwiesen.

Es kann vorkommen, dass er – je nach Lage des Falls – gezwungen ist, mit Ärzten, christlich oder nicht-christlich, zusammenzuarbeiten, die akzeptieren können, dass es psychische Störungen gibt, für die es keine rationale Erklärung gibt.

67. Ergänzen sich Sakramente und Exorzismusgebete?

Laut katholischer Tradition gehören zur Vorbereitung der Katechumenen zur Taufe auch Exorzismusgebete, die während des Taufunterrichts gesprochen werden. In seinen Katechesen drückt sich der hl. Kyrill von Jerusalem folgendermaßen aus: „Geh schnell zu den Katechesen. Freue dich über die Exorzismen; dank des Anblasens, dank der Exorzismen wirst du gerettet. Ohne die Exorzismen kann die Seele nicht gereinigt werden. Es handelt sich um göttliche Gebete, die aus der Heiligen Schrift kommen“. Man findet bei Johannes Chrysostomos, Thomas von Aquin und fast allen Kirchenvätern die gleiche Aussage[106]. Das Exorzismusgebet gehört zu den Sakramentalien. Thomas von Aquin unterscheidet ganz genau die Sakramentalien und von den Sakramenten.

Thomas von Aquin erklärt, dass „die Rituale für den Exorzismus die Schuld nicht löschen, für die der Mensch nach seinem Tod bestraft wird, sie bauen dank des Sakraments nur die Hemmnisse ab, die für die Vergebung dieser Schuld nötig sind. Ein Exorzismus ohne Taufe ist also ungültig (…). Das Sakrament muss seine Hauptaufgabe erfüllen, d.h. die Gnade gewähren, deren Zweck das Vergeben einer Sünde oder das Ändern einer schlechten Eigenschaft ist. Exorzismen erfüllen diese Aufgabe nicht, sie beseitigen nur die Hindernisse. Sie sind also keine Sakramente, sondern Sakramentalien. Sie führen Schritt für Schritt zu den Sakramenten des neuen Menschen, des freien, mit Christus frei gewordenen Menschen.“[107]

Thomas von Aquin unterscheidet also sehr genau die spezifische zu den Sakramentalien gehörende Wirkung des Exorzismus von dem Dankgebet. Ein Exorzismus bei einem Taufbewerber hat zum Ziel, die dämonischen Einflüsse zu brechen, die den Betroffenen binden und ein Hindernis für sein zukünftiges Leben als neuer Mensch darstellen könnten. Das Sakrament als solches verleiht die heiligende Gnade und festigt den Betroffenen im Zustand eines Kind Gottes, das nach seinem Ebenbild wiedererschaffen wurde. Exorzismus und Sakramente ergänzen sich also im Befreiungsprozess und in der Erneuerung des Menschen, der von der Erbsünde gezeichnet ist und unter okkulter Behaftung steht.[108]

Im Fall von Tania (s. S. 61) hatte man hierfür eine Bestätigung. Sie stand unter schwerer dämonischer Beeinflussung, solange sie nicht getauft wurde. Die Gnade der Taufe hat sie nicht befreit. Sie hat ihr aber erlaubt, selbst am spirituellen Kampf teilzunehmen, der durch das Gebet und eine regemäßige Teilnahme an den Sakramenten unterstützt wurde. Auch im Fall von Nathan (s. S. 45) war es nötig, neben seiner Entscheidung für die Bekehrung und der sakramentalen Sündenvergebung, mehrere Befreiungsgebete zu sprechen.

Man kann folgende Erklärung ins Auge fassen: Der Anwendungspunkt der heiligenden Gnade liegt in unserem tiefsten Seelengrund, auf der innersten Seite unserer spirituellen Fähigkeiten, unseres Verstands und unseres freien Willens. Die dämonischen Bindungen betreffen jedoch den körperlichen und gefühlsmäßigen Teil des Betroffenen. Von einigen seltenen Fällen abgesehen, kann eine dämonische Bindung unsere spirituellen Fähigkeiten nicht erreichen. Man versteht also, dass das Sakrament und das Befreiungsgebet für die komplette Befreiung des sündigenden Menschen nötig sind. Diese Befreiung wirkt auf den Körper, die Seele und den Geist.

68. Wer darf ein Befreiungsgebet, ein Exorzismusgebet sprechen?

Man muss einen Unterschied zwischen einem einfachen Befreiungsgebet und einem Exorzismus machen.

Das Befreiungsgebet kann in leichten Fällen von jedem Priester gesprochen werden; ich erlaube mir, meine Kollegen zu ermutigen, es auch anzuwenden. Es ist sehr wahrscheinlich, dass es auf Grund des stärker werdenden Heidentums in unserer Gesellschaft immer notwendiger sein wird. Das Befreiungsgebet beruht auf der Durchtrennung von Bindungen mit fragwürdigen Menschen und auf der Befreiung von Geistern, die als dämonisch identifiziert wurden. Das Befreiungsgebet stellt die erste Stufe der spirituellen Entwicklung des Betroffenen dar, aber nur unter der Bedingung, dass er dank des persönlichen und beständigen Gebets kooperiert (s. Anhang 6, 10, 11).

Was das Exorzismusgebet anbelangt, ist der Codex des kanonischen Rechtes (Can 1172 Abs. 1) ganz eindeutig: „Niemand kann rechtmäßig Exorzismen über Besessene aussprechen, wenn er nicht vom Ortsordinarius (Bischof) eine besondere und ausdrückliche Erlaubnis erhalten hat". Muss man noch hinzufügen, dass dieser Priester wirklich an die Existenz der Dämonen und deren möglichen dämonischen Einfluss auf die Menschen glauben muss? Und dass er überzeugt sein muss, dass das von ihm gesprochene kirchliche Gebet die Kraft für die Befreiung von Bindungen beinhaltet? Sich in diese Art von Gebet mit Hingabe und Mut einzubringen wird immer wichtiger, da es öfter vorkommt, als man denkt: In den paar Jahren meiner Tätigkeit als Exorzist habe ich ca. zwanzig Fälle von Besessenheit gehabt, die mehrere Exorzismusgebete benötigt haben und in zwei extremen Fällen dutzende. Für diese schwierigen Fälle müssen wir die spezifischen Formeln des Rituals anwenden. Aber wie viele von den rund hundert Exorzisten, die in den Diözesen Frankreichs ernannt wurden, sprechen, wenn nötig, wirklich diese Exorzismusgebete?

Der Exorzist muss der seelischen Not und den Leiden des anderen mit Achtung begegnen. Er wird alle Menschen mit der Liebe eines Vaters und eines Bruders empfangen. Er wird nicht darauf achten, wie viel Zeit er mit seinen leidenden Brüdern verbringt, die häufig von ihrem Umfeld missverstanden werden.

69. Was ist das Schwierigste in der Ausübung des Amtes eines Priester-Exorzisten?

Es ist eindeutig das Urteilsvermögen. Schon in den Vorbemerkungen des Rituals von 1999 wird dem Priester-Exorzisten zu größter Vorsicht geraten:
„Im Falle einer teuflischen, wie man sagt, Intervention, wende der Exorzist vor allem die notwendige und größte Umsicht und Klugheit an. Vor allen Dingen darf er nicht leichthin annehmen, dass jemand von einem Dämon besessen ist, der an irgendeiner, besonders psychischen Krankheit leidet."
Aber, „er achte auch darauf, dass er nicht getäuscht werde durch die Künste und Täuschungen, die der Teufel anwendet, um Menschen hinters Licht zu führen, etwa dem Besessenen anzuraten, dass er den Exorzismus nicht anwenden lässt, seine Krankheit sei natürlich und hänge von der ärztlichen Kunst ab. Auf jede Weise soll er genau untersuchen, ob der Kranke wirklich von einem Dämon gequält wird, wenn er solches behauptet." (Nr. 14 - vgl. Fußnote 101)

Um eine richtige Entscheidung zu treffen, kann man eine Art

Typologie der Menschen erstellen, die einen Termin vereinbaren:

1. ängstliche, depressive Menschen, die traumatisierende Ereignisse in der Kindheit, in der Jugend oder im erwachsenen Alter erlebt haben. Sie haben tiefe seelische Wunden. Werden sie von einem Arzt betreut? Nehmen sie Medikamente? Sollen sie sich einer Psychotherapie oder einer Therapie für die innere Heilung unterziehen?

2. Menschen, die unter psychischen Störungen wie Schizophrenie, Hysterie, Paranoia, Halluzinationen leiden und die Gespräche führen, die auf Denkstörungen hinweisen.

3. Menschen, die unter verschiedenen Beschwerden in Folge *aktiver oder passiver Mittäterschaft* am Geheimnis des Bösen leiden. Nachdem man alles überprüft und erwogen hat, stellt man fest, dass sie eine Rückbesinnung auf die Religion und ein Gebet um Unterbrechung von Bindungen und um Befreiung benötigen. Diese Fälle scheinen am häufigsten vorzukommen und jeder Priester kann dieses Befreiungsgebet sprechen ohne die Hilfe des Priester-Exorzisten in Anspruch zu nehmen.

4. Menschen, die sich für die Opfer eines Fluches oder Verwünschung halten: „Pater, ich bin sicher, dass diese Person mir etwas Böses wünscht. Eine Wahrsagerin hat mir gesagt, dass ich einen Exorzismus brauche…". Aber Flüche sind eine Realität und kommen immer häufiger vor.

5. Menschen, die unter „spezifischen" Beschwerden leiden, die unter die Rubrik Umsessenheit oder Besessenheit fallen. (Die Betroffenen können Opfer, Komplizen oder beides zugleich sein). Diese Fälle kommen nicht sehr häufig vor, sind aber auch keine Seltenheit. Sie müssen mit „spezifi-

schen Mitteln“ behandelt werden; es ist empfehlenswert, sie zu einem Priester-Exorzisten zu schicken.

6. Menschen, die schon mehrere Exorzisten aufgesucht haben, obwohl es keinen Bedarf dafür gibt oder die eine andere Art von Gebet benötigen.

Der Exorzist kann nie vorsichtig genug sein, was die Interpretation der Beschwerden anbelangt. Er muss sich auf die Ursachen konzentrieren, um sich ein Urteil zu bilden. Die Handlung des Bösen zu erkennen, wenn es sich hinter sogenannten Krankheiten geschickt versteckt, damit es nicht entdeckt wird, gehört zum ABC, aber es ist nicht immer einfach. Das heutige Ritual (2005) verlangt, dass der Exorzist „den Fall einer Intervention des Teufels von jener Leichtgläubigkeit unterscheidet“. Aber auf der anderen Seite wird vom Exorzisten erwartet, dass er auf die List des Bösen besonders achtet, der alles unternehmen wird, um den gequälten Gläubigen zu überzeugen, dass er keinen Exorzismus benötigt. Die schönste List des Teufels ist selbstverständlich die, uns zu überzeugen, dass es ihn nicht gibt. Im Zweifelsfall – und es kommt vor – kann man die Anwesenheit des Dämons nur durch einen Exorzismus aufdecken, der als Test gesprochen wird.

70. Kann Satan Repressalien auf die Priester-Exorzisten ausüben?

Das ist es, was man in einigen Filmen wie *Der Exorzismus von Emily Rose*, sowie in *Das Ritual* (s. Frage 59) sieht. Ich glaube, dass es zum Großteil falsch ist. Der einzige bekannte Fall, wo Satan Repressalien ausgeübt hat, ist der von P. Joseph Surin, der am Exorzismus der Besessenen von Loudun im 18. Jahrhundert teilgenommen hatte. Man kann den interessanten Bericht über diesen Fall in dem *Dictionnaire de la spiritualité* lesen. Es handelt sich wahrscheinlich um einen Fall, der verschiedene Ursachen hatte. P. Surin litt unter seelischen Störungen.

Anscheinend lehnen einige Kollegen das Amt des Exorzisten ab, weil sie Angst vor den Repressalien des Dämons haben. Man kann zwar eine gewisse Befürchtung verstehen, aber sie ist nicht angemessen. Gott schützt seine Diener, die ihre Arbeit gehorsam und unter der Führung des Bischofs machen. Wir dürfen nicht vergessen, dass es der Dämon ist, der Angst vor uns hat.

Anders zu betrachten sind die erstaunlichen, aber gut dokumentierten Fälle von Heiligen, die freiwillig akzeptiert haben, unter dämonischem Einfluss zu leiden, wie Marie des Vallées (+1656 in Coutances), Jüngerin von Johannes Eudes; die Karmelitin palästinensischer Herkunft, Mirjam von Abellin (+1878 in Bethlehem); Antoine Gay, ein Laie aus Lyon (+1871).

71. Wie soll man die leidenden Menschen empfangen?

Man muss sich viel Zeit nehmen, um zuzuhören, mit Taktgefühl nachfragen und vorsichtig eine Diagnose stellen. Die meisten Menschen, die sich die Mühe machen, bis zum Priester-Exorzisten zu gelangen, sind verwirrt, verletzt, müssen beruhigt werden. Die Menschen, die nach einem Exorzismus fragen, sind häufig auf der Suche nach einer Intervention *magischer* Natur, nach einer Konsultation, die alle ihre Probleme lösen wird ohne dass sie sich wirklich engagieren müssen. Wir geben ihnen im Gegenteil von Anfang an zu verstehen, dass es um eine Glaubensangelegenheit und Bekehrung zu Jesus Christus geht: Sie haben ihn als Erlöser und Herrn ihres Lebens ausgesucht. Sie müssen also aktiv mitmachen.

Es ist wichtig, sich mit dem Schicksal der leidenden Menschen ohne Vorurteile auseinanderzusetzen. Viele haben mir erzählt, dass sie vom Priester des Pfarramts schlecht empfangen wurden und dass dieser sich nicht die Zeit genommen hat, ihnen zuzuhören. Der Empfang dieser Menschen gehört zu den Dingen, bei denen der Priester seine pastorale Barmherzigkeit voll und ganz zeigen muss.

Im Falle einer nachgewiesenen dämonischen Beeinflussung muss man dem Menschen helfen, sich nicht darauf zu fokussieren, sondern ihm erklären, dass es für ihn eine Gelegenheit ist, einen Weg der Bekehrung, der Reinigung und der Heiligwerdung einzuschlagen.

P. Emmanuel Dumont schreibt folgendes:
„Da der Dämon alles tut, um unserer Heiligwerdung entgegenzuwirken, ist es eine Tatsache, dass Gott seine Anwesenheit auf eine besondere Art und Weise ausnützt, damit wir in die Tiefe des spirituellen Lebens durch einen Weg der Reinigung, des Glaubens und der Hoffnung eindringen. Dank der dämonischen Eingriffe wachen also viele auf und werden gläubig, entdecken die Bedeutung der Sakramente, des Gebetes und der anderen Mittel für den spirituellen Kampf (Gotteswort, Fasten und Wachen, Almosen, die Hingabe an Maria…). Die Erfahrung zeigt uns, dass dies jahrelang anhalten kann, ohne dass man auf die Unterstützung der Sakramente und des Exorzismus verzichten muss.“[109]

Und er fügt hinzu, dass die gequälte Person den Sinn dieser Prüfung suchen und ihre Situation mit Zuversicht und Hoffnung betrachten muss.

„Also geht es in den meisten Fällen in der Seelensorge zuerst darum, ihnen, wie allen leidenden Menschen, zu helfen, den Weg des Glaubens und der Hoffnung wiederzufinden, indem sie sich an Christus wenden, der das Böse am Kreuz besiegt hat. Wenn man sich auf dieser Stufe befindet, wird es nicht viel daran ändern, ob es wirklich um eine dämonische Beeinflussung geht oder nicht. Die Erfahrung zeigt, dass sie, ab dem Punkt, wo sie neue Hoffnung schöpfen können, die Frage des Dämons selbst relativieren, da sie davon überzeugt sind, dass Gott auf alle Fälle das Böse ins Gute verwandeln wird. Anders ausgedrückt, die Grundfrage ist also nicht, (sofort) zu wissen, woher die Beschwerden kommen, ob sie dämonischer Natur sind oder nicht. Je nachdem wo sie sich befinden, geht es eher darum, den Aufruf, diesen Weg der Gnade zu erkennen, der sich ihnen anbietet: den Weg der Reue, der Heiligwerdung oder der Gemeinschaft mit dem erlösenden Schmerz Christi."[110]

Die Menschen, die zu mir kommen, leiden meistens unter allerlei Beschwerden: organische Störungen, die man schulmedizinisch nicht erklären kann. Sie haben alle Untersuchungen, alle Analysen gemacht, haben Fachärzte, Psychiater aufgesucht, verschiedene und teure Behandlungen – erfolglos – ausprobiert. Sie klagen über seelische Probleme, Schwierigkeiten innerhalb der Familie, systematische Blockaden im Alltag, sie können keine Initiative ergreifen. Das Schlimmste ist das Unverständnis ihres Umfelds. Es wird ihnen häufig gesagt, sie würden unter seelischen Störungen leiden.

Ich schlage ihnen vor, sich mit Vertrauen und Hoffnung an Jesus, den Arzt des voll Liebe brennenden Herzens zu wenden.

72. Welche Fragen kommen in einer Pfarrgemeinde am häufigsten vor?

In den vielen Jahren meines Amtes als Exorzist haben mich ca. 1500 Menschen aufgesucht, einige davon mehrere Male. Die meisten haben ein Befreiungsgebet benötigt, das man eventuell wiederholen musste.

Ich habe nur einige Fälle erlebt, wo die Menschen ausschließlich unter seelischen Störungen litten. Ich habe sie selbstverständlich zu ihrem Hausarzt geschickt, jedoch versucht, mich mit ihnen auf religiösem Gebiet auszutauschen. Die meisten Fälle sind mir gemischt vorgekommen, d.h. es gab eine psychische Schwäche und zugleich eine dämonische Beeinflussung. Ich habe ca. zwanzig Fälle mit eindeutiger Besessenheit und der Manifestation eines Dämons oder mehrerer gehabt. Diese Menschen, bis auf ein paar Ausnahmen, wurden nach einem Kampf befreit, der mehrere Monate gedauert hat; ein Fall ist aber nach sechs Jahren immer noch nicht komplett gelöst.

Einige Psychiater, auch Atheisten, schicken mir Patienten, deren Beschwerden unter einem medizinischen Standpunkt unerklärbar bleiben. Für die Mischfälle arbeite ich selbstverständlich mit Ärzten zusammen.

Wichtig ist es auch, das kulturelle Umfeld zu berücksichtigen. Einige Kulturen sind immer noch von der Allgegenwart der Geister geprägt, die für alle Leiden verantwortlich gemacht werden: Krankheiten, Unfälle, Todesfälle usw. Diese Menschen können schwer akzeptieren, dass es natürliche oder rein menschliche Erklärungen dafür gibt und ihr magisches Denken ist sehr mit dem Glauben vermischt. Eine solche Auffassung der Schöpfung und der Lebensumstände führt dazu, über die Verteufelung der Ereignisse zu fantasieren. Sie führt zu Lebensangst und auch dazu, die Menschen aus der Verantwortung zu entlassen. Man muss dafür sorgen, dass solche Auffassungen durch den Verstand und den Glauben gereinigt werden, sonst könnte man Zwangsgedanken und ab und zu Wahnstörungen sowie gewisse Formen von Dämonopathie[111] fördern.

73. Was ist ein Segen?

Die erste Bedeutung des Wortes „Segen“ ähnelt der des Lobs: „Gelobt sei der Herr!“ Dieser spontane Ausruf strömt aus einem Herzen, das sich der Gabe Gottes, die durch seine Güte und seine Barmherzigkeit wirkt, bewusst wird. Es ist das Lob, das aus dem Herzen Jesu strömt: „Ich preise dich Vater, Herr des Himmels und der Erde, weil du all den Weisen und Klugen verborgen, den Unmündigen aber offenbart hast“ (Mt 11,25). Es ist der Ausruf des alten Zacharias bei der Beschneidung seines Kindes, dem kleinen Johannes dem Täufer: „Gepriesen sei der Herr, der Gott Israels! Denn er hat sein Volk besucht und ihm Erlösung geschaffen“ (Lk 1,68).

Durch dieses Lob bekennt der Gläubige, dass Gott die Quelle all dessen ist, was gut, schön und richtig in seiner Schöpfung ist. Es ist auch das Lob, das wir in dem sehr schönen Kirchenlied von den drei jungen Menschen im Buch Daniel finden: „Gepriesen bist du, Herr, du Gott unserer Väter. Gepriesen ist dein heiliger, herrlicher Name“. Aber zu bemerken ist, dass sich das Lied folgendermaßen fortsetzt: „Preist den Herrn, all ihr Werke des Herrn! (…) Preist den Herrn, ihr Engel des Herrn! (…) Preist den Herrn, Sonne und Mond! (…) Preist den Herrn, aller Regen und Tau!“ (Dan 3,51-64). Dieses wunderschöne Kirchenlied geht weiter, indem alle lebendigen und nicht lebendigen

Wesen der Schöpfung erwähnt werden; alle proklamieren mit ihren Schreien oder ihrem Schweigen die Freigebigkeit und Güte Gottes. In diesem Sinne „preisen sie den Herrn".

Am Ende eines Gottesdienstes kann man eine zweite Bedeutung des Wortes hören: bei der Segnung der Gläubigen durch den Priester: „Es segne euch der allmächtige Gott…". Dieses Gebet eines Priesters, vor allem wenn er Pfarrer einer Gemeinde ist, bietet die Möglichkeit, den Schutz Gottes auf die Gläubigen auszudehnen. Anzumerken ist, dass jeder Familienvater durch ein Gebet zu Hause seine Kinder segnen kann.

74. Warum die Segnung der Gegenstände, des Hauses, des Autos? Aberglaube oder Segnung?

Was ist aber der Sinn einer Segnung, wenn es um Gegenstände oder Orte geht? Ein Tier, ein lebloser Gegenstand oder ein Ort besitzen natürlich nicht die Fähigkeit wie ein Gläubiger eine übernatürliche Gnade zu empfangen. Nur der Engel oder der Mensch ist dank seiner geistigen Natur dazu in der Lage, „capax Die", Gott in sich aufzunehmen. Einen Gegenstand oder einen Ort zu segnen, bedeutet also nicht, ihnen eine Art sogenannten geistlichen oder übernatürlichen Anstrich zu geben. Um zu verstehen, worum es geht, muss man das Wort von Simon Petrus nachlesen: „Wir wissen (…) die ganze Welt steht unter der Macht des Bösen" (1 Joh 5,19) und vom Apostel Paulus: „Er hat uns der Macht der Finsternis entrissen und aufgenommen in das Reich seines geliebten Sohnes" (Kol 1,19).

Mit der Segnung entzieht man einen Gegenstand oder einen Ort der universellen okkulten Beeinflussung des Dämons. Man versteht also die Wichtigkeit dieser Tat und wie sehr wir dafür sorgen müssen, dass die Kultgegenstände (Kreuz, Medaillons), die Mahlzeiten, die Häuser oder Fahrzeuge, Arbeitsstellen, Tiere, regelmäßig die entsprechenden Segnungen erhalten. Also, warum sollte man sich wundern, dass der Dämon gesegnete Gegenstände, vor allem Weihwasser nicht ausstehen kann? Es ist, weil sie seiner Gewalt entzogen wurden und ihm naturgemäß nicht mehr unterstehen. Das Gleiche gilt für die Reliquien der Heiligen. Es sind Beweise ihrer Heiligkeit und das Böse kann sie nicht ertragen. Für die Menschen sind die Segnungen Sakramentalien, d.h. „heilige Zeichen. (…) Durch diese Zeichen werden die Menschen darauf vorbereitet, die eigentliche Wirkung der Sakramente aufzunehmen; zugleich wird durch solche Zeichen das Leben mit seinen verschiedenen Gegebenheiten geheiligt.“[112]

Warum sollte man ein Haus segnen lassen? Die Infestation eines Ortes ist meistens eine Folgeerscheinung schlechter Handlungen der gegenwärtigen oder der früheren Bewohner (Magie, Hexerei, Folterungen usw.). Auch wenn diese Menschen nicht mehr dort wohnen und solche Praktiken nicht mehr angewendet werden, können einige böse Geister immer noch eine lokale Beeinflussung ausüben (s. Fall 1 von Infestation S. 66).

Es ist also wichtig, den Priester, normalerweise den Pfarrer der Gemeinde, um einen Besuch zu bitten, damit er den betroffenen Ort segnet. Empfehlenswert ist auch, dass all diejenigen Menschen anwesend sind, die dort wohnen. Dies ist umso wichtiger, weil einige über die Risiken manch fragwürdiger Praktiken nicht informiert sein könnten. Man muss die Gelegenheit nutzen, um sie aufzuklären und sie über den religiösen Sinn der Segnungen zu unterrichten. Man muss vor allem die Wohnorte segnen, die unter okkulter Behaftung stehen könnten.

75. Kann man ein Exorzismusgebet aus der Entfernung sprechen?

Ich spreche häufig Exorzismusgebete aus der Entfernung für die Menschen, die ich nicht erreichen kann oder die mir anvertraut wurden. Ist die Person nicht vor Ort oder nicht in der Lage, zu mir zu kommen, so ist es möglich – im Falle ihrer Abwesenheit – für sie zu beten. Auf diese Art und Weise konnten die Blockaden in einigen Situationen überwunden werden. Wahrscheinlich wird aber die Wirkung nicht die gleiche sein.

Ich akzeptiere zum Beispiel für folgende Menschen einen Versuch zu machen: Menschen, die sich im Gefängnis oder in einer psychiatrischen Anstalt in der näheren Umgebung befinden. Ich habe den Eindruck, dass an diesen Orten des Leidens die Dämonen zu den psychischen und seelischen Beschwerden dieser Menschen sehr stark beitragen. Auf diese Art und Weise können wir sie besuchen, wie unser Herr es uns aufgetragen hat: „Ich war fremd (…) und ihr habt mich aufgenommen (…), ich war im Gefängnis und ihr seid zu mir gekommen“ (Mt 25,35-36).

76. Muss ein Exorzismusgebet individuell sein oder kann es in einer Gruppe gesprochen werden?

Liest man die Vorbemerkungen des Rituals (2005), so ist es eindeutig, dass das Exorzismusgebet eine individuelle Angelegenheit sein muss. Jeder Fall ist einzigartig und verlangt die volle Aufmerksamkeit des Priester-Exorzisten. Es ist auf alle Fälle empfehlenswert nur wenige Personen in dieses Gebet mit einzubeziehen: „Wenn an der Exorzismushandlung doch einige Gläubige teilnehmen sollen, möge er sie ermahnen, dass sie gern für ihren geplagten Bruder beten, sei es persönlich oder nach der im Ritus angegebenen Weise“ (Nr. 35) (vgl. Fußnote 101). Im Fall einer Besessenheit muss also das Gebet individuell sein: Vertraulichkeit ist für diesen besonders schwierigen Moment die Voraussetzung.

Ein kollektives Gebet hat den Nachteil, gruppendynamische Phänomene zu verursachen. Außerdem gibt der Dämon gerne an. In Anwesenheit zu vieler Menschen kann er versuchen, spektakuläre Manifestationen zu veranstalten (Schreie, Konvulsionen, Trancezustände usw.) ohne auf seine Beeinflussung der Person zu verzichten. Dies ist der Grund, warum ich mir Fragen über die Wirksamkeit so mancher Befreiungssitzungen stellen muss, die von einigen evangelikalen Christen praktiziert werden.

77. Das Befreiungsgebet: Welche Hindernisse gibt es und welche Entscheidungen muss man treffen?

Das Haupthindernis für ein Befreiungsgebet ist der Mangel an religiöser Bekehrung, d.h. wenn man in seinen üblichen Sünden verweilt, sich nicht aus einer unreinen Situation befreit, die im Gegensatz zum Evangelium steht, wie nichteheliches Zusammenleben, häufiger Partnerwechsel, aktive Homosexualität; nachtragend sein gegenüber den Nahestehenden. Häufige und gravierende Hindernisse sind das Ablehnen der Verzeihung und wenn der Mensch seine Sünden seinem Nächsten gegenüber (Lästerung, Verleumdung, Erbangelegenheiten usw.) nicht wiedergutmacht.

Wie soll man sich vorbereiten? Die Lösungen sind einfach, aber anspruchsvoll. Zuerst braucht es eine gewisse Disziplin: Man muss sich vor allem auf eine wahrhaftige Beichte vorbereiten, bei der man die verschiedenen Aspekte seines persönlichen, familiären, sozialen Lebens anschauen muss. Dann sollte man jeden Monat zur Beichte gehen, jeden Tag beten und am Sonntag zum Gottesdienst gehen. Die geschiedenen Menschen, die wieder verheiratet sind, müssen versuchen wie Schwester und Bruder zu leben, um die Sakramente empfangen zu können. Und zum Schluss, ein Wort Gottes über die Vergebung: „Wenn ihr den Menschen ihre Verfehlungen vergebt, dann wird euer himmlischer Vater auch euch vergeben“ (Mt 6,14).

Welche Entscheidungen muss man treffen? „Geht durch das enge Tor! Denn das Tor ist weit, das ins Verderben führt, und der Weg ist breit und viele gehen auf ihm. Aber das Tor, das zum Leben führt, ist eng, und der Weg dahin ist schmal und nur wenige finden ihn“ (Mt 7,13-14).

Es ist also empfehlenswert, ein Leben zu führen, in dem das Gebet Vorrang hat, d.h. morgens und abends beten. Die Gebete müssen mit Ernsthaftigkeit und in Ruhe gesprochen werden, damit sie an Tiefe gewinnen. Es dürfen weder Lippenbekenntnisse noch halbherzige Gebete sein;

– sich dafür entscheiden, immer nach dem Willen Gottes zu fragen und seine Liebesbefehle zu achten (vgl. Dtn 5,1-22; Mt 5,6,7);
– das Sakrament der Firmung, wenn noch nicht erhalten, verlangen;
– auf die weltlichen Nichtigkeiten verzichten;
– sich anständig kleiden;
– mit Vernunft fernsehsehen und mäßig im Internet surfen; einige Medien lassen uns viel Zeit verschwenden und bieten teilweise schädliche Programme an, wie Pornographie, Erotik, Gewalt;
– wenn möglich regelmäßig fasten;
– eine ehrliche Hingabe an die Hl. Jungfrau und jeden Tag den Rosenkranz beten, sowie sie es in Fatima verlangt hat;

– seinen Glauben durch Meditation über das Wort Gottes, über die Worte der Heiligen und über unsere Mutter Kirche vertiefen.

78. Welche Empfehlungen soll man der vom Dämon gequälten Person geben?

Der Mensch muss sich in drei Richtungen weiterentwickeln Bekehrung, Befreiung und Heilung. Man muss ihn daran erinnern, dass er sich nicht auf sein dämonisches Problem fokussieren darf, sondern sich immer mehr an Jesus Christus wenden muss, der diese schwierige Prüfung zulässt, genauso wie eine Krankheit eine schwierige Phase sein kann, um im Glauben und in der Liebe zu wachsen.

Sein spiritueller Kampf besteht nicht darin, gegen die dämonische Beeinflussung zu kämpfen, sondern aktiv in seinem Glauben durchzuhalten. Es ist ratsam, ihm zu erklären, auch wenn dieses Gespräch besonders schwierig ist, dass seine Leiden nicht nutzlos sind, da sie für ihn ein Weg zur Heiligkeit sind. Wenn er akzeptiert, sie großzügig zu schenken, können sie sich mit dem Geheimnis der Erlösung für das Wohl der Menschen vereinigen. Man muss ihn ermahnen, viel und vor allem zur Heiligen Jungfrau zu beten (persönliches Gebet, Anbetung, Rosenkranz), die Sakramente der Versöhnung und der Eucharistie (wenn möglich, täglicher Gottesdienstbesuch) zu empfangen. Er muss mit jeder Form von nicht-ehelicher Lebensgemeinschaft brechen; ein aufrichtiges moralisches Leben führen, indem er jede Gelegenheit zum Sündigen vermeidet. Er muss sich jeden Tag tapfer dem spirituellen Kampf stellen. Man kann ihm Weihwasser, exorzisiertes Öl, Weihwasser aus Lourdes zum Trinken geben. Wenn die Person im Alltag von einem gläubigen und erfahrenen Laien aus der Pfarrgemeinde begleitet wird, der ihn – zumindest am Anfang – durch seine regelmäßige Anwesenheit unterstützt, wird diese beharrliche Arbeit erleichtert.

Man stellt mir häufig folgende Frage: Warum kann man nicht das Sakrament der Krankensalbung der vom Dämon gequälten Person geben? Ja, es ist richtig, die Krankensalbung ist für die Menschen gedacht, die unter einer schweren Krankheit leiden, die ihr körperliches Leben gefährdet. Ich glaube, dass diese Bedingungen erfüllt sind, wenn sich der Mensch in einem Zustand tiefer Depression befindet, der zur suizidalen Neigung führen könnte. Die Geister des Todes treiben zum Selbstmord. Die Krankensalbung stellt eine gute Methode dar, um sie zu bekämpfen.

79. Wie soll man die leidenden Menschen befragen, die mit der Bitte um einen Exorzismus zum Priester kommen?

Zuerst teilt uns der Betroffene seine Beschwerden mit, dann versuchen wir, herauszufinden, ob ein dämonischer Einfluss vorliegen könnte. Es funktioniert selten nach dem Alles-oder-Nichts-Prinzip: entweder eine dämonische Bindung oder eine seelische Belastung. Beides kann gleichzeitig vorhanden sein und muss zusammen mit der Hilfe eines Arztes behandelt werden. Als Vorsichtsmaßnahme muss man ganz genau überprüfen, ob die festgestellten Beschwerden ausschließlich eine natürliche, medizinische oder psychologische Ursache haben. Wenn man zu dem Schluss kommt, dass die Beschwerden sehr wahrscheinlich übernatürlicher Herkunft sind, überprüfen wir, ob es *Eintrittspforten* für das Böse gibt, die auf Grund seines eigenen Verhaltens oder auf Grund seines Umfelds entstanden sind. Dies ermöglicht uns, die problematischen Praktiken der Person zu identifizieren und zu erfahren, welche Menschen verwickelt sind.

Das Befreiungsgebet führt zu einer *Durchtrennung von Bindungen* mit fragwürdigen Personen und zur Befreiung von den als böse erkannten Geistern. Dieses Befreiungsgebet stellt den ersten Schritt ihrer spirituellen Entwicklung dar, aber nur wenn sie durch ein persönliches beharrliches Gebet mitwirken.

Wenn der Betroffene die Beichte ablegt und sich okkulter Praktiken oder schwerer Laster (Alkohol, Drogen, Sex) bezichtigt, muss man ihm unbedingt ein Befreiungsgebet anbieten. Auch wenn es uns überrascht, aber die Gnade des Sakramentes ist nicht ausreichend, um ihn von den aufgenommenen dämonischen Bindungen vollständig zu befreien.

Es ist gut, sich folgende Fragen zu stellen:

- Ist der Glaube der Person gestört (Zwangsgedanken, Gotteslästerungen, Zweifel, Entmutigung oder Empörung)?
- Wie sieht es mit dem Glauben, mit den Sakramenten aus?
- Wenn die Person Stimmen hört, was sagen sie?
- Sind diese Beschwerden vor kurzem aufgetreten?
- Sind sie nach einem bestimmten Ereignis eingetreten (exogene Ursache)?
- Gab es schon Vorfälle psychischer Art bei ihr, in ihrem Umfeld oder in der Familiengeschichte, wie Depression, Suizid, Tetanie, Neigung zu Krampfanfällen, Epilepsie, Zwangsstörung, Aufenthalt in einer psychiatrischen Anstalt?
- Hat sie in ihrer Kindheit oder in ihrer Jugend Gewalt erlitten oder wurde sie sexuell missbraucht?

Hat sie schwere psychische Schocks erlebt?
Leidet sie unter beinahe unüberwindlichen Versuchungen, die Zwangshandlungen zur Folge haben?

Dann muss man je nach Ursache unterscheiden:
Gibt es jetzt oder gab es früher nachvollziehbare Gründe für eine dämonische Beeinflussung?
Gibt es eine Eintrittspforte auf okkulter Ebene, schwerwiegende Laster, Hochsensibilität usw.?

Wenn einige dieser Merkmale vorhanden sind, besteht die Möglichkeit, dass die Beschwerden dämonischer Herkunft sind. Sollte das nicht der Fall sein, werden die Beschwerden als psychisch eingestuft.

Die entscheidenden Fragen bei meinem ersten Treffen mit dem Menschen, der zu mir kommt, sind folgende:
Familienstand (verheiratet, ledig, geschieden…)
Wurden Sie getauft?
Welcher Pfarrgemeinde gehören Sie an?
Stehen Sie in Kontakt mit einem Priester?
Welche Sakramente haben Sie erhalten?
Beten Sie regelmäßig?
Wie läuft Ihr religiöses Leben ab?
Haben Sie einen Arzt[113], einen Allgemeinmediziner, einen Psychiater konsultiert?
Leiden Sie unter chronischer oder immer wiederkehrender Depression oder einer anderen Krankheit?
Welche Medikamente nehmen Sie (Anxiolitika, Antidepressiva, Betablocker, usw.)?

Ich betone, dass der Wunsch der Bekehrung bei den Menschen vorhanden sein muss.
Mit folgenden Fragen suche ich nach den Symptomen:

Unter welchen Beschwerden leiden Sie?
Empfinden Sie eine Aversion gegen das Heilige?
Besteht eine Abneigung gegen die theologischen Tugenden wie Glauben, Hoffnung und Nächstenliebe; Zweifel, Mangel an Hoffnung auf Gott, Entmutigung, Zorn, Gotteslästerung; Widerwille gegen das Gebet, die Lektüre des Wortes Gottes, das Betreten einer Kirche; Empfindlichkeit gegenüber dem Weihwasser, den Reliquien, der Anrufung: „Oh, Maria, ohne Sünde empfangen…"?
Unter welchen körperlichen und psychischen Beschwerden leiden Sie?
Gibt es körperliche Manifestationen, Schmerzen, zeitweise auftretende Lähmungserscheinungen, Kopfschmerzen, eisige Kälte oder ein Verbrennungsgefühl, Zysten, Tumoren, Zittern, Schlaflosigkeit, Alpträume, Zwangsgedanken, Zwangsstörungen, Ticks, Kommunikationsstörungen, plötzlich auftretende Wutanfälle, Aggressivität den Nahestehenden gegenüber?
Haben Sie wiederkehrende Misserfolge in Ihrem Leben festgestellt: in der Arbeit, in ihrem Privatleben etc.?
Hören Sie Stimmen, die sonst keiner hört?
Haben Sie den Eindruck, beobachtet zu werden, auch wenn Sie alleine sind?
Haben Sie den Eindruck, dass jemand Sie anfasst?
Sehen Sie Schattengestalten, Menschen, die körperlich nicht anwesend sind?
Haben Sie den Eindruck, dass seltsame Dinge im Hause geschehen?
Gibt es Geräusche von Schritten, unnatürliche Ansammlung von Staub, Gerüche, Dinge, die sich bewegen oder verschwinden, wiederkehrende Störungen der Elektrogeräte, der Computer, der Autos?
Haben Sie verdächtige Gegenstände im Hause (im Kopfkissen, in den Matratzen) gefunden oder tote Tiere?

Dann frage ich nach den *Praktiken* (s. Frage 46 S.153), die die Person oder ihre Ahnen hätten anwenden können.

Nachdem ich dem leidenden Menschen lange zugehört und alles genau dokumentiert habe, ist es jetzt Zeit, mir einen ersten Überblick über die Situation zu verschaffen: Entweder sind keine dämonischen Bindungen vorhanden und die Beschwerden sind anderer Natur; oder es besteht tatsächlich eine Beeinflussung, auch wenn diese als nicht schwerwiegend betrachtet wird. In diesem Fall ist ein Befreiungsgebet ausreichend. Oder man geht davon aus, dass die Beeinflussung stark ist, vor allem dann, wenn sie schon lange vorhanden ist. In diesem Fall werden wahrscheinlich mehrere Exorzismusgebete nötig sein.

Es ist zwingend notwendig, der Person in Ruhe zu erklären, wie man zur dieser Schlussfolgerung gekommen ist und wie dieses Gebet ablaufen wird. Man muss sich selbstverständlich vergewissern, dass der Mensch, in der Regel ein getaufter Katholik, an Jesus Christus glaubt.

Wenn der Bedrängte einer anderen christlichen Religion angehört oder nicht getauft ist, muss man überprüfen, ob er gläubig ist und nichts dagegen hat, dass man im Namen Jesu des Erlösers und der katholischen Kirche betet. Wenn möglich, sollte man ihm das Sakrament der Versöhnung anbieten, das sich als sehr wirksam erwiesen hat, um den Betroffenen auf den Weg der Befreiung und zur Bekehrung zu führen. Der ideale Platz für solche Gebete ist eine Kapelle mit Jesus im Tabernakel. Hier kann man sich in Ruhe mit dem Gequälten alleine zurückziehen. Die Anwesenheit Gottes in der Eucharistie kommt mir unentbehrlich vor, weil Jesus Christus selbst durch die vom Priester gesprochenen Gebete handelt.

80. Wie soll ein Befreiungs- oder Exorzismusgebet nach dem *Rituale Romanum* ablaufen?

Der *Katechismus der Katholischen Kirche* bittet uns inständig, mit der Anwendung des großen Exorzismus vorsichtig umzugehen. Er dient dazu, „Dämonen auszutreiben oder vom Einfluss von Dämonen zu befreien und zwar kraft der geistigen Autorität, die Jesus seiner Kirche anvertraut hat."[114] Der „Große Exorzismus darf nur von einem Priester und nur mit Erlaubnis des Bischofs vorgenommen werden."[115] „Folglich ist es wichtig, dass man, bevor man einen Exorzismus vornimmt, sich Gewissheit darüber verschafft, dass es sich wirklich um die Gegenwart des bösen Feindes und nicht um eine Krankheit handelt."[116]

Um welchen Fall es sich auch handeln möge, ich beginne immer mit den Vorgebeten aus dem Ritual, Kreuzzeichen mit Weihwasser, Heiligenlitanei, Psalmen, Evangelium, Absage an das Böse und Glaubensbekenntnis, das Vaterunser, die Kreuzauflegung, Anblasen. Ich glaube, dass es, von ein paar Ausnahmen abgesehen, ein Fehler ist, darauf zu verzichten und sofort mit den Exorzismusformeln anzufangen.

Im Laufe des ersten Befreiungsgebets[117] kann es sein, dass die Person wenig bzw. gar keine Reaktionen aufweist. In diesem Fall höre ich dann auf und ermutige sie, Gott weiterhin Vertrauen zu schenken, beharrlich mit den Gebeten fortzufahren und ich gebe ihr das Büchlein *Prières pour être délivré de l'esprit du mal*[118], das genaue Anweisungen über das christliche Leben gibt. Ich bitte sie darum, mich auf dem Laufenden zu halten und wenn nötig einen weiteren Termin zu einem späteren Zeitpunkt mit mir zu vereinbaren.

Auch wenn es sich nur um ein einfaches Befreiungsgebet handelt, ist es ab und zu nötig, es zu wiederholen. Es ist wichtig, den Besucher zu seinem Pfarrer oder zu seiner Pfarrgemeinde zu schicken, damit er einen Ort findet, an dem er gut aufgenommen wird, wo man ihm hilft und ihn in seinem Glauben stärkt. Nach einer Befreiung befindet man sich in einer Rekonvaleszenzphase mit der ganzen Verletzbarkeit, die dazu gehört. Ein Rückzug in ein *Foyer de Charité*[119], die Ignatianischen Exerzitien, eine Sitzung für innere Heilung können von Nutzen sein, um den psychischen und spirituellen Zustand des Betroffenen zu festigen.

Im Falle von heftigen Reaktionen kann es aber sein, dass man mit den Exorzismusformeln anfangen muss. Es ist im Interesse des Dämons, sich zu verstecken und das ist es, was er üblicherweise macht. Der spirituelle Druck des Gebets allein kann ihn dazu zwingen, sich zu zeigen. Dann wird man das Ritual ab Nr. 60 befolgen: die deprekative Formel (Bittgebet an Gott) und dann die imprekative Formel (Beschwörung des Dämons)[120].

Wenn der Exorzismus länger dauern muss, was häufig der Fall ist, muss man die ergänzenden Exorzismusformeln Nr. 81 bis 84, d.h. die deprekativen und imprekativen Formeln sprechen. Diese Gebete können sich mit der Lektüre von Psalmen aus dem Evangelium, Litaneigebeten (Litanei vom kostbaren Blut Christi, vom Heiligsten Herzen Jesu, von der Heiligen Jungfrau Maria usw.) abwechseln.

Nach den Gebeten können zum Beispiel Lobgesänge und Lieder zum Heiligen Geist folgen. Das Gebet dauert häufig länger als eine Stunde, ab und zu sogar mehrere Stunden. Meiner Erfahrung nach geschieht eine Befreiung selten nach dem ersten Exorzismus. Man muss es so oft wie nötig wiederholen, vor allem wenn die Bedrängung schon lange, manchmal seit der Kindheit, besteht.

Die Exorzismusformeln können entweder in der Muttersprache oder auf Latein gesprochen werden. Ich persönlich ziehe die lateinische Sprache vor, nicht weil es wirksamer ist, sondern um die bedrängte Person nicht mit Formeln zu beeindrucken, die sie psychisch belasten könnten oder eine gewisse Autosuggestion provozieren könnten. Es erlaubt auch den Menschen, die mir zur Seite stehen, den Rosenkranz halblaut beten.

Die vom Dämon verursachten Manifestationen sind vielfältig: heftige Gebärden, Körperbewegungen, Husten, Rülpser, Gähnen, Erbrechen. Es können auch Worte kommen: Beschimpfungen, Flüche, Spucke, Drohungen gegen den Exorzisten. Man darf keine Rücksicht darauf nehmen und weiterhin in Ruhe beten. In der Regel wechseln sich diese Manifestationen mit einem Zustand ab, in dem der Bedrängte normal ist; es gibt ein ständiges Hin und Her zwischen der Persönlichkeit der Person und der des Dämons, das von einer Sekunde auf die andere geschieht. Es handelt sich um einen *diskontinuierlichen Vorgang*. So ist es uns möglich, diesen Zustand von einer Krise psychiatrischer Natur zu unterscheiden, die einen kontinuierlichen Charakter aufweist. In der Regel weiß der Betroffene, dass er die Kontrolle über sich verloren hat. Er kann sich nicht mehr daran erinnern, was geschehen ist (Gebärden, Worte), als er unter dämonischer Beeinflussung stand. Zum Glück könnte man sagen! Läuft der Priester-Exorzist Gefahr, angegriffen zu werden? Nein, aber es können harmlose Kollateralschäden entstehen, die auf die unruhige Gestik des Bedrängten zurückzuführen sind.

Kollegen, die länger als ich im Dienst sind, haben mich die Praktik der Handauflegung gelehrt mit der Anrufung:

„Böse Geister, ich bedecke euch mit dem Blut Christi, mit

dem Blut des unschuldigen und erlösenden Lammes, des sehr reinen Blutes, empfangen von der Allerheiligsten Jungfrau Maria; ich bedecke euch mit dem während Seiner Agonie vergossenen Blut Jesu, mit dem während der Geißelung vergossenen Blut Jesu, mit dem aus Seiner Dornkronen vergossenen Blut Jesu… ihr seid von diesem Blut besiegt…"; und dann „Böse Geister, ihr werdet gehen: Die Heilige Jungfrau befiehlt es euch… mit Ihrer Unbefleckten Empfängnis, mit Ihrer makellosen Reinheit, mit Ihrer ewigen Jungfräulichkeit" usw.

Je nach Fall verwende ich das für die Krankensalbung geweihte Öl oder das Öl von Notre-Dame-du Laus oder das vom Heiligtum des hl. Josephs von Québec, das vor allem auf Tätowierungen und auf die fünf Sinne aufgetragen wird. Die auf den Köper gelegten Reliquien können zur Befreiung beitragen. Warum soll man den Menschen nicht auffordern, den Heiligen Geist „den Finger Gottes" (Lk 11,20) zu loben, ihm ein Lied zu singen, zu beten? Warum sollte man ihn nicht ermutigen, den Dämon im Namen Jesu und Marias selbst auszutreiben? Eine Segnung mit der geweihten Hostie, die die wahre Anwesenheit verkörpert, kann auch mit Vorsicht und Respekt gemacht werden. Diese Hostien werden in einer Pyxis[121] aufbewahrt.

Für die sehr schwierigen Fälle ist es unentbehrlich, sich von anderen Leuten helfen zu lassen: Kollegen, Priester, Diakone, erfahrene Laien. Aber es dürfen nur wenige Menschen dabei sein. Sie werden mit Taktgefühl die bedrängte Person durch ihre Gebete unterstützen. Selbstverständlich ist jede Art von ungesunder Neugier untersagt. Und sie müssen sie beruhigen: Es ist weder ansteckend noch gefährlich! Einige Charismen können sehr nützlich sein: Gebet in Sprachen, Wort der Kenntnis, Charisma des biblischen Textes (s. Frage 88, S. 243). Wenn man eine körperliche Schwäche des Betroffenen befürchtet, darf man nicht zögern, einen Arzt zu rufen. Es ist natürlich äußerst wichtig, die Anwesenden über die Vertraulichkeit dieses Gebets aufzuklären.

In den Vereinigten Staaten muss die bedrängte Person ein Dokument unterschreiben, in dem sie bestätigt, dass sie sich dem Exorzismus auf eigene Gefahr unterzieht. Es ist in Frankreich nicht üblich, aber in manchen Fällen ist es empfehlenswert, ein solches Dokument zu haben. Die Person erklärt, dass sie mit den Gebeten einverstanden ist und dass sie die komplette Verantwortung eventueller psychischer und physischer Folgen übernimmt.

Man beendet die Sitzung mit einem Dankgebet, dem Lobgesang Magnifikat, einer Segnung. Einige Fälle benötigen Dutzende von Treffen, die sich über Monate, sogar Jahre hinziehen können.

Ein allgemein verbreiteter Glaube besagt, der Dämon wäre in der Lage, die Sünden einer anwesenden Person während des Exorzismus zu enthüllen. Ich selbst habe so etwas nie erlebt, aber ich habe den Eindruck, dass es möglich wäre, wenn sich eine Person in einem Zustand der Sünde, sprich einem Zustand der nicht gebeichteten Todsünde, befindet.

81. Wenn es explizite Manifestationen des Dämons gibt, kann man ihn befragen?

Es wird in den Vorbemerkungen des Rituals 2005 darüber nicht gesprochen. Im Ritual des Jahres 1614 wird es sehr schlicht erwähnt. „Notwendig aber sind die Fragen z.B. über Zahl und Namen der Geister, über die Zeit, in der sie von dem Kranken Besitz ergriffen haben, über die Ursache und anderes dergleichen.“ Ich persönlich stelle selten dem

Dämon Fragen, auch wenn die Kenntnis seines oder seiner Namen, die Befreiung vereinfachen kann. Der Dämon ist ein Lügner und er ist mit allen Wassern gewaschen! Größte Vorsicht ist angesagt und jedes Gespräch zu vermeiden, da er versucht, den Exorzisten von seiner Hauptbeschäftigung abzulenken: die Befreiung von der dämonischen Beeinflussung.

82. Wie kann man generationsübergreifende Bindungen brechen?

Auf der spirituellen Ebene kann man – was uns in diesem Fall interessiert – die vererbten dämonischen Bindungen durch ein Befreiungsgebet und wenn nötig ein Exorzismusgebet brechen. Es ist auch denkbar, eine Messe für die Befreiung von diesen Bindungen zu lesen. Die Kirche hat immer das Messopfer für die Lebenden wie auch für die Verstorbenen erlaubt. Man kann also um die Bekehrung eines Familienmitgliedes sowie um seine Heilung oder seine Befreiung nachfragen[122]. Dieses Vorgehen ist absolut gerechtfertigt.

Wenn wir eine Heilige Messe für die Verstorbenen lesen, müssen wir uns über die Konsequenzen, die die Erbsünde Adams auf unser Leben hat, bewusst werden.

Bezüglich der Erbsünde steht im *Katechismus der Katholischen Kirche* folgendes:

„Sie ist eine Sünde, die durch Fortpflanzung an die ganze Menschheit weitergegeben wird, nämlich durch die Weitergabe einer menschlichen Natur, die der ursprünglichen Heiligkeit und Gerechtigkeit ermangelt. Deswegen ist die Erbsünde ‚Sünde' in einem übertragenen Sinn: Sie ist eine Sünde, die man ‚miterhalten', nicht aber begangen hat, ein Zustand, keine Tat."[123]

Aber man kann im nächsten Kapitel folgendes lesen: „Indem die Taufe das Gnadenleben Christi spendet, tilgt sie die Erbsünde und richtet den Menschen wieder auf Gott aus, aber die Folgen für die Natur, die geschwächt und zum Bösen geneigt ist, verbleiben im Menschen und verpflichten ihn zum geistlichen Kampf."[124]

Was unsere generationsübergreifenden Bindungen anbelangt, so besteht eine gewisse Abhängigkeit von diesem Erbe im positiven wie im negativen Sinne. Alles was von unseren Ahnen als gut erlebt wurde, wird für uns positive Auswirkungen haben; die Sünden unserer Vorfahren können aber einen negativen Einfluss auf uns und auf unsere Familie haben. Außerdem können sich einige unserer Verstorbenen in einer schmerzhaften Lage im Fegefeuer befinden. Es ist unsere Pflicht für sie zu beten.

Die Feier der Eucharistie bietet den Gläubigen die Möglichkeit, durch Christus im Namen seines heiligen Opfers von ihren Sünden gereinigt zu werden. Die verletzten Seelen werden geheilt, die Verbindung zwischen Gott und den Familienangehörigen, ob lebend oder tot, wird wieder hergestellt.

Wie soll man vorgehen?

Man kann zuerst eine Familienbiografie erstellen, in der man so ausführlich wie möglich angibt, was man über die einschneidenden Vorkommnisse der Ahnen weiß:

– jene, die durch die Teilnahme an heidnischen Riten, in alte oder neue Götzendienste verstrickt waren, die Mitglieder von Sekten oder Geheimbünden (wie Freimaurer, Rosenkreuzer) gewesen sind;

– diejenigen, die sich dem Kult des Geldes, der Wollust, der Macht usw. unterworfen haben;

– Verwandte, die okkulte Praktiken angewendet haben, die den dunklen Kräften dienen: Hellsichtigkeit, Wahrsagerei, Astrologie, Spiritismus, Totenbeschwörung, weiße oder schwarze Magie; diejenigen, die die Unterstützung von Hexen, Fetisch-Herstellern, Marabuts gesucht haben, oder sich von Heilern haben behandeln lassen, die okkulte Praktiken anwendeten;

– diejenigen, die suchtkrank gewesen sind: Alkohol, Drogen, Spiel, Pornographie, Sex oder andere Suchterkrankungen;

– Vorfahren, die fragwürdige Sexpraktiken betrieben: Unzucht, Ehebruch, außereheliche Geburt, Perversion und sexuellen Missbrauch, aktive Homosexualität, Inzest;

– Familienangehörige, die Opfer oder Täter schwerwiegender Gewalttaten gewesen sind: Misshandlungen, Sklaverei, Ausgrenzung, Mord, Suizid, Euthanasie, Abtreibungen;

– Entzweiungen, Hass innerhalb der Familie oder des Stammes, Streitigkeiten um das Erbe, Verweigerung der Vergebung, zyklische Weitergabe von Racheakten an Nachkommen.

Alle festgestellten lasterhaften Praktiken werden auf einem Blatt vermerkt. Es werden zum Beispiel nur die Initialen der Menschen notiert, damit die Vertraulichkeit beibehalten wird. Man kann dieses Blatt während des Gottesdienstes auf den Altar legen und es wird danach symbolisch verbrannt.

Es ist wünschenswert, dass so viele Nachkommen wie möglich am Gottesdienst teilnehmen; sie müssen zuerst den Schritt der persönlichen Reue machen und das Sakrament der Vergebung bekommen haben. Die lebenden Familienangehörigen müssen vorher versuchen, sich zu versöhnen.

Eine Erklärung des Priesters, der den Gottesdienst hält, wird den geistlichen Sinn und die Absicht dieser Messe vergegenwärtigen: das Beten für die Seelen der Verstorbenen, die noch im Fegefeuer sind; das Beten für die Lebenden, damit sie die Gnade der Bekehrung, der Befreiung von den dämonischen Bindungen, der spirituellen Heilung und der Versöhnung innerhalb der Familie erhalten. Man muss sie vorwarnen, es gibt keine Magie dabei.

Wie läuft die Liturgie ab?[125]

Eine Einführung mit einer kurzen Erklärung über das Heilige Messopfer und über seine erlösenden Wirkungen ist nie überflüssig. Vor dem Gottesdienst kann man auch die Heiligenlitanei beten, in der man vor allem die Schutzpatrone der lebenden oder verstorbenen Gläubigen anruft, für die man die Messe liest.

Man kann das Gottesdienstformular für die Verstorbenen, vom Heiligen Blut Christi oder für das Fest der Heiligen Familie nehmen. Wenn der Priester die Erlaubnis bekommen hat, sucht er angebrachte biblische Texte aus.

Zum Schluss kann es sinnvoll und pädagogisch wertvoll sein, das Versprechen der Taufe zum Beispiel vor der Gabenbereitung (Absage an das Böse und Glaubensbekenntnis) zu wiederholen. Man kann die Vergebung I und II[126] für das Vorwort und das eucharistische Gebet nehmen. Wenn nötig kann man diese Messe in Form einer Novene wiederholen.

Man muss aber vermeiden, dass diese Liturgie von der Familie als eine „magische" Möglichkeit betrachtet wird, um alle Familienprobleme zu lösen. Der Priester, der diese Vorgehensweise anbietet, muss sich dessen vergewissern und klarstellen, dass dieser im Glauben gelebte Gottesdienst ausschließlich zwei übernatürliche Ziele hat: zur Bekehrung der Gläubigen beitragen und sie von den Bindungen zu befreien, die sie eventuell von ihren Vorfahren geerbt haben; man muss für die Ahnen beten, die sich im Fegefeuer befinden.

Die Familienaufstellungen[127]

Heutzutage entscheiden sich viele Menschen für eine Familienaufstellung, um generationsübergreifende Bindungen zu lösen.

Es handelt sich um ein neues Verfahren mit interessanten Ansätzen, ist aber ziemlich umstritten und schlecht reglementiert. Es kommt nicht selten vor, dass die Organisatoren solcher Sitzungen mangelhafte oder gar keine Kenntnisse in Psychologie haben, bzw. ein für dieses Verfahren nicht geeignetes Wissen aufweisen. Auf Grund der unzureichenden Ausbildung des Behandlers können schwere psychische Belastungen auftreten.

Außerdem machen einige dieser Therapeuten kein Geheimnis aus ihrem Draht zum Okkultismus oder New Age (Chanelling, Reinkarnation, Wahrsagerei).

Diese Sitzungen sind gefährlich, weil es häufig darum geht, Kontakt mit verstorbenen Vorfahren aufzunehmen (vgl. dazu Dtn 18,10-11). Die „Therapeuten“ lassen nicht mehr Tische rücken, sie arbeiten aber mit den anwesenden Personen evtl. auch mit Gegenständen wie Kissen, Heilsteinen. Wir sind dann vom Spiritismus nicht weit entfernt. Es kann für die spirituelle Gesundheit des Klienten katastrophale Folgen haben.

Was den Einfluss unserer Ahnen auf uns selbst angeht, s. Frage 42 und Anhang 8 und 9.

83. Kann man in einer Sitzung befreit werden?

Wenn es um leichte Bindungen geht, ist es durchaus möglich, auf einmal befreit zu werden. Bei den meisten Fällen, die ich gesehen habe, handelte es sich um eine leichte Beeinflussung.

Meiner Erfahrung nach kommt es im Falle einer Besessenheit – was natürlich nicht der absoluten Wahrheit entspricht – selten vor, dass der Mensch auf einmal befreit wird (s. Fall von Tania S. 61, Fall von Marinette S. 37). Die Exorzisten haben im Allgemeinen festgestellt, dass der Befreiungsprozess Monate bis Jahre dauert.

Dann gibt es Menschen, die nur teilweise befreit werden. Man muss also akzeptieren, dass es zu ihrem Kampf, ihrem Kampf der Liebe, zu ihrem Weg zur Heiligkeit gehört, wie es bei Antoine Gay oder bei der Nonne der Augustinerinnen, Schwester Yvonne-Aimée de Jésus (1901-1951)[128] der Fall war.

In den meisten einfachen Fällen ist es sehr wichtig, die

Menschen in eine *Bekehrungs- und Verantwortungsperspektive* hineinzustellen, da sie oft nach einer magischen Lösung suchen, die alle ihre Probleme beheben wird ohne dass sie sich an dem Kampf beteiligen müssen. Der Priester muss sie also *zur Bekehrung ermutigen, sie zum Weg des Gebets und zur Wiederentdeckung einer persönlichen Beziehung zu Jesus Christus führen und sie aufmuntern, an den Sakramenten teilzunehmen.*

Alle diese Maßnahmen sind unentbehrlich, damit ein Befreiungsgebet wirken und langfristig Früchte tragen kann.

84. Woran erkennt man die Zeichen der Befreiung?

Im Gegensatz zu den Texten aus dem Evangelium, wo „der unreine Geist den Mann hin und her zerrte und ihn mit lautem Geschrei verließ" (Mk 1,26) sind diese Zeichen normalerweise nicht spektakulär.

Im Falle einer Besessenheit werden im Laufe der Exorzismen die Zeichen immer schwächer und kommen seltener vor. Der Dämon verliert an Kraft und seine Beeinflussung nimmt ab. Dies stellt man bei dem Betroffenen selbst fest, der dann ein tiefes Gefühl von Befreiung empfindet. Der Spielraum seines inneren freien Willens wird größer. Er hat häufig den Eindruck, dass *etwas* seinen Körper verlassen hat. Es können Begleiterscheinungen wie Erbrechen auftreten, es werden ab und zu Gegenstände ausgespuckt (wenn ein geschriebener Pakt mit dem Dämon abgeschlossen wurde). Die befreite Person kann nach und nach ihre alltäglichen Aktivitäten und sogar ihren Beruf wieder aufnehmen.

Man muss die Zeichen der Befreiung bei dem Betroffenen selbst suchen. Das ist das Wichtigste. Meistens wird sein religiöses Leben einfacher, das Gebet weniger durch lästige Zwangsgedanken gestört. Die Überprüfung der vollständigen Befreiung geschieht, indem man das Exorzismusgebet wiederholt. Wenn die Person ruhig und friedlich bleibt, kann man davon ausgehen, dass sie vollkommen befreit ist.

Wohin gehen der oder die Dämonen, nachdem sie ausgetrieben wurden? Normalerweise schicke ich sie in die Hölle, in die Obhut ihres Herrschers, Satan.

85. Besteht die Gefahr, dass der Bedrängte vom Exorzismus oder vom Exorzisten abhängig wird?

Ich habe dies nicht festgestellt und ich glaube eher, dass das Gegenteil geschieht. Die bedrängte Person fühlt sich mehr oder weniger immer schuldig und empfindet häufig Schamgefühle, auch wenn sie Opfer ist. Außerdem sind die Gebete schwierig auszuhalten und führen zu tiefgreifenden Leiden, wenn der Dämon sein Opfer mit Gewalt manipuliert. Kein Mensch würde sich wünschen, dass es sich hinzieht!

Wenn die Befreiung vollgezogen ist, habe ich eher die Erfahrung gemacht, dass der Betroffene dazu neigt, jede Beziehung mit dem Priester-Exorzisten abzubrechen. Es erinnert ihn an schlechte Zeiten. Es ist sicher besser, wenn die befreite Person von einem anderen Priester betreut wird. Das ist es, was ich ihr für die Zeit der Rekonvaleszenz empfehle.

86. Darf ein getaufter Laie ein Befreiungsgebet sprechen?

Ein Befreiungsgebet setzt voraus, dass man eine gewisse Autorität auf den Dämon ausübt. Verfügt ein Getaufter allein dank seiner Taufe über diese Autorität? Hier muss eine fein abgestufte Antwort gegeben werden.

Es ist nicht nur eine disziplinarische oder rechtliche Frage, es gibt einen theologischen Grund. Die Rechte und Pflichten des Gläubigen und die des Priesters sind in der Tat nicht nur in ihrem *Wirkungsgrad* sondern auch ihrer *Natur* nach unterschiedlich. Das Sacerdotium des Getauften erlaubt ihm, am Gotteslob und am Dankgebet aktiv teilzunehmen und die Sakramente zu empfangen, um sein religiöses Leben zu bereichern und die Vereinigung mit Christus weiter zu vertiefen.

Das Priestertum-Sacerdotium, Sacerdotium ministeriale genannt, berechtigt ihn, folgende drei Funktionen auszuüben: regieren, lehren und Gottes Volk heiligen. Durch die Priesterweihe hat Christus, Herrscher der Kirche, dem Priester die Macht verliehen, in diesen drei Bereichen zu wirken. Dank dieser Gewalt kann er *Macht über die bösen Geister ausüben* und sie im Namen Jesu Christi austreiben. Man geht also davon aus, dass nur der Priester okkulte Bindungen auflösen und Menschen von der dämonischen Beeinflussung befreien kann.

Ein Getaufter aber, der einen Übergriff des Dämons auf sich selbst wahrnehmen würde, könnte verpflichtet sein zu sagen: „Satan, im Namen Jesu geh weg!“ Darf er das im Notfall für jemanden aus seinem Umfeld anwenden? Ich habe folgenden Bericht schriftlich festgehalten, der aus der Familie eines Freundes stammt. Zu bemerken ist, dass es sich um eine Ausnahme handelt. Der Vater hat seine väterliche Gewalt zugunsten seines Sohnes angewendet.

Der Fall von Kévin

Bernard und Sylvie haben einen 20 jährigen Sohn, Kévin, der seit mehreren Jahren im Aufbegehren gegen alles und jeden lebt. Regelmäßig raucht er Cannabis. Schon zwei Mal hat Bernard von seiner väterlichen Autorität Gebrauch gemacht und ein Machtwort gesprochen, um seinen Sohn von einer zeitweise auftretenden Beeinflussung zu befreien.

> *„Einmal in der Werkstatt – er war damals 16 Jahre alt – war Kévin mir gegenüber völlig konträrer Meinung und wollte die Schädlichkeit von Cannabis nicht einsehen. Ich habe bemerkt, dass ich nichts erreichen konnte und habe daher kurz in meinem Herzen gebetet. Plötzlich bekam ich einen Impuls von Mut und Glaube und habe den Feind angeschrien, der Kévin in seiner Macht hatte: „Geist der Rebellion, ich befehle es dir im Namen Jesu, lass mein Kind in Ruhe!" Kévin hat sich fast sofort beruhigt und wir haben in Frieden reden können.*
>
> *Dann, nach einem weiteren heftigen Gespräch hat Kévin die Tür zugeschlagen und geschrien: „Ich gehe, ihr werdet mich nie wieder sehen!" Sylvie hat sehr schnell geahnt, dass die Lage ernst war und ist ihm gefolgt.*
>
> *Ich bin einen Moment da geblieben, um zu beten. Ich wusste, dass Sylvie feinfühliger war als ich und besser in der Lage, mit ihm zu diskutieren. Dann bin ich ihnen in einem gewissen Abstand gefolgt und habe weiter gebetet. Kévin hat sich dann irgendwann umgedreht*

und zu Sylvie gesagt: „Ihr könnt mich nicht verstehen, wir sind zwei verschiedene Rassen, so wie Katzen und Hunde. Ihr habt keine Ahnung, was in meinem Kopf vorgeht, alles geht kreuz und quer, ich werde verrückt!" Es war seine Art, seine Verzweiflung und seine innere Einsamkeit auszudrücken. Er ist auf dem Weg Richtung Wald weitergegangen. Es war im Hochsommer um circa dreizehn Uhr, die Hitze war unerträglich und kein Mensch war zu sehen. Nachdem er durch den Wald gegangen war, ist er auf eine Straße gekommen. Ich habe Sylvie eingeholt und wir liefen schweigend und betend zwanzig Meter hinter Kévin. Irgendwann habe ich den Eindruck gehabt, dass der Feind Kévin in seiner Gewalt hatte.

Dann habe ich laut geschrien: „Im Namen Jesu befehle ich dir, Geist der Rebellion, dieses Kind in Ruhe zu lassen!" Kévin ist dann ungefähr noch zehn Meter weitergelaufen, blieb dann stehen, hat sich umgedreht, um zu uns zu kommen. Er war völlig ruhig und hat uns nach Hause begleitet."

Jeder Getaufte kann ein Befreiungsgebet deprekativer Art (Bittgebet an Gott), zuerst einmal für sich selbst, aber auch für seine anwesenden oder abwesenden Nahestehenden sprechen. Ich empfehle es Menschen, die in ihrer Familie oder im Bekanntenkreis, einen „Sünder" haben, der eindeutig mit schweren Lasten lebt.

87. Über welche Gaben verfügt ein Getaufter?

Gott hat für den Menschen ein *übernatürliches Schicksal* gewollt, das weit über seine Natur hinausgeht, da es sich um eine *Heiligwerdung seiner selbst* handelt. Wir bekommen von Christus durch die Kirche eine vollkommen freiwillige Gabe: „Der ewige Vater hat die ganze Welt nach dem völlig freien, verborgenen Ratschluss seiner Weisheit und Güte erschaffen. Er hat auch beschlossen, die Menschen zur Teilhabe an dem göttlichen Leben zu erheben.“[129] Dank der Gabe Gottes ist der Mensch in der Lage *ein übermenschliches Leben, ein Leben auf göttlicher Ebene* zu führen. Man liest im zweiten Petrusbrief, dass „ihr (…) an der göttlichen Natur Anteil erhaltet“ (2 Petr 1,4). Es ist wichtig, uns dessen bewusst zu werden, dass diese Veränderung unserer Natur dank der Gabe Gottes etwas Fabelhaftes ist. In keiner anderen Religion würde man es wagen zu sagen, dass der Mensch, am innersten Leben Gottes direkt teilnimmt. Für einige, wie für die Muslime zum Beispiel, ist eine solche Aussage eine Gotteslästerung. Die Gabe Gottes nimmt verschiedene Formen an: Glaube, Hoffnung und Barmherzigkeit, christliche Tugenden, weil sie uns direkt mit Gott verbinden und zu einer tiefen Vereinigung mit ihm führen.

Wir bekommen auch die sieben Gaben vom Heiligen Geist, die die christlichen Tugenden noch vollenden. Sie sind eine Erleuchtung für den Verstand und geben dem Willen Kraft. Diese Gaben ermöglichen dem Menschen, durch Habitus, d.h. dank einer stabilen Veranlagung, sich vom Heiligen Geist führen zu lassen. Tugenden und Gaben werden uns persönlich für unsere Heiligung durch die heiligenden Gnaden sowie die gegenwärtigen Gnaden gegeben.

Die Gabe Gottes ist kostenlos: „Auf, ihr Durstigen, kommt alle zum Wasser! Auch wer kein Geld hat, soll kommen (…) kommt und kauft ohne Geld. (…) Ich will einen ewigen Bund mit euch schließen…“ (Jes 55,1-3).

88. Welche Charismen können Laien erhalten?

Dem Plan Gottes gemäß müssen sich die Menschen um ihre eigene Heiligkeit kümmern, aber sich auch gegenseitig helfen, um ins Gottesreich einzutreten und um die Kirche weiterhin aufzubauen; Gott gibt hierfür hierarchische und charismatische Gaben[130]. Es gibt sehr viele Charismen und man darf ihre Anzahl nicht auf diejenigen beschränken, die der hl. Paulus in seinen Briefen angegeben hat (vgl. 1 Kor 12,8-10; Röm 12,6-8; Eph 4,11-12). Hier sind einige Beispiele von Charismen, die man erhalten kann: Charisma der Anbetung und des Gebets; des Mitgefühls und der Barmherzigkeit; der spirituellen Betreuung; der Organisation und der Autorität; des Gesangs und der Liturgie; der Gründung von neuen Gemeinschaften usw.

In seiner Ansprache vom 27.02.1999 erklärt Papst Johannes Paul II.:

„Der Heilige Geist vertraut der Kirche als communio die verschiedenen Ämter an. Zugleich bereichert er sie mit anderen besonderen Gaben und Impulsen, Charismen genannt. Sie können als Ausdruck der vollkommenen Freiheit des Geistes, der sie schenkt, oder als Antwort auf die vielfältigen Bedürfnisse im Lauf der Geschichte der Kirche verschiedene Formen annehmen. Die Beschreibung und Klassifizierung dieser Gaben in den Schriften des Neuen Testamentes beweisen ihre große Vielfalt.“

Ein Getaufter ist durchaus in der Lage mehrere Charismen zu bekommen:

Ob sie außergewöhnlich oder bescheiden und einfach sind, verlangen die Gaben des Geistes, dass jene, die sie empfangen haben, sie für das Wachstum der gesamten Kirche, für das Wohl der Menschen und der Welt verwenden und berücksichtigen. Der Wind weht, wo er will (Joh 3,8).[131]

Man darf außerdem Charismen und Amt nicht in Gegensatz zu einander stellen (vgl. 1 Thess 5,12 und 19-21; 1 Joh 4,1; Eph 4,30).

Achtung, es gibt auch falsche Charismen. Der Dämon kann durchaus der ihm ergebenen Person, Gaben, Informationen und Kräfte zukommen lassen, die die natürlichen Fähigkeiten dieser Person übersteigen: Wahrsagerei, Wissen okkulter Herkunft, Hellsichtigkeit. Vorsicht!

Das Charisma des Urteilsvermögens gestattet herauszufinden, ob die festgestellten Beschwerden natürlicher oder dämonischer Herkunft sind oder beides. Wenn man einen Menschen befragt und ihm zuhört, muss unbedingt eine Diagnose gestellt werden.

Im Gebet ist dieses Charisma sehr nützlich. Auf diese Art und Weise habe ich erfahren, dass eine junge Indianerin bei der Geburt einem heidnischen Gott geweiht wurde, dass ein Geist des Todes eine Familie belastete, dass inzestuöse Praktiken in der Kindheit angewendet wurden, dass man die Fähigkeit haben kann, in einem Haus Gegenstände zu finden, die dem Dämon geweiht wurden usw.

Einige Charismen

Wort der Erkenntnis: Es ist das Licht, das der Heilige Geist über eine konkrete Situation gießt, die eine bestimmte Person betrifft. Der Prophet Nathan bekommt die Offenbarung der Sünde Davids; Hananias hat die Vision von Sauls Bekehrung; Petrus hat die Lüge von Hananias und Saphira erkannt. Wie manifestiert sich dann der Heilige Geist? Es kann sich in Form eines Wortes äußern, das man innerlich oder äußerlich hört, oder eine Art von lautem Empfinden, ein Bild oder eine innere Vision. Die Inspiration ist nicht immer von Bildern oder Worten begleitet; man empfindet einen unwiderstehlichen innerlichen Druck und man versteht, dass er nicht von unseren Gedanken oder von unserem normalen Verstand kommt. Die Worte der Erkenntnis, die sich direkt auf das Leben einer anderen Person beziehen, müssen sehr genau überprüft werden: Man muss sich die Frage stellen, ob diese neue Information mit den über die Person schon vorhandenen Kenntnissen übereinstimmt.

Prophezeiung: „Ich wünschte, ihr alle würdet in Zungen reden, weit mehr aber, ihr würdet prophetisch reden. Der Prophet steht höher als der, der in Zungen redet" (1 Kor 14,5).

Prophetengabe: Sie bezieht sich auf alle Anwesenden oder auf den Menschen, für den man betet. Sie hat das Ziel aufzubauen, aufzumuntern, zu trösten. Der Mensch, für den man betet, leidet meistens: Er wird vom Dämon malträtiert, versteht nicht, was mit ihm los ist, fühlt sich gedemütigt usw. Ein Zeichen von Mitgefühl, von Aufmunterung wird für ihn hilfreich sein. Die Prophezeiung ist wie ein wohltuender Regen auf einem ausgetrockneten Boden. Es ist die Stimme Jesu, der seine Liebe der leidenden Person zeigen will. Er will ihr noch einmal sagen, dass er ihr Problem versteht, dass er anwesend ist, hier und jetzt. Die Prophezeiung ist eine Sondernachricht Jesu, die unter der Inspiration des Geistes der Liebe gegeben wird. Sie baut auf, muntert auf, tröstet. Die Prophezeiung kann dem Gebet eine neue Richtung geben, zeigen, was die Befreiung blockiert. Diese Blockade kann die Person selbst betreffen oder eine andere Ursache haben (nicht verzeihen wollen, freiwillig weiter sündigen). Die Prophezeiung kann sich durch einen biblischen Text äußern, den man dank der Vorsehung Gottes bekommen hat.

Das Gesangsgebet: Die Gabe des Sprachengebets wurde in den Gebetsgruppen dank der charismatischen Erneuerung wiederentdeckt, die seit den 70er Jahren die ganze katholische Kirche bewegt. Dieses Charisma nimmt zwei Formen an. Ab und zu bekommt eine Person eine Mitteilung in einer Sprache, die sie nicht kennt. Normalerweise gibt es unter den Anwesenden jemanden, der dann übersetzt. Dieses Phänomen kommt selten vor. Die andere, am meisten verbreitete Form, betrifft das Zungengebet, das häufig von mehreren Menschen gesprochen wird. Jeder singt seine eigene Melodie und es hört sich wie eine harmonische Symphonie an. Man kann alleine oder in einer Gruppe, in der Stille und sogar in seinem Kopf, laut oder singend in Sprachen beten. Es handelt sich um ein mächtiges Lob Gottes. Augustinus von Hippo nennt es „die Jubelfreude."[132] Der Dämon kann es nicht ausstehen. Ich habe festgestellt, dass er dabei außer sich gerät. Es ist nämlich eine Lobpreisung dieses Gottes, den er hasst. Dieses Lied der „Engel" nähert sich dem ewigen Lob des Himmels und erinnert ihn an das, was er für immer verloren hat, sprich die Seligkeit. Es handelt sich um eine mächtige Waffe, die man anwenden kann, um die Anwesenheit des Dämons zu diagnostizieren. Das Gleiche gilt für die üblichen Lobgesänge oder für das Gloria.

„Satan hasst das Sprachengebet aus zwei Gründen. Da es sich auf Erden um das Lied handelt, das am ehesten dem ewigen Lob im Himmel ähnelt, erinnert es ihn tragischerweise an die Zeit, wo auch er daran teilnahm. Der Gedanke, dass diese Gläubigen schon auf Erden eine schwache Erfahrung des himmlischen Lebens machen, lässt ihn rasend vor Eifersucht werden."[133]

89. Kann eine Sitzung für die innere Heilung neben oder nach einem Exorzismus von Nutzen sein?

Diese spirituellen Rückzüge für die innere Heilung können sehr hilfreich sein. Sie werden seit mehreren Jahren Gläubigen angeboten, die ein schweres Leben gehabt haben und die emotional verletzt geblieben sind. Die Sitzungen finden in einer Gebetsatmosphäre statt und beziehen sich auf die katholische oder evangelische Spiritualität. Die Person wird aufgefordert, eine Anamnese ihres Lebens seit der Empfängnis im Mutterleib bis zum jetzigen Zeitpunkt unter dem barmherzigen Blick Gottes zu machen. Sie bittet um eine Heilung der Wunden, die durch die seelischen Schocks und die Traumata ihres Lebens entstanden sind. Sie wird Tag für Tag von einem Zuhörenden begleitet, der ihr auf diesem Weg beisteht. Dieser Prozess ist zwar manchmal schwierig, aber so befreiend. Diese Behandlung wird „Therapie der Liebe“ genannt. Der Verein *Agapè* in Frankreich (Le Puy-en-Velay) ist auf diese Art von Rückzug spezialisiert.

90. Welchen Platz soll man dem Mitgefühl in diesem Amt einräumen?

Christus heilte, sprach Exorzismen und befreite die Menschen, um seine messianische Mission zu bestätigen, aber auch um sein Mitgefühl und seine Barmherzigkeit für die Leidenden zu zeigen. Man vergisst häufig, wie sehr die Menschen, die vom Dämon malträtiert werden, auf verschiedene Art und Weise und meistens seit Jahren leiden. Außerdem greift der Dämon indirekt den Glauben und die Hoffnung an: „Der Gott als Schöpfer wird im Bewusstsein des Menschen in Frage gestellt und sogar beschuldigt“ (Johannes Paul II.). Der Dämon sät in der menschlichen Seele Samenkörner des Widerstandes gegen Gott. Er stellt ihn als Feind oder Rivalen und nicht als Vater dar. Die Arbeit des Exorzisten besteht darin, dieses Vertrauen auf Gott als liebenden und verständnisvollen Vater wieder aufzubauen, in das Herz der bedrängten Person Keime der Wahrheit und der Liebe zu pflanzen. Der Mensch, der vom Teufel malträtiert wird, muss mit viel Liebe und Fürsorge umgeben werden. Diejenigen, die für eine vom Dämon bedrängte Person beten, müssen Jesus darum bitten, von der barmherzigen Liebe seines Herzens umhüllt zu werden. Diejenigen, die sehr viel Mitgefühl für die Leidenden haben und die mit den weinenden Menschen mitweinen, bekommen viele Gnaden von Gott.

Anhang 1: „Christlicher Glaube und Dämonenlehre“ (Ausschnitte)* **

Studie der Kongregation für die Glaubenslehre (1975).

Die Kongregation für die Glaubenslehre ist die höchste Instanz der katholischen Kirche und hat die Aufgabe, die Strenggläubigkeit (die Orthodoxie) des katholischen Glaubens zu bewahren. Die Texte, die sie den Gläubigen anbietet, müssen mit der Gehorsamkeit des Glaubens angenommen werden. Wir haben die nachstehend wichtigsten Lehren von dieser Studie aufgeführt:

„Im Laufe der Jahrhunderte hat die Kirche immer wieder die verschiedenen Formen des Aberglaubens und einer der Besessenheit gleichkommenden Furcht vor dem Satan und den Dämonen sowie die verschiedenen Kultformen und entarteten Gefolgschaftsriten für diese Geister verworfen (1). Es wäre deshalb ungerecht, zu behaupten, das Christentum habe die Weltherrschaft Christi vergessen und habe den Teufel zum Lieblingsthema seiner Verkündigung gemacht, indem es die Frohbotschaft vom auferstandenen Herrn in eine Botschaft des Terrors verkehrt habe. Der hl. Johannes Chrysostomus erklärte den Christen der damaligen Zeit: „Es ist für uns kein Vergnügen, zu euch über den Teufel zu sprechen. Doch die Lehraussagen, zu denen er Anlass gibt, werden euch von Nutzen sein” (2). Es wäre wirklich ein unverzeihlicher Irrtum, im Blick auf die Vergangenheit sich so zu verhalten, als ob die Erlösung schon alle ihre Früchte gezeitigt hätte, ohne dass es notwendig wäre, sich im Kampf gegen den einzusetzen, von dem das Neue Testament und die Lehrmeister des geistlichen Lebens immer wieder sprechen.

Auch heute könnte man diesem Irrtum verfallen. Von vielen Seiten wird nämlich die Frage gestellt, ob man nicht in diesem Punkt die katholische Lehre überprüfen sollte, und zwar sollte man dabei mit der Heiligen Schrift anfangen. Manche sind der Ansicht, dass jedwede Stellungnahme unmöglich sei, geradeso, als ob man die Frage einfach auf sich beruhen lassen könne. Sie führen ins Feld, dass die Bücher der Heiligen Schrift es nicht zuließen, sich für oder gegen die Existenz des Satans und seiner Dämonen auszusprechen. Weit häufiger jedoch wird die Existenz des Teufels offen in Zweifel gezogen. Manche Kritiker meinen, die Haltung Christi in dieser Frage ausmachen zu können. Sie geben an, dass keines der Herrenworte die Wirklichkeit der Dämonen als erwiesen hinstelle. Dort, wo die Existenz der Dämonenwelt bejaht würde, werde lediglich das entsprechende jüdische Schrifttum wiedergegeben, oder die Stellen hingen von der neutestamentlichen Überlieferung und nicht von Christus ab, da sie nicht Teil der zentralen Frohbotschaft seien, noch unseren Glauben fördern und uns damit freistellen, sie aufzugeben.

Andere wiederum, weit objektiver, aber gleichzeitig radikaler, nehmen die Aussagen der Heiligen Schrift über die Dämonen in ihrer wörtlichen Bedeutung; sie fügen aber sofort hinzu, daß sie in der Welt von heute unannehmbar seien, auch für Christen. Auch sie geben diese Stellen auf. Für einige schließlich hat die Idee vom Satan, welchen Ursprung sie auch immer hat, keine Bedeutung mehr. Da unsere Verkündigung zögere, die Idee vom Satan zu rechtfertigen, büße sie ihre Glaubwürdigkeit ein und stelle die Verkündigung Gottes in den Schatten, die allein nur unser ganzes Interesse verdient. Für die einen wie für die anderen seien die Namen Satan oder Teufel nichts anderes als *Personifikationen, die dem Mythos entstammen oder irgend-*

eine Aufgabe zu erfüllen haben (von uns kursiv gesetzt). Sie hätten nur den Sinn, den Einfluss des Bösen und der Sünde auf die Menschheit dramatisch zu unterstreichen. Lediglich also eine Redeweise, die unsere Zeit entmythologisieren sollte, um für die Gläubigen einen neuen Weg zu finden, ihnen die Verpflichtung einzuschärfen, mit ganzer Kraft gegen das Böse in der Welt zu kämpfen.

Diese Stellungnahmen, die immer wieder mit dem Anschein der Wissenschaftlichkeit vorgetragen und von Zeitschriften und gewissen theologischen Wörterbüchern verbreitet werden, können nur die Geister verwirren. Die Gläubigen, die daran gewöhnt sind, die Botschaft Christi und die Schriften der Apostel ernst zu nehmen, haben dann nämlich den Eindruck, dass derartige Auffassungen einen Wandel in der öffentlichen Meinung auf diesem Gebiet herbeiführen wollen. Diejenigen unter ihnen, die eine Kenntnis der theologischen Wissenschaften und vor allem der Bibelwissenschaft besitzen, fragen sich, wohin dieser Prozess der Entmythologisierung führen wird, der im Namen einer bestimmten Hermeneutik in die Wege geleitet wird.

In Anbetracht von Postulaten dieser Art und als Antwort auf den ihnen eigenen Denkprozess, müssen wir uns vor allem kurz mit dem Neuen Testament befassen, um uns in diesen Fragen auf sein Zeugnis und seine Autorität stützen zu können.

Das Neue Testament

(…)

Das persönliche Zeugnis Jesu

Auch die wichtigsten Heilungen der Besessenen wurden von Christus in Augenblicken gewirkt, die in den Berichten über seine Heilstätigkeit entscheidend sind. Seine Teufelsaustreibungen stellten die Frage nach seiner Sendung und seiner Person und gaben ihr eine Orientierung, wie es die Reaktionen darauf hinreichend zeigen, die sie auslösten (3).

Ohne den Satan jemals zum Mittelpunkt seiner Verkündigung zu machen, sprach Jesus von ihm nur in den offensichtlich entscheidenden Augenblicken, und zwar in wichtigen Erklärungen. Zunächst einmal hat Jesus sein öffentliches Wirken damit begonnen, dass er es auf sich genommen hat, vom Teufel in der Wüste versucht zu werden. Der Bericht des Markus ist gerade wegen seiner Nüchternheit eindringlich, wie es auch der Bericht von Matthäus und Lukas ist (4). Vor diesem Gegenspieler hat Christus dann in der Bergpredigt gewarnt und auch im Gebet, das er die Seinen gelehrt hat, dem „Vaterunser", wie heute viele Exegeten (5) zugeben, die sich dabei auf das Zeugnis zahlreicher Liturgien stützen (6). In den Gleichnissen hat Jesus dem Satan die Rolle des Widersachers seiner Verkündigung zugewiesen (7), wie zum Beispiel im Gleichnis vom Unkraut auf dem Acker des Hausvaters (8), Simon Petrus hat er angekündigt, dass die „Mächte der Hölle" versuchen werden, die Kirche zu überwältigen (9), dass der Satan verlangen würde, ihn zusammen mit den übrigen Aposteln zu sieben (10). In dem Augenblick, als er den Abendmahlssaal verließ, hat Christus erklärt, dass das Kommen des „Fürsten dieser Welt" unmittelbar bevorstehe (11). Im Garten Getsemani, als die Soldaten Jesus ergriffen, um ihn gefangenzunehmen, hat er gesagt, daß die Stunde „der Mächte der Finsternis" gekommen war (12). Nichtsdestoweniger wußte er und hat er es auch im Abendmahlssaal erklärt, „dass der Fürst dieser Welt bereits gerichtet ist" (13).

Diese Taten und die Aussagen fügen sich gut in das Ganze ein, sie wiederholen sich immer wieder und stimmen auch inhaltlich überein. Sie sind nicht zufällig, und es ist nicht möglich, sie wie erfundene Begebenheiten zu behandeln, die es zu entmythologisieren gilt. Andernfalls müsste man annehmen, dass das Bewusstsein Jesu, dem man Klarheit und Selbstbeherrschung vor den Richtern bescheinigen muss, gerade in diesen kritischen Stunden von eingebildeten Hirngespinsten heimgesucht worden sei und seinem Wort jede Festigkeit gefehlt habe. Dies wiederum wäre im Widerspruch mit dem Eindruck der ersten Hörer und Leser seiner Frohbotschaft. Es zwingt sich deshalb die Schlussfolgerung förmlich auf: Der Satan, dem Jesus mit seinen Teufelsaustreibungen entgegengetreten ist, dem er begegnet ist in der Wüste und in der Stunde seines Leidens, kann nicht einfachhin das Produkt der menschlichen Gabe sein, Märchen erzählen zu können und Ideen zu personifizieren; er kann nicht das sich verirrt habende Überbleibsel einer primitiven Kultursprache sein.

Das paulinische Schrifttum

Andererseits setzt Paulus Sünde und Satan nicht gleich; in der Sünde sieht Paulus nämlich vor allem das, was sie wesentlich ist: ein personaler Akt des Menschen und auch der Zustand der Schuld und Verblendung, in den der Satan den Menschen effektiv zu stoßen und zu belassen versucht (14). Auf diese Weise unterscheidet Paulus sehr klar den Satan von der Sünde. Der Apostel, der gegenüber dem „Gesetz der Sünde, das er in seinen Gliedern fühlt", vor allem sein Unvermögen ohne den Beistand der göttlichen Gnade bekennt (15), ist derselbe, der mit äußerster Entschiedenheit fordert, dem Satan zu widerstehen (16), sich nicht von ihm beherrschen zu lassen, ihm keine Gelegenheit oder Nachgiebigkeit einzuräumen (17) und ihn mit Füßen zu treten (18). Denn für ihn ist Satan ein persönliches Wesen, „der Gott dieser Welt" (19), ein hinterlistiger Widersacher, der verschieden ist von uns Menschen und von der Sünde, die er uns einflüstert. Wie das Evangelium, sieht ihn auch der Apostel wirksam werden im geschichtlichen Verlauf der Welt, in dem, was er als das „Geheimnis der Bosheit" bezeichnet (20). Er sieht den Teufel im Unglauben, der sich weigert, den Herrn Jesus anzuerkennen (21), und auch in der Verirrung des Aberglaubens (22); er sieht ihn in der Verführung, die die Treue der Kirche zu Christus ihrem Bräutigam, bedroht (23) und schließlich in dem endzeitlichen Abfall, der zur Anbetung des Menschen führt, der sich an die Stelle Gottes setzt (24). Sicher ist, dass der Satan zur Sünde verführt, aber er ist verschieden von dem Bösen, das er vollbringen lässt.

Die Geheime Offenbarung und das Johannesevangelium

Die Geheime Offenbarung ist vor allem das großartige Gemälde, auf dem die Macht und Herrlichkeit des auferstandenen Christus aufstrahlt in den Zeugnissen seiner Frohbotschaft. Sie verkündet den Triumph des Lammes, das geschlachtet wurde; doch würde man sich sehr täuschen hinsichtlich des Wesens dieses Sieges, sähe man nicht in ihm das Ende eines langen Kampfes, an dem sich mittels der menschlichen Mächte, die sich dem Herrn Jesus widersetzen, Satan und seine Engel – die einen verschieden von den anderen – sowie deren irdische Gefolgsleute beteiligen.
Es ist gerade die Geheime Offenbarung, die das Rätselhafte der verschiedenen Namen und Symbole Satans in der Heiligen Schrift unterstreicht und damit ihre Identität endgültig enthüllt (25). Die Tätigkeit Satans vollzieht sich in allen Jahrhunderten der Menschheitsgeschichte unter den Augen Gottes.

Es überrascht deshalb nicht, dass im Johannesevangelium Jesus vom Teufel spricht und ihn den „Fürsten dieser Welt" bezeichnet (26). Sicher, der Einfluss des Teufels auf den Menschen ist innerer Art, aber er ist unmöglich, in seiner Erscheinung nur eine Personifizierung der Sünde und der Versuchung sehen zu wollen. Jesus weiß, dass sündigen „Sklave" sein bedeutet (27), aber er setzt deshalb nicht

Satan mit Sklaverei und Sünde gleich, die sich in der Sklaverei kundtut. Der Teufel übt auf die Sünder nur moralischen Einfluss aus, und zwar in dem Maße, in dem jeder einzelne seinen Einflüsterungen nachgibt (28). Frei führen sie seine „Wünsche" aus (29) und tun „sein Werk" (30). Nur in diesem Sinn und in diesem Maße ist der Satan ihr „Vater" (31), weil zwischen ihm und dem Gewissen des Menschen immer ein geistiger Abstand bleibt, der die teuflische „Lüge" von der Zustimmung scheidet, die man ihr geben oder verweigern kann (32), und zwar auf die gleiche Weise, wie zwischen Christus und uns immer der Abstand zwischen „Wahrheit", die er offenbart und zu glauben vorstellt, und dem Glauben, mit dem wir diese Wahrheit aufnehmen, existiert.

(...)

Die allgemeine Lehre der Väter

(...)

Natürlich waren die Väter, die den göttlichen Heilsplan in der Geschichte darstellten, vor allem Irenäus und Tertullian, besonders darum bemüht, die Wirksamkeit des Teufels aufzuzeigen. Irenäus und Tertullian sind dann in der Folgezeit dem Gnostischen Dualismus und Marcion entgegengetreten. Nach ihnen sind es Viktorin von Pettau und der hl. Augustinus. Der hl. Irenäus lehrte, daß der Teufel ein „abgefallener Engel" ist (33), dem Christus, indem er in seiner Person dem Kampf dieses Widersachers gegen uns auf sich genommen hat, zu Beginn seiner öffentlichen Tätigkeit entgegentreten mußte (34).

Noch ausführlicher und eindringlicher stellt Augustinus das Wirken des Teufels im Kampf der „beiden Städte" dar, die ihren Ursprung im Himmel haben, als die ersten Geschöpfe Gottes, die Engel, dem Herrn ihre Treue bzw. Untreue erwiesen (35); in der Gemeinschaft der Sünder sah

Augustinus den mystischen „Leib" des Teufels (36), wovon dann später auch der hl. Gregor der Große in seinen „Moralia" zum Buch Job spricht (37). Offensichtlich hat die Mehrzahl der Väter mit Origines die Idee der Unkeuschheitssünde der gefallenen Engel aufgegeben und sahen in ihrem Stolz — d.h. in dem Wunsch, sich über ihr geschöpfliches Dasein hinaus zu erheben, ihre Unabhängigkeit zu behaupten und sich für Gott halten zu lassen — den tiefsten Grund für ihren Fall.

Neben diesem Vergehen aus Stolz hoben aber auch viele Väter die Bosheit dieser Engel gegenüber den Menschen hervor. Für Irenäus hat der Abfall des Teufels mit seiner Eifersucht bei der Erschaffung des Menschen begonnen. Er hat den Menschen zur Auflehnung gegen seinen Schöpfer anzustiften versucht (38). Nach Tertullian habe der Satan, um den Heilsplan Christi zu durchkreuzen, in den heidnischen Mysterien die von Christus eingesetzten Sakramente nachgeäfft (39). Die Väterlehre hält sich also im Wesentlichen treu an die Aussagen und Weisungen des Neuen Testamentes.

Die ersten Jahrhunderte

(…)

Das 4. Laterankonzil (1215) und seine Aussage über die Dämonen

Es ist richtig, dass in den nahezu zwei Jahrtausenden der Kirchengeschichte das kirchliche Lehramt nur wenige im eigentlichen Sinn dogmatische Erklärungen zur Dämonenlehre abgegeben hat. Der Grund liegt wohl darin, dass sich nur selten, ja genaugenommen nur zweimal, Gelegenheit dazu geboten hat. Die wichtigere dieser Erklärungen erfolgt zu Beginn des 13. Jahrhunderts, als sich ein Wiederaufleben des manichäischen und priscillianischen Dualismus mit dem Auftauchen der Katharer und Albigenser bemerkbar machte.

Die dogmatische Aussage von damals, deren Formulierung sich in einem vertrauten doktrinären Rahmen bewegt, kommt dieser Mentalität sehr nahe, weil sie den Blick auf das Universum und seine Erschaffung durch Gott miteinbezieht: „Wir glauben fest und bekennen mit aufrichtigem Herzen..., dass Gott der eine Ursprung aller Dinge ist, der Schöpfer der sichtbaren, und unsichtbaren, der geistigen und körperlichen. Er hat in seiner allmächtigen Kraft zu Anfang der Zeit in gleicher Weise beide Ordnungen der Schöpfung aus dem Nichts geschaffen, die geistige und körperliche, d. h. die Engelswelt, die irdische Welt und dann die Menschenwelt, die gewissermaßen beide umfasst, da sie aus Geist und Körper besteht. Denn der Teufel und die anderen bösen Geister sind von Gott ihrer Natur nach gut geschaffen, aber sie sind durch sich selbst schlecht geworden. Der Mensch jedoch sündigte auf Eingebung des Teufels" (40).
(...)

Bald darauf wurden Erklärung und Formel vom zweiten Konzil von Lyon (41), vom Konzil von Florenz (42) und Trient (43) wiederholt. Sie fanden auch Eingang in die Konstitution Dei Filius des Ersten Vatikanums (44), und zwar mit den nämlichen Begriffen, die auch das 4. Laterankonzil von 1215 gebrauchte. Es handelt sich deshalb um eine Lehraussage von grundlegender Bedeutung und um eine feststehende Glaubenslehre, die das Laterankonzil unter der Führung der göttlichen Vorsehung besonders herausgestellt hat, um damit seine Aussage über den Satan und die Dämonen zu verbinden. Damit hat das Konzil gezeigt, dass sich die Dämonenlehre, die schon an sich von Bedeutung ist, in den größeren Zusammenhang der Weltschöpfung und des Glaubens an die Engelwesen einfügt.
(...)

Seit dem 4. Jahrhundert hat nämlich die Kirche gegen die manichäische Lehre von den zwei gleich ewigen und entgegen gesetzten Prinzipien Stellung genommen (45). Im

Osten wie im Westen hat sie mit Festigkeit die Lehre vertreten, daß Satan und die Dämonen von ihrer Natur her als gute Wesen erschaffen wurden, „Du mußt glauben", sagt Gregor von Nazianz zu einem Neugetauften, „daß es kein böses Wesen noch eine Herrschaft des Bösen gibt, die nicht auf einen Seinsgrund zurückgehen, der entweder aus sich selber ist oder von Gott geschaffen wurde" (46).

Der Teufel wurde als ein Geschöpf Gottes gesehen, das in seinem Ursprung gut und strahlend wie das Licht war, das aber unglücklicherweise nicht in der Wahrheit verblieb, auf die es gegründet war (Joh 8, 44), sondern sich gegen den Herrn aufgelehnt hatte (47). Das Böse war also nicht in seiner Natur, sondern in einem freien und von seinem Willen abhängigen Akt (48). Aussagen dieser Art – die man inhaltlich gleich im Osten beim hl. Basilius (49), beim hl. Gregorius von Nazianz (50), beim hl. Johannes Chrysostomus (51), bei Dydimus von Alexandrien (52) und im Westen bei Tertullian (53), bei Eusebius von Vercelli (54), beim hl. Ambrosius (55) und beim hl. Augustinus (56) lesen kann – konnten gegebenenfalls eine feste dogmatische Form annehmen. Sie finden sich außerdem auch in der Form einer lehramtlichen Verurteilung oder eines Glaubensbekenntnisses. (...)

Das erste Konzil von Braga (6. Jahrhundert)

Die Lehre war also allgemein und bestimmt. Die zahlreichen Dokumente, die sie zum Ausdruck bringen und von denen wir die wichtigsten angeführt haben, bilden den lehrmäßigen Hintergrund, vor dem sich in der Mitte des 6. Jahrhunderts das erste Konzil von Braga abhebt. Vor diesem Hintergrund erscheint auch Kap. 7 dieser Versammlung nicht als ein isolierter Text, sondern als eine Synthese der Lehre des 4. und 5. Jahrhunderts in dieser Frage und vor allem der Lehre von Papst Leo dem Großen: „Wer sagt, der

Teufel sei anfangs nicht als guter Engel von Gott erschaffen worden und sei seiner Natur nach nicht ein Werk Gottes, sondern behauptet, er sei aus der Finsternis aufgetaucht und habe keinen Schöpfer, sondern sei selbst das Prinzip und die Substanz des Bösen, wie es manichäische und priscillianische Lehre ist, der sei ausgeschlossen" (57). (...)

Das II. Vatikanische Konzil

Aus diesem Grund hat auch das II. Vatikanische Konzil, das sich mehr für die Gegenwart der Kirche als für die Lehre der Schöpfung interessierte, es nicht unterlassen, „zur Wachsamkeit gegenüber dem Wirken Satans und der Dämonen" aufzurufen. Wie die Konzile von Florenz und Trient hat es mit dem Apostel daran erinnert, dass Christus uns „aus der Macht der Finsternis befreit" (58).

Indem die Konstitution *Gaudium et spes* nach der Art des hl. Paulus und der Apokalypse die Heilige Schrift zusammenfasst, sagt sie, dass unsere Geschichte, die Gesamtgeschichte, „ein harter Kampf ist gegen die Mächte der Finsternis, ein Kampf, der schon am Anfang der Welt begann und nach dem Wort des Herrn bis zum letzten Tag andauern wird" (59).

An anderer Stelle wiederholt das II. Vatikanische Konzil die Ermahnungen des Epheserbriefes, „die Waffenrüstung Gottes anzulegen, um den Ränken des Teufels widerstehen zu können" (60).

Denn wir müssen, wie dieselbe Konstitution die Laien erinnert, „kämpfen gegen die finsteren Weltherrscher und die bösen Geister" (61). Es überrascht schließlich auch nicht, dass dasselbe Konzil, wo es die Kirche als das bereits begonnene Reich Gottes darzustellen beabsichtigt, auf die Wunder Jesu hinweist und zu diesem Zweck gerade die Exorzismen anführt (62) (63).

(...)

* *L'Osservatore Romano,* Wochenausgabe in deutscher Sprache, Nummer 27, 4. Juli 1975, SS. 6-8 (Erster Teil), Nummer 28, 11. Juli 1975, SS. 8-10 (Zweiter Teil).
** Anm. d.Ü.: aus www.vatican.va

ANMERKUNGEN

1) Die Festigkeit der Kirche gegenüber dem Aberglauben findet ihre Erklärung schon in der Strenge des mosaischen Gesetzes, wenn auch diese formell begründet wurde aus dem Zusammenhang des Aberglaubens mit den Dämonen. So verurteilte Ex 22, 17 ohne weiteres zum Tode jene, die Magie ausübten; Lev 19, 26 und 31 verbot die Magie, die Astrologie, die Geisterbeschwörung sowie die Wahrsagerei, und Lev 20, 27 fügte die Totenbeschwörung hinzu; Dtn 18, 10 ächtete gleichzeitig Wahrsager, Astrologen, Magier, Hexenmeister, Zauberer, Zeichendeuter und solche, die Geister bannen und Tote befragen. Im Europa des hohen Mittelalters überlebten noch viele abergläubische Gebräuche des Heidentums, wie aus den Reden des hl. Caesarius von Arles und des hl. Eloi hervorgeht sowie aus dem Buch *De correctione rusticorum* von Martin aus Braga, aus den damaligen Aufstellungen abergläubischer Gebräuche (vgl. PL 89, 810-818) und aus den Bußbüchern. Das Erste Konzil von Toledo (Denz.-Sch., Nr. 205), dann jenes von Braga (Denz.-Sch., Nr. 459) verurteilten die Astrologie, wie es auch der hl. Leo d. Gr. im Brief an Turibius von Astorga (Denz.-Sch., Nr. 483) getan hat. Die 9. Regel des Konzils von Trient verbietet die Betätigung der Chiromantie, der Geisterbeschwörung usw. (Denz.-Sch., Nr. 1859). Die Magie und die Zauberei veranlaßten ihrerseits eine große Zahl päpstlicher Bullen (Innozenz VIII., Leo X., Hadrian VI., Gregor XV., Urban VIII.) und viele Entscheidungen von Landessynoden. Über den Magnetismus und den Spiritismus wird man vor allem auf den Brief des Heiligen Offiziums vom 4. August 1856 zurückgreifen (Denz.-Sch., Nr. 283-285).

2) De diabolo tenlatore, Homilie II, 1, PG, 49, 257-258.

3) Mt 8, 28-34; 12, 22-45. Wenngleich verschiedene Deutungen zugestanden werden, die jeder Synoptiker den Teufelsaustreibun-

gen gibt, muß man doch deren weitgehende Übereinstimmung zugeben.

4) Mk 1, 12-13.

5) Mt 5, 37; 6, 13. Vgl. Jean Carmignac, Recherches sur le „Notre Pere”, Paris, 1969, S. 305-319. Dies ist übrigens die allgemeine Erklärung der griechischen und einiger abendländischer Väter (Tertullian, hl. Ambrosius, Cassian). Aber der hl. Augustinus und das Libera nos der lateinischen Messe waren nach einer unpersönlichen Deutung ausgerichtet.

6) E. Renaudot, Liturgiarum orientalium collectio, 2. Bd. (ad locum Missae); H. Denzinger,Ratus Orientalium, 1961, 2. Bd., S. 436. Dies scheint auch die Erklärung zu sein, der Paul VI. bei seiner Ansprache in der Generalaudienz vom 15. November 1972 folgte, weil man dort vom Bösen als lebendem und persönlichem Prinzip spricht (L'Osservatore Romano, 16.11.1972).

7) Mt 13, 19.

8) Mt 13, 39.

9) Mt 16, 19 so verstanden von P. Jouon, M. J. Lagrange, A. Medebielle, D. Buzy, M. Meinertz, W. Trilling, Jeremias usw. Es ist darum nicht zu verstehen, daß mancher heute Mt 16, 19 beiseite läßt, um bei 16, 23 zu verweilen.

10) Lk 22, 31.

11) Joh 14, 30.

12) Lk 22, 53; vgl. Lk 22, 3 legt nahe, wie angenommen wird, daß der Evangelist diese „Macht der Finsternis” in unpersönlicher Weise versteht.

13) Joh 16, 11.

14) Eph 2, 1-2; 2 Thess 2, 11: 2 Kor 4, 4.

15) Gal 5, 17; Röm 7, 23-24.

16) Eph 6, 11-16.

17) Eph 4, 27; 1 Kor 7, 5.

18) Röm 16, 20.

19) 2 Kor 4, 4.

20) 2 Thess 2, 7.

21) 2 Kor 4, 4 zitiert von Paul VI. in der bereits erwähnten Ansprache.

22) 1 Kor 10, 19-20; Röm 21-22. Dies ist praktisch die Deutung, die in Lumen gentium, Nr. 16 gegeben wird: „Vom Bösen ge-

täuscht, wurden die Menschen oft eitel in ihren Gedanken, vertauschten die Wahrheit Gottes mit der Lüge und dienten der Schöpfung mehr als dem Schöpfer".

23) 2 Kor 11, 3.

24) 2 Thess 2, 3-4, 9-11.

25) Apg 12, 9.

26) Joh 12, 31; 14, 30; 16, 11.

27) Joh 8, 34.

28) Joh 8, 38. 44.

29) Joh 8, 44.

30) Joh 8, 41.

31) ebd.

32) Joh 8, 38. 44.

33) Adv. Haer., V, XXIV, 3, PG, 7, 1188 A.

34) Ebd. XXI, 2, PC, 7, 1179 C-1180 A.

35) De Civitate Dei, Bd. XI, IX, PL, 41, 323-325.

36) De Genesi ad litteram, Bd. XI, XXIV, 31, PL, 34, 441-442.

37) PL, 76, 694; 705, 722.

38) Hl. Irenaeus, Adv. haer., IV, XI, 3, PG, 7, 113 C.

39) De praescriptionibus, Kap. XL, PL, 2, 54; De jejuniis, Kap. XVI, ebd. 977.

40) „Firmiter credimus et simpliciter confitemur ... unum universorum principium, creator omnium invisibilium et visibilium, spiritualium et corporalium, qui sua omnipotenti virtute simul ab initio temporis, utramque de nihilo condidit creaturam, spritualem et corporalem, angelicam videlicet et mundanam, ac deinde humanam quasi communem ex spiritu et corpore constitutum. Diabolus enim et daemones alii ad Deo quidem natura creati sunt boni, sed ipsi per se facti sunt mali. Homo vero diaboli suggestione peccavit..." (C.OE.D. = Conciliorum Oecumenicorum Decreta, Ausg. I.S.R. Bologna 1973, 3, S. 230; Denz.-Sch., Enchiridion symbolorum, Nr. 800).

41) Dieses Glaubensbekenntnis, das vom Kaiser Michael Paleologus abgelegt wurde und durch Hardouin und Mansi in den Akten dieses Konzils erhalten ist, kann man bequem in Denz.-Sch. Nr. 851 finden. Die C.OE.D. von Bologna läßt sie aus, ohne hierfür einen Grund anzugeben (beim I. Vatikanischen Konzil appellierte gleichwohl offiziell der Relator der Deputatio fidei diesbezüglich,

Mansi, Bd. 52, 113 B).
42) Sessio IX: Bulla unionis Coptorum (Bulle der Wiedervereinigung der Kopten), C.OE.D. S. 571: Denz.-Sch., Nr. 1333.
43) Denz-Sch., Nr. 1862 (fehlt in C.OE.D.).
44) Sessio III: Consiitutio „Dei Filius”, 1. Kap.: C.OE.D., S. 805-806; Denz.-Sch., Nr. 3002.
45) Mani, der Gründer der Sekte, lebte im 3. Jahrhundert unserer Zeitrechnung. Mit Beginn des folgenden Jahrhunderts behauptete sich der Widerstand der Väter gegen den Manichaeismus.Ephiphanius widmete dieser Haeresie einen langen Traktat und widerlegte sie (Haer. 66, PG, 42, ä-172). Der hl. Athanasius spricht hierüber bei gegebener Gelegenheit (Oratio contra gentes, 2,PG, 25, 6 C). Der hl. Basilius schrieb hierüber eine kleine Abhandlung: Quod Deus non sit auctor malorum (PG, 31, 330-354). Didymus von Alexandrien ist Verfasser eines Buches (Contra Manichaeos (PG, 39, 1085-1110). Im Abendland kämpfte Augustinus systematisch nach seiner Bekehrung gegen den Manichaeismus, den er in seiner Jugend angenommen hatte (vgl. PL, 42).
46) Oratio 40. In sanctum Baptisma, Par. 45, PG, 36, 424 A.
47) Die Väter interpretierten in diesem Sinne die Verse Is 14, 14 und Ez 28,2, in denen die Propheten den Stolz der heidnischen Könige von Babylonien und Tyrus anprangerten.
48) „Sagt mir nicht, daß die Bosheit immer im Teufel existiert habe; anfangs war er davon frei; es handelt sich hier um eine Eigenschaft seines Seins, die erst in der Folge dazu kam” (hl. Joh. Chrysostomus, De diabolo tentatore, Homilie II, 2, PG, 49, 260).
49) Quod Deus non sit auctor malorum (Daß Gott nicht der Urheber der Übel ist), 8, PG, 31, 345 C-D.
50) Oratio 38. In Teophania, 10, PG, 36, 320 C-321 A; Oratio 45. In sanctum Pascha, ebd., 629 B.
51) Vgl. oben Nr. 67.
52) Contra Manichaeos, 16: deutet in diesem Sinne Joh 8, 44 (in veritate non stetit), PG, 39, 1105 C; vgl. Enarratio in epist. B. Iudae, Vers 9, ebd. 1814 C - 1815 B.
53) Adversus Marcionem, II, X, PL, 296-298.
54) Vgl. den Paragraphen, der auf den ersten der canones de Trinitate, folgt.
55) Apologia proph. David, I, 4, PL, 14. 1455 C-D; in Psalmum

118, 10, PL, 15, 1363 D.
56) De Genesi ad litteram, Buch XI, XX-XXL 27-28, PL, 34, 439-440.
57) Denz.-Sch., Nr. 457.
58) Ad gentes, Nr. 3 und 14 (man beachte das Zitat von Kol 1, 13 sowie die Anmerkungen zu Nr. 14).
59) Gaudium et spes, Nr. 37 b.
60) Eph 6, 11-12, hervorgehoben in Lumen gentium, Nr. 43 d.
61) Eph 6, 12, auch hervorgehoben in Lumen gentium, Nr. 35 a.
62) Lumen gentium, Nr. 5 a.
63) Die ganze katholische Tradition berichtet, dass die Vorbereitung der Taufbewerber immer von mehreren Exorzismen begleitet worden ist. Das Taufritual der kleinen Kinder enthält auch Exorzismen. Das älteste Rituale Romanum stammt aus 1614. Ein neues Ritual wurde 1999 von Rom verfasst, dessen endgültige Version 2005 veröffentlicht wurde (Anm. von J.-R. Fropo).

Anhang 2: Papst Paul VI., Generalaudienz vom 15. November 1972[134]

„Was braucht die Kirche am dringendsten? Unsere Antwort soll euch nicht überraschen, da sie euch vielleicht zu einfach oder sogar abergläubisch erscheint. Die Kirche muss sich vor allem gegen den Dämon verteidigen (…). Kann man gegenüber der Boshaftigkeit, dem Tod, der Grausamkeit, der Sünde, in einem Wort, der Gegenwart des Bösen, das uns von allen Seiten angreift, gleichgültig bleiben? (…) Das Böse ist nicht nur ein Mangel, es ist etwas, das existiert. Es ist etwas Lebendiges, ein Geist, ein perverses Wesen, ein Verderber, eine geheimnisvolle und schreckliche, jedoch sehr wirklichkeitsnahe Realität, die Angst macht.

Derjenige, der sich weigert an die Existenz des Dämons zu glauben, stellt sich mit voller Absicht außerhalb der Lehre und der Tradition der Kirche. (…) Wir müssen wissen, dass dieses dunkle Wesen, das uns quält, wirklich existiert. Mit verräterischer Bösartigkeit ist es in dieser Welt immer am Werk. Es ist der Feind, der sich verbirgt, um Fehler und Unglück zu säen. Dies zieht sich durch die ganze Menschheitsgeschichte hindurch (Mt 13,36-44).

Verschiedene Abschnitte des Evangeliums zeigen uns, dass es sich nicht nur um einen, sondern um zahlreiche Dämonen handelt. Einer von ihnen ist jedoch der Anführer, es ist Satan, der zum Gegner, zum Feind, werden will. Mit ihm gibt es viele andere, alles Geschöpfe Gottes, jedoch gefallene Geschöpfe. Es sind die Rebellen und die Verdammten (…).

Der Dämon bedroht auf heimtückische Art und Weise das moralische Gleichgewicht des Menschen. Er ist der hinterhältige und listige Verführer, der weiß, wie er sich in die

Sinne, die Phantasie, die Begierden, die utopische Logik, die verworrenen sozialen Beziehungen einschleichen kann, damit wir dann durch unsere Handlungen falsche und schädliche Wege beschreiten, die aber dem Anschein nach mit unseren tiefen, instinktiven Bestrebungen übereinstimmen."

Anhang 3: Papst Johannes Paul II., Generalaudienz vom 20. August 1986[135]

„Das ist die große Gewissheit des christlichen Glaubens: ‚Der Herrscher dieser Welt ist gerichtet' (Joh 16,11); ‚der Sohn Gottes ist erschienen, um die Werke des Teufels zu zerstören' (1 Joh 3,8), wie uns der heilige Johannes bestätigt. Christus, der Gekreuzigte und Auferstandene, hat sich also als jener ‚Stärkere' geoffenbart, der den ‚starken Mann' den Teufel, besiegt und dem er die Gewalt genommen hat. Die Kirche hat Anteil am Sieg Christi über den Teufel: Christus hat in der Tat seinen Jüngern die Gewalt gegeben, Dämonen auszutreiben (vgl. Mt 10,1 und parallel Mk 16,17). Die Kirche übt diese sieghafte Gewalt aus durch den Glauben an Christus und durch das Gebet, das in bestimmten Fällen die Form des Exorzismus annehmen kann.

Diese geschichtliche Phase des Sieges Christi ist von der Ankündigung und dem Beginn des Endsieges, der Parusie, geprägt, des zweiten und endgültigen Kommens Christi am Schluss der Geschichte, auf das hin das Leben des Christen entworfen ist. Wenn es auch wahr ist, dass die irdische Geschichte weiterhin abläuft unter dem Einfluss ‚jenes Geistes, der' – wie der heilige Paulus sagt – ‚in den Ungehorsamen wirksam ist' (Eph 2,2), so wissen die Gläubigen doch, dass sie dazu berufen sind, für den endgültigen Sieg des Guten zu kämpfen: ‚Denn wir haben nicht gegen Menschen aus

Fleisch und Blut zu kämpfen, sondern gegen die Fürsten und Gewalten, gegen die Beherrscher dieser finsteren Welt, gegen die bösen Geister des himmlischen Bereichs‘ (Eph 6,12). Der Kampf wird allmählich, wenn es dem Ende zugeht, in gewissem Sinn immer heftiger, wie es vor allem die Offenbarung des heiligen Johannes hervorhebt, das letzte Buch des Neuen Testamentes.

Aber gerade dieses Buch betont die Gewissheit, die uns von der ganzen göttlichen Offenbarung gegeben ist: dass nämlich der Kampf mit dem endgültigen Sieg des Guten endet. In diesem Sieg, der bereits im Voraus im Ostergeheimnis Christi enthalten ist, erfüllt sich definitiv die erste Ankündigung aus dem Buch Genesis, die den bezeichnenden Namen Protoevangelium trägt. Darin hält Gott der Schlange entgegen: ‚Feindschaft setze ich zwischen dich und die Frau‘ (Gen 3,15). In dieser entscheidenden Phase wird Gott das Geheimnis seiner väterlichen Vorsehung zur Vollendung bringen und jene ‚der Macht der Finsternis entreißen‘, die er ewig ‚in Christus vorausbestimmt hat‘, und wird sie ‚in das Reich seines geliebten Sohnes aufnehmen‘ (vgl. Kol 1,13-14). Dann wird der Sohn dem Vater auch das ganze Universum unterwerfen, damit „Gott herrscht über alles und in allem” (1 Kor 15,28).[136]

Anhang 4: Der Exorzismus von Papst Leo des XIII. – „der kleine Exorzismus“

Der Gebrauch dieses Gebets hat zu verschiedenen Interpretationen geführt. Um zu dieser Frage Position zu beziehen, werden wir chronologisch vorgehen:

1925: Der von Leo XIII. veröffentliche Text wird im *Rituale*

Romanum mit folgendem Vermerk veröffentlicht: „Dieser Exorzismus kann mit Erlaubnis der Bischöfe von Bischöfen und Priestern gesprochen werden."

1944: Der Bischof von Citta delle Peve fragt die *Heilige Kongregation des Heiligen Offiziums* (die später zur *Kongregation für die Glaubenslehre* wurde), ob jeder Gläubige den unter dem Pontifikat von Leo XIII. veröffentlichen Exorzismus rezitieren kann. Die *Heilige Kongregation des Heiligen Offizium* antwortet mit Nein, weil: „die Anwendung dieses Exorzismus zu einem gewissen Aberglauben führte und weil die Kirche üblicherweise dieses Amt nur zugelassenen Priestern gibt." Es gibt für diese Entscheidung zwei Gründe: die Vorsicht und die kirchliche Tradition.

1985: Der damalige Präfekt der *Kongregation für die Glaubenslehre,* Kardinal Joseph Ratzinger, veröffentlicht Anweisungen über den Exorzismus mit folgender Bemerkung: „Die Gläubigen dürfen den Exorzismus gegen Satan und die rebellierenden Engel nicht benützen, der von dem Exorzismus abgeleitet wurde, der durch Verfügung Papst Leo XIII. öffentliches Recht wurde; und noch weniger dürfen sie den vollständigen Text dieses Exorzismus verwenden."[137] [138]

Noch zwei Bemerkungen: unter „die Gläubigen" versteht man, die „gläubigen Laien" und die „gläubigen Geistlichen".

2000: Der damalige Präfekt der *Kongregation für die Glaubenslehre,* Kardinal Joseph Ratzinger, veröffentlicht am 14. September eine *Instruktion über die Gebete um Heilung durch Gott.* Im diesem Dokument werden präzise disziplinäre Bestimmungen festgelegt wie: „Art. 8 § 1. Der Dienst des Exorzismus muss gemäß can. 1172 CIC, dem

Schreiben der Kongregation für die Glaubenslehre vom 29. September 1985 und dem Rituale Romanum unter Weisung des Diözesanbischofs ausgeübt werden. § 2. Die im Rituale Romanum enthaltenen Exorzismusgebete müssen von den liturgischen und nicht liturgischen Heilungsgottesdiensten unterschieden bleiben. § 3. Es ist streng verboten, solche Exorzismusgebete in die Feier der heiligen Messe, der Sakramente oder des Stundengebetes einzufügen."

2005: Das neue Ritual für Exorzismus *De exorcismis et supllicationibus quibusdam* wurde am 22. November 1998 von der Kongregation für den Gottesdienst und die Sakramentenordnung veröffentlicht. Die französische Übersetzung wurde 2005 verlegt. Dieses neue Ritual enthält im Anhang I einen Text „Bittgebet und Exorzismus in besonderen Umständen in der Kirche", der dem Text von Leo XIII. sehr ähnelt. Es wird dann präzisiert, dass dieses Gebet von einem Priester mit der Genehmigung des Bischofs gesprochen wird, „wenn menschliche Situationen und Ereignisse zu der Annahme führen, dass dämonisches Handeln in Sachen und Orten besteht, oder verschiedene Formen der Gegnerschaft und der Verfolgung der Kirche annimmt."

Anhang 5: Anhang I des Rituale 1998[139] [140]

Die Gegenwart des Teufels und anderer Dämonen erscheint und zeigt sich nicht nur in versuchten und gequälten Personen, sondern auch in Sachen oder Orten, die irgendwie durch dämonisches Handeln betroffen sind, und auch in verschiedenen Formen der Gegnerschaft und der Verfolgung der Kirche. Wenn der Diözesanbischof unter besonderen Umständen es für angebracht hält, Versammlungen der Gläubigen zum Gebet öffentlich anzusagen, unter Führung und Leitung eines Priesters, können aus dem Folgenden Elemente für Bitthandlung genommen werden.

ABLAUF DES GEBETS

Nach dem üblichen Gruß spricht man die Heiligenlitanei, die vom Priester mit folgendem Gebet abgeschlossen wird:

Heiliger Schöpfergeist, stehe gnädig der katholischen Kirche bei. Stärke und festige sie gegen die Angriffe der Feinde mit deiner Kraft von oben. Erneuere den Geist deiner Gläubigen, die Du gesalbt hast, mit deiner Liebe und Gnade, dass sie in dir den Vater verherrlichen und seinen eingeborenen Sohn Jesus Christus, unsern Herrn.

Es können Fürbitten gesprochen werden. Am Schluss wird immer in gewohnter Weise das Herrengebet gesprochen:

Im Namen Jesu Christi, unseres Herrn und Gottes, auf die Fürsprache der unbefleckten Jungfrau und Gottesmutter Maria, des seligen Erzengels Michael, der seligen Apostel Petrus und Paulus und aller Heiligen, gestützt auf die heilige Vollmacht des von der Kirche empfangenen Dienstes, gehe ich furchtlos daran, die Erscheinungen des teuflischen Truges zu vertreiben.

Gott steht auf, seine Feinde zerstieben; die ihn hassen, fliehen vor seinem Angesicht.
Wie Rauch verfliegt, so zerstreust du sie, wie Wachs am Feuer zerfließt, so vergehen die Frevler vor Gottes Angesicht.

V. Seht das Kreuz des Herrn, flieht, ihr feindliche Mächte.

R. Gesiegt hat der Löwe vom Stamm Juda, aus dem Geschlecht Davids.
V. Erweise uns, Herr, deine Barmherzigkeit.
R. Denn wir haben auf dich gehofft.
V. Herr, erhör mein Gebet.
R. Und lass mein Rufen zu dir kommen.

Gott des Himmels, Gott der Erde, Gott der Engel, Gott der Erzengel, Gott der Patriarchen, Gott der Propheten, Gott der Apostel, Gott der Märtyrer, Gott der Priester, Gott der Jungfrauen, Gott aller heiligen Männer und Frauen, du hast die Macht, Leben zu geben nach dem Tod, Ruhe nach der Arbeit, denn es gibt keinen anderen Gott außer dir, noch kann einer sein außer dir, Schöpfer alles Sichtbaren und Unsichtbaren, dessen Reich kein Ende hat: Demütig rufen wir deine Macht und Herrlichkeit an: Befreie uns machtvoll von aller Gewalt, aus aller Täuschung und Schlechtigkeit der bösen Geister und bewahre uns unversehrt durch Jesus Christus, unseren Herrn.

Wenn es dem Priester angebracht erscheint, spricht er, mit ausgebreiteten Armen die folgende imperative Formel in der Art eines Exorzismus. Die anwesenden Gläubigen beteiligen sich nicht daran.

Ich beschwöre dich, jedweder unreine Geist, jedwede Macht der Finsternis, jedweder höllische Auflauf des Feindes, jedwede Legion, Ansammlung oder teuflische Partei, im Namen und der Kraft unseres Herrn Jesus Christus, abzulassen und zu fliehen von der Kirche Gottes, von den nach dem Bild Gottes geschaffenen und durch das kostbare Blut des Lammes erlösten Seelen. Wage es nicht mehr, listige Schlange, das Menschengeschlecht zu täuschen, die Kirche Gottes zu verfolgen und die Erwählten Gottes zu schütteln und zu sieben wie Weizen. Das befiehlt dir der allerhöchste Gott, dem du dich in deinem Hochmut für ebenbürtig hältst; der alle Menschen zum Heil führen will und zur Erkenntnis der Wahrheit. Das befiehlt dir Gott, der Vater, das befiehlt dir Gott, der Sohn; das befiehlt dir Gott, der Heilige Geist. Das befiehlt dir Christus, das menschgewordene ewige Wort Gottes, der sich für das Heil unseres durch deinen Neid verdorbenen Geschlechtes erniedrigte und gehorsam wurde bis zum Tod. Er hat seine Kirche erbaut auf festen Felsen, und verheißen, dass die Pforten der Hölle sie nicht überwältigen, da er selbst bei ihr bleibt alle Tage bis zum Ende der Welt. Das befiehlt dir dieses heilige Zeichen + des Kreuzes, die Kraft aller Geheimnisse des christlichen Glaubens. Das befiehlt dir die erhabene Gottesmutter und Jungfrau Maria, die vom ersten Augenblick ihrer unbefleckten Empfängnis an in ihrer Demut dein stolzes Haupt verdüstert hat. Das befiehlt dir der Glaube der heiligen Apostel Petrus und Paulus und der übrigen Apostel. Das befiehlt dir das Blut der Märtyrer und die inständige Fürbitte aller heiligen Frauen und Männer. Daher, teuflisches Herr, beschwöre ich dich bei dem lebendigen Gott, bei dem wahren Gott, bei dem heiligen Gott, bei dem Gott, der die Welt so sehr geliebt hat, dass er seinen eingeborenen Sohn dahin gab, damit jeder, der an ihn glaubt, nicht zugrunde geht, sondern das ewige Leben habe: Höre auf, die Menschengeschöpfe zu täuschen, und ihnen das Gift des ewigen Verderbens zu verabreichen; Lass davon ab, der Kirche zu schaden und ihre Freiheit in Fesseln zu schlagen.

Weiche, Satan, Vater der Lüge, Feind des Heils der Menschen. Mache Christus Platz, an dem du nichts von deinen Werken gefunden hast; mache Platz der einen, heiligen, katholischen und apostolischen Kirche, die

Christus selbst sich mit seinem Blut erworben hat. Demütige dich unter der mächtigen Hand Gottes; erzittere und fliehe vor dem heiligen Namen Jesus, den die Hölle fürchtet, dem die Mächte des Himmels und alle Gewalten und Kräfte unterworfen sind; den die Cherubim und Seraphim unermüdlich loben: Heilig, Heilig, Heilig der Herr, der Gott Sabaoth.

Dann wird folgende Antiphon gesungen oder gesprochen:

Unter deinen Schutz fliehen wir, heilige Gottesmutter! Verschmähe in unseren Nöten nicht unsere Bitten, sondern befreie uns immer aus allen Gefahren, du glorreiche und gebenedeite Jungfrau.

Es kann auch folgende Anrufung des hl. Erzengels Michael gesprochen werden, oder eine andere, dem Volk geläufige Anrufung.

Glorreichster Anführer der himmlischen Heerscharen, heiliger Erzengel Michael, verteidige uns im Kampfe gegen Fürsten und Gewalten, gegen die Machthaber der Finsternisse dieser Welt, gegen die Geister der Bosheit in den Höhen. Komm uns Menschen zu Hilfe, die Gott nach seinem Ebenbild geschaffen und um einen hohen Preis aus der Knechtschaft des Teufels erkauft hat.
Dich verehrt die heilige Kirche als ihren Beschützer und Patron, dir hat der Herr die Seelen der Gerechten anvertraut, sie in die himmlischen Gefilde zu geleiten.
Bitte den Gott des Friedens, den Satan unter unseren Füßen zu zermalmen, dass er nicht weiter Menschen gefangen halten und der Kirche schaden kann.
Bringe unsere Gebete vor das Antlitz des Allerhöchsten, damit seine Barmherzigkeit uns schnell erreicht, und du

den Drachen, die alte Schlange ergreifst, die der Teufel und Satan ist und ihn gefesselt in den Abgrund wirfst, damit er nicht länger die Völker verführt. Amen.

Der Priester besprengt dann den Ort mit Weihwasser. Dann segnet er die Teilnehmer wie gewöhnlich und entlässt sie.

Anhang 6: Anhang II des Rituale 1998[141] [142]

GEBETE, DIE VON DEN GLÄUBIGEN ZUR ABWEHR DER MÄCHTE DER FINSTERNIS PRIVAT GEBETET WERDEN KÖNNEN

1. Herr und Gott, erbarme dich meiner, deines Dieners. Wegen der Menge der Nachstellungen bin ich wie ein verdorbenes Gefäß; entreiße mich der Hand meiner Feinde und steh bei mir: Suche das Verdorbene, nimm das Gefundene an dich und behalte es in deiner Obhut, dass ich dir in allem gefalle, der mich, wie ich fest glaube, mit starker Hand erlöst hat durch Christus, unseren Herrn. Amen.

2. Allmächtiger Gott, du gibst den Verlassenen Heimat und führst Gefangene in Freiheit. Sieh meine Bedrängnis und steh auf mir zu helfen. Besiege den ruchlosen Feind und vertreibe ihn von mir, dass ich frei werde und Ruhe finde, dass ich verkünde: du bist wunderbar, der du deinem Volk große Macht verleihst durch Christus, unseren Herrn. Amen.

3. Gott, Schöpfer und Schützer des Menschengeschlechtes, du hast den Menschen nach deinem Bild geschaffen und ihn durch die Taufgnade noch wunder-

barer erneuert. Schau auf mich, deinen Diener, und sei gnädig meinem Flehen. Lass, so bitte ich in meinem Herzen, den Glanz deiner Herrlichkeit aufstrahlen, damit ich von Bedrängnis, Furcht und Angst frei werde und dich mit ruhigem Geist und Sinn in der Kirche mit meinen Brüdern und Schwestern preisen kann. Das erbitte ich durch Christus, unseren Herrn. Amen.

4. Gott, du Quelle aller Barmherzigkeit und Güte, nach deinem Willen hat dein Sohn das Kreuz auf sich genommen, um die Macht des Bösen aus uns zu vertreiben. Schau in Güte auf meine Erniedrigung und meinen Schmerz und vertreibe aus mir das Wüten des Bösen. Verleihe mir, den du im Brunnen der Taufe erneuert hast, die Gnade deines Segens, durch Christus, unseren Herrn. Amen.

5. Gott, du hast aufgrund deiner Gnade gewollt, dass ich ein Kind des Lichtes sei. Hilf mir, dass ich nicht der Finsternis der Dämonen verfalle, sondern sichtbar im Glanz der von dir geschenkten Freiheit bleibe. So bitte ich dich durch Christus, unseren Herrn. Amen.

ANRUFUNGEN DER ALLERHEILIGSTEN DREIFALTIGKEIT

Ehre sei dem Vater und dem Sohn und dem
Heiligen Geist.
Gott allein sei Ehre und Herrlichkeit.
Lass uns preisen den Vater, den Sohn und den
Heiligen Geist;
Lasst uns ihn loben und erheben in Ewigkeit.
Dich rufen wir an, dich loben wir, dich beten wir an, heiligste Dreifaltigkeit.

Unsere Hoffnung, unser Heil, unsere Ehre,
heiligste Dreifaltigkeit.
Befreie mich, heile mich, belebe mich,
heiligste Dreifaltigkeit.
Heilig, heilig, heilig Herr, allmächtiger Gott,
der da war und der ist und der kommen wird.
Dir ist die Ehre und Herrschaft, selige Dreifaltigkeit,
Dir ist die Herrlichkeit und die Herrschaft in alle Ewigkeit, heilige Dreifaltigkeit.
Dir sei Lob, dir sei Ruhm, dir sei Dank in alle Ewigkeit,
heilige Dreifaltigkeit.
Heiliger Gott, Heiliger starker Gott,
heiliger unsterblicher Gott,
erbarme dich unser.

ANRUFUNGEN UNSERES HERRN JESUS CHRISTUS

Jesus, Sohn des lebendigen Gottes,
erbarme dich meiner;
Jesus, Bild des Vaters,
Jesus, ewige Weisheit,
Jesus, Strahl des ewigen Lichtes,
Jesus, Wort des Lebens,
Jesus, Sohn der Jungfrau Maria,
Jesus, Gott und Mensch,
Jesus, unser Hoherpriester,
Jesus, Verkünder des Reiches Gottes,
Jesus, Weg, Wahrheit und Leben,
Jesus, Brot, des Lebens,
Jesus, wahrer Weinstock,
Jesus, Bruder der Armen,
Jesus, Freund der Sünder,
Jesus, Arzt für Leib und Seele,
Jesus, du Heil der Niedergedrückten,
Jesus, du Trost der Verlassenen,

Du bist auf diese Welt gekommen,
Du hast die Besessenen vom Teufel befreit,
Du hast am Kreuz gelitten,
Du hast für uns den Tod auf dich genommen,
Du hast im Grab gelegen,
Du bist in die Unterwelt hinabgestiegen,
Du bist von den Toten auferstanden,
Du bist in den Himmel aufgefahren,
Du hast den Aposteln den Heiligen Geist gesandt,
Du sitzt zur Rechten des Vaters,
Du wirst kommen zu richten die Lebenden
und die Toten
Durch deine heilige Menschenwerdung,
befreie mich, o Herr.
Durch deine Geburt,
Durch deine Taufe und dein Fasten,
Durch deinen Tod und dein Begräbnis,
Durch deine heilige Auferstehung,
Durch deine Himmelfahrt,
Durch die Sendung des Heiligen Geistes,
Durch deine Wiederkunft in Herrlichkeit.

ANDERE GEBETE ZU UNSEREM HERRN

Wenn das Kreuz genannt wird, kann der Gläubige sich nach Möglichkeit bekreuzigen.

Heiland Jesus Christus,
rette mich durch die Kraft des Kreuzes. +
Du hast den Petrus aus dem Meer gerettet, erbarme dich meiner.
Durch das Zeichen des Kreuzes + rette uns,
befreie uns von unseren Feinden, Herr, unser Gott.
Durch dein Kreuz +, rette uns Erlöser Christus.
Durch dein Sterben hast du unseren Tod vernichtet

und durch deine Auferstehung das Leben erneuert.
Dein heiliges Kreuz + beten wir an, Herr,
wir gedenken deines glorreichen Leidens;
der für uns gelitten hast, erbarme dich unser.
Wir beten dich an, Jesus Christus und preisen dich,
denn durch dein heiliges Kreuz +
hast du die Welt erlöst.

PFINGSTSEQUENZ

Komm herab, o Heiliger Geist,
der die finstre Nacht zerreißt,
strahle Licht in diese Welt.
Komm, der alle Armen liebt,
komm, der gute Gaben gibt,
komm, der jedes Herz erhellt.
Höchster Tröster in der Zeit,
Gast, der Herz und Sinn erfreut,
köstlich Labsal in der Not,
in der Unrast schenkst du Ruh,
hauchst in Hitze Kühlung zu,
spendest Trost in Leid und Tod.
Komm, o du glückselig Licht,
fülle Herz und Angesicht
dring bis auf der Seele Grund.
Ohne dein lebendig Wehn
kann im Menschen nichts bestehn,
kann nichts heil sein noch gesund.
Was befleckt ist, wasche rein,
Dürrem gieße Leben ein,
heile du, wo Krankheit quält.
Wärme du, was kalt und hart,
löse, was in sich erstarrt,
lenke, was den Weg verfehlt.

Gib dem Volk, das dir vertraut,
das auf deine Hilfe baut,
deine Gaben zum Geleit.
Laß es in der Zeit bestehn,
deines Heils Vollendung sehn
und der Freuden Ewigkeit.
Amen. Halleluja.

ANRUFUNGEN DER SELIGEN JUNGFRAU MARIA

Unter deinen Schutz fliehen wir, heilige Gottesmutter;
verschmähe nicht unser Gebet in unseren Nöten,
sondern erlöse uns jederzeit von allen Gefahren.
Du glorreiche und benedeite Jungfrau,
Trösterin der Betrübten, bitte für uns.
Hilfe der Christen, bitte für uns.
Würdige mich, dich zu loben, heilige Jungfrau;
Verleihe mir Kraft gegen deine Feinde.
Meine Mutter, meine Zuversicht.
Jungfrau und Gottesmutter,
lege bei Jesus Fürsprache für mich ein.
Hehre Königin der Welt, Maria allzeit Jungfrau,
die du Christus den Herrn und
Erlöser aller geboren hast,
erwirke uns Frieden und Heil.
Maria, Mutter der Gnade, Mutter der Barmherzigkeit,
bewahre uns vor dem bösen Feind
und nimm uns auf in der Stunde des Todes.
Gütigste Jungfrau Maria,
komm mir in aller Trübsal, in meinen Ängsten und Nöten zu Hilfe
und erlange mir von deinem geliebten Sohn
die Erlösung von allem Übel
und von den Gefahren der Seele und des Leibes.

Gedenke, gütigste Jungfrau Maria:
es ist noch nie gehört worden,
dass jemand, der zu dir seine Zuflucht genommen,
deine Hilfe angerufen, um deine Fürsprache gefleht
von dir im Stich gelassen wurde.
Von solchem Vertrauen beseelt,
nehme ich zu dir meine Zuflucht, Mutter,
Jungfrau der Jungfrauen,
zu dir komme ich, vor dir stehe ich seufzend als Sünder.
Mutter des Ewigen Wortes,
verschmähe meine Worte nicht,
sondern höre mich gnädig an und erhöre mich. Amen.

ANRUFUNG DES HL. ERZENGELS MICHAEL

Heiliger Erzengel Michael, verteidige uns im Kampf gegen die Bosheit und Nachstellungen des Teufels; sei unser Schutz. Gott gebiete ihm Einhalt, so bitten wir inständig: Du aber, Führer der himmlischen Heerscharen, stoße den Satan und die anderen bösen Geister, die in der Welt umherziehen, die Seelen zu verderben, mit der Kraft Gottes hinab in die Hölle. Amen.

VERSCHIEDENE LITANEIEN

Herr, erbarme dich.
Christus, erbarme dich.
Herr erbarme dich.

BITTE(T) FÜR UNS
Heilige Maria, Mutter Gottes,
Heiliger Michael,
Heiliger Gabriel,

Heiliger Raphael,
Heilige Schutzengel,
Heiliger Johannes der Täufer,
Heiliger Joseph,
Heiliger Petrus,
Heiliger Paulus,
Heiliger Johannes,
Alle heiligen Apostel,
Heilige Maria Magdalena,
(Hier können die Namen von weiteren Heiligen und Seligen hinzugefügt werden)

Befreie uns (mich), o Herr
Von allem Übel,
Von aller Sünde,
Von den Nachstellungen des Teufels,
Vom ewigen Tod.
Christus, höre uns (mich).
Christus, erhöre uns (mich).

Anhang 7: Gebet des Priesters um Durchtrennung von Bindungen und um Befreiung[143]

Nachdem man erkannt hat, welche Personen einen schlechten Einfluss ausgeübt haben sowie die darin verwickelten bösen Geister benennen kann, spricht man ein Gebet um die „Durchtrennung von Bindungen" und um Befreiung von den „bösen Geistern".

Das Kreuzzeichen mit Weihwasser machen. Anrufung Christi, unseres Erlösers, Anrufung Marias *(Gegrüßet seist Du, Maria)*. Man kann den Psalm 90 oder Mk 16,14-18 lesen.

Anrufung Jesu, damit er uns mit seinem kostbaren Blut beschützt; Anrufung des Heiligen Geistes; das Glaubensbekenntnis der Taufe; die Heiligenlitanei; das Sakrament der Versöhnung ist notwendig, wenn der Betroffene katholisch getauft ist.

Ihn darauf aufmerksam machen, dass leichte Reaktionen auftreten können: Übelkeit, Schwindelanfälle, Husten, Hitzewallungen, körperliche Schmerzen, Zittern. Dann beten, indem man den dreifaltigen Gott, Jesus unseren Herrn, die Heilige Jungfrau hintereinander anruft (währenddessen legt man die Stola auf die Schulter des Menschen):

Es durchtrenne der Allmächtige Gott, die heilige Dreifaltigkeit, der Schöpfer der sichtbaren und unsichtbaren Welt alle negativen, bösen, dämonischen Bindungen zwischen euch und... (Betroffenen benennen), wie mit allen Menschen, die euch etwas Böses angetan haben, oder euch etwas Böses gewünscht haben. Er durchtrenne diese Bindungen endgültig und vollständig und zwar für immer und für die Ewigkeit.

Es befreie euch der mächtige und barmherzige Gott von allen bösen Geistern... (sie benennen), von allen Hindernissen des Lebens... (sie benennen: Gesundheit, Arbeit...) endgültig und vollständig und zwar für immer und für die Ewigkeit.

Es befreie euch Jesus, unser Herr und Erlöser, geboren von der Jungfrau Maria, gestorben für unsere Sünden, auferstanden für unser Leben, von....

Es durchtrenne Jesus, unser Herr und Erlöser, geboren von der Jungfrau Maria, gestorben für unsere Sünden, auferstanden für unser Leben,...

Es leiste Fürbitte für euch die Allerheiligste Jungfrau Maria mit der glorreichen Himmelfahrt dank der Kraft ihres unbefleckten Herzens und ihrer Heiligen Mutterschaft, dank ihres Mitgefühls für euch am Fuß des Kreuzes für die Durchtrennung dieser dämonischen Bindungen und für eure Befreiung von jedem bösen Geist.

Herr Jesus, durch dein siegendes Kreuz, befreie X von jedem Einfluss der Geister des... Löse auf durch dein Licht die Finsternis ihrer Lügen und ihrer Fallen. Mache ihre Handlungen zunichte, zerbreche ihre Fesseln und Waffen.

Und euch, Geister des..., ich ergreife die Befehlsgewalt über euch im Namen Jesu, der euch durch sein Kreuz und seine Auferstehung besiegt hat, gehorchet ihm und beugt euch vor ihm, weil Er der einzige Herr ist. Geht zurück in die Hölle und verweilet unter dem Kreuz Jesu und unter den Füßen Marias dort gefesselt. Verlieret jede Gewalt, die ihr über X... ergriffen habt. Dass eure Listen durch das Licht Christi enthüllt und eure Fallen zerbrochen werden. Und waget nicht mehr, dieses Kind zu quälen, das Gott durch seine Leiden und sein Kreuz gerettet hat.

Es ist hilfreich, die Gebete mit einer Handauflegung zu beenden. Damit betet man für die Heilung der vom Feind verursachten Verletzungen, der von unseren Ahnen geerbten Schwierigkeiten, für die Sünden unserer Nahestehenden und für unsere eigenen.

Es kann nützlich sein, ein Gebet der Vergebung und der Versöhnung mit den Nahestehenden, den Lebenden und den Verstorbenen, anzubieten. Man muss sich vergewissern, dass die Person keinem ihrer Mitmenschen etwas hartnäckig nachträgt.

Geweihtes Öl oder Öl von Notre-Dame de Laus[144] anwenden, um die fünf Sinne zu salben. Dankgebet, Vaterunser, Segnung. (Es kann ungefähr 30 Minuten dauern).

Dem Menschen das Merkblatt *Prières de délivrance*[145] oder das Büchlein *Prières pour être délivré des esprits du Mal*[146] geben. Falls heftige Manifestationen auftreten sollten, muss man den Betroffenen zum Priester-Exorzisten der Diözese schicken.

Anhang 8: Die Heilung generationsübergreifender Bindungen durch die Eucharistie oder der „messe pour l'arbre généalogique" (Gottesdienst für die Familienbiografie)[147]

Der Brauch, eine oder mehrere Messen für die Befreiung von generationsübergreifenden Bindungen zu lesen, hat sich in der katholischen Kirche weitgehend verbreitet. Wir beschränken uns auf Frankreich und Westafrika. Eine gründliche Studie dieser Praxis wurde während der Tagung von der CERAO[148] im März 2007 in Abidjan gemacht. In Frankreich wurde in einer Note der lehrmäßigen Kommission der CEF[149] 2007 dieses Thema behandelt (…).

Welche lehrmäßigen Fehler sind in dieser Praxis enthalten? Wenn man sich auf die Schlussfolgerungen der Tagung der CERAO und auf die lehrmäßige Note der CEF bezieht, kann man sie wie folgt zusammenfassen:

1. Die von den Verstorbenen getrennten Seelen könnten einen gegenwärtigen negativen Einfluss auf die Lebenden in irgendeiner Form ausüben.

Man findet bei Thomas von Aquin[150] folgendes: „Es ist eindeutig, dass sich die vom Leib getrennten Seelen in der ewigen Heimat befinden. Deshalb muss man behaupten, dass die Seele des Menschen nach dem Tod einen unabänderlichen Zustand erreicht." Dieser unabänderliche Zustand führt zu einem unwiderruflichen Hindernis jeglichen Einflusses auf die Welt der Lebenden. Die Seelen der Verdammten, wie auch die Seelen irgendwelcher Verstorbenen, können uns auf keinen Fall schaden; der Dämon kann sie zu diesem Zweck nicht benutzen. Die Seelen, die einen Zustand der Glückseligkeit erreicht haben, können höchstens die Lebenden mit ihrer Barmherzigkeit und ihrem Gebet umhüllen, wie es in der Lehre über die Gemeinschaft der Heiligen steht. Die aus den animistischen Traditionen kommende Lehrmeinung, die einen negativen Einfluss der Ahnen befürchtet, ist also zu verwerfen. In einer Note der CEF ist auch folgendes zu lesen. „Es wird behauptet, dass die Seelen aus dem Fegefeuer die spirituelle Gesundheit ihrer Nachfahren im Alltag gravierend schädigen könnten. Wenn man also die einen befreien würde, so könnte man die anderen heilen. Es würde sich um eine neue Lehrmeinung in der katholischen Kirche handeln, die man durch die Tradition nicht rechtfertigen kann."

Es hat mit der theologischen Tradition der Kirche nichts mehr zu tun, sondern mit „magischen" Gedanken und Vorgehensweisen. So wie der hl. Thomas von Aquin und der hl. Johannes Chrysostomus sagen: die Dämonen geben sich häufig als Seelen von Verstorbenen aus, um den Irrtum der Heiden bezüglich dieser Theorie zu bestätigen.[151]

2. Wenn man die Theorie eines negativen Einflusses der Verstorbenen auf die Lebenden annimmt, würde es bedeuten, dass die moralische Verantwortung der Lebenden dementsprechend vermindert wäre. Natürlich gibt es familiäre, soziale und erbliche Konditionierungen, die zur Verminderung der moralischen Verantwortung der Lebenden führen kann, aber jeder Getaufte kann, je nach seinem Bedarf, auf die Gnade Gottes zurückgreifen: „Gott ist treu; er wird nicht zulassen, dass ihr über eure Kraft hinaus versucht werdet“ (1 Kor 10,13). Mit der Gnade Gottes bleiben wir vollkommen verantwortlich für unsere freien Entscheidungen.

3. Es würde „arme Seelen“ von Verstorbenen geben, weder gerettet noch verdammt, die sich in Erwartung ihrer Erlösung befinden würden. Diese Seelen könnten sich in den Lebenden, ohne oder mit Hilfe eines Dämons, manifestieren und ihnen schaden. Im Brief an die Hebräer steht folgendes: „Und wie es dem Menschen bestimmt ist, ein einziges Mal zu sterben, worauf dann das Gericht folgt“ (Hebr 9,27). Die Kirche hat immer gelehrt, dass das persönliche Gericht, das nach dem körperlichen Tod kommt, entscheidet, welcher Zustand – Glückseligkeit, Fegefeuer oder Hölle – eintreten wird. Der Zustand „erlöst“ (Himmel oder Fegefeuer) oder „verdammt“ ist unwiderruflich.

Der KKK sagt über das persönliche Gericht folgendes: „Jeder Mensch empfängt im Moment des Todes in seiner unsterblichen Seele die ewige Vergeltung. Dies geschieht in einem besonderen Gericht, das sein Leben auf Christus bezieht – entweder durch eine Läuterung hindurch oder indem er unmittelbar in die himmlische Seligkeit eintritt oder indem er sich selbst sogleich für immer verdammt.“[152] Man kann also die Begriffe „arme“ bzw. „wandernde“ Seelen nicht anwenden, wenn man andeuten möchte, dass diese Seelen ihren ewigen endgültigen Zustand nicht erreicht haben und in die Welt der Lebenden „wandern" würden.[153]

Durch eine Erlaubnis, die Gott ausnahmsweise erteilt, kann sich eine Seele aus dem Fegefeuer einem Lebenden gegenüber manifestieren und ihn um Gebete bitten. Diese Manifestation geschieht wahrscheinlich dank dem Wirken eines Engels, einem natürlichen Vermittler zwischen Gott und den Menschen.[154] Was ist aber in der Problematik von generationsübergreifenden Bindungen richtig?

Unter „Vererbung" versteht man die Gesamtheit der Eigenschaften, die auf unsere Nachkommen übertragen wird. Die von unseren Ahnen stammenden Erbanlagen können verschiedener Art sein:

– *körperlicher Art:* Tuberkulose, Alkoholismus, Geschlechtskrankheiten, Hämophilie, Herzfehler usw. können Anfälligkeiten und Krankheiten bei den Nachkommen verursachen.

– *seelischer Art:* einige moralische und seelische Eigenschaften können durch die Erziehung, das familiäre und soziale Umfeld übertragen werden. Wir sind von unserem Familienumfeld geprägt und können dazu neigen, einige Verhaltensweisen unserer Eltern zu wiederholen, es ist aber kein unabwendbares Schicksal. Es gibt die Freiheit des Individuums! Zu sagen: „Es ist die Schuld meiner Vorfahren" ist zu einfach!

– *spiritueller Art:* Wenn es zum Beispiel in einer Familie viele Angriffe auf das Leben (Suizid, Abtreibung, Mord usw.) gab, kann ein „Geist des Todes" einen Nachkommen binden und sowohl körperliche als auch seelische Beschwerden bei ihm hervorrufen. Wenn ein Großvater ein Großmeister bei den Freimaurern war, kann es vorkommen, dass das Enkelkind verschiedene Beschwerden aufweist, die auf die Übertragung von „Bindungen“ nach dem großväterlichen Tod zurückzuführen sind. Wenn eine Großmutter Wahrsagerei oder Spiritismus aktiv betrieben hat, können „Bindungen“ bei einem Nachkommen auftreten. Wenn nahliegende oder entfernte Ahnen animistische Praktiken, mit „Geisteranrufung“ und manchmal Hexerei angewendet haben, können die Nachkommen, auch die getauften, dämonische Bindungen auf sich ziehen. Alle diese Fälle findet man heutzutage häufig vor, sei es in Europa, Afrika oder Asien.

Man kann zu der Schlussfolgerung kommen – und viele Priester-Exorzisten haben es festgestellt –, dass Lebende dämonische Bindungen erben können, die sich durch die von ihren Ahnen in ihrem irdischen Leben angewandten irregeleiteten Praktiken erklären lassen. Es ist von einer Art dämonischer „Ansteckung“ die Rede. Diese „Bindungen“ können bei ihnen sehr schlimme Beschwerden hervorrufen. Auf einer spirituellen Ebene, die uns in diesem Fall interessiert, können diese dämonischen Bindungen durch ein Befreiungsgebet oder wenn nötig auch einen Exorzismus unterbrochen werden. Zur Befreiung solcher Bindungen kann man die Feier von Messen ins Auge fassen. Die Kirche hat immer das Messopfer zugunsten von Lebenden oder Verstorbenen erlaubt. Man kann also um die Bekehrung eines Familienmitgliedes wie auch um seine Heilung oder seine Befreiung bitten. Solche Anfragen sind vollkommen gerechtfertigt.

Msgr. Rey erklärt folgendes: „Die Tragweite der Inkarnation in unserem Leben beinhaltet eine ‚Rückführbarkeit‘ unserer Herkunft, d.h. auf unsere Ahnen, von denen wir genetisch, psychologisch und eventuell spirituell im Guten wie im Bösen abhängig sind."

Besteht bei diesem Verfahren nicht die Gefahr, Heilung zu stark zu spiritualisieren und infolgedessen den Betroffenen aus seiner Verantwortung zu entlassen?

Wie bei jeder religiösen Intervention besteht das Risiko, dass man andere Ursachen ausschließt, die die Beschwerden des Betroffenen erklären könnten. Es gibt körperliche aber auch psychische Krankheiten. Jeder Fall muss einzeln betrachtet werden und man muss die angebrachte Therapie (ärztliche Unterstützung, Psychiater) in Anspruch nehmen. Es besteht auch die Gefahr, die Situation mit Fatalismus zu betrachten, sich für ein Opfer zu halten, seine eigene Verantwortung nicht einsehen zu wollen und auf seine persönliche Entscheidung für die Bekehrung und die Verbesserung zu verzichten.

Um sich nach Traumata privater oder familiärer Art, nach einer schweren erblichen Belastung wieder zu erholen, muss man Bekehrung, Befreiung und Heilung koordinieren.

Anhang 9: Lehrmäßige Note Nr. 6 zur Heilung der Familienbiografie durch die Eucharistie[155]

Vorwort: Da einige Bischöfe in ihrer Diözese von obengenannten Thema betroffen waren, stellten sie eine Anfrage an die lehrmäßige Kommission, die sich dann mit der dogmatischen und psychologischen Grundlage der „guérison de l'arbre généalogique par l'offrande eucharistique"[156] auseinandergesetzt hat. Es scheint, dass diese Praxis, die sich zuerst in den Vereinigten Staaten und Kanada verbreitet hat, nun auch in den Diözesen Frankreichs angekommen ist. Für die Priester ist damit viel Arbeit verbunden. Der Grund für diesen Trend ist auf die Veröffentlichung einiger Bücher episkopaler oder katholischer Autoren zurückzuführen.

Nachdem sich die lehrmäßige Kommission lange mit dem Thema befasst hat, hielt sie es für unentbehrlich, eine lehrmäßige Stellungnahme abzugeben, die die Schlussfolgerungen zweier verschiedener Aspekte zusammenfasst:

a) den *psychologischen Aspekt*, da es primär um den gegenwärtigen Einfluss der Ahnen auf das psycho-spirituelle Gleichgewicht eines Christen geht;

b) den *dogmatischen Aspekt*; die Lehre vom Fegefeuer wird hier erwähnt, weil das Messopfer für Seelen dargebracht wird, die laut Theorie einen eindeutig schädlichen Einfluss auf die Nachkommen haben.

Diese Handhabung beruht auf einem sehr starken Wunsch nach übernatürlicher Heilung oder Wunderheilung und entspricht dem soteriologischem Glauben vieler Christen. Es geht sogar soweit, dass viele Gläubige die christliche Lehre in den Hintergrund stellen und Themen wie Verantwortung, Sünde und Heiligkeit vernachlässigen. Es schien den Bischöfen der lehrmäßigen Kommission, dass ein eindeutiges Manko der Eschatologie in der Glaubensbildung der heutigen Christen besteht, was zu ungenauen Spekulationen in Bezug auf das Schicksal der Verstorbenen führt und auf die ontologischen „Orte", die die Toten empfangen. (Eine gewisse Literatur spricht von „gefangenen Seelen" oder von „Wanderseelen"). Der Tod, das Überleben der Seelen, die Hypothese ihrer Verbundenheit *post mortem* mit dämonischen Geistern stellen unter anderem Themen dar, die eine bestimmte Sparte der Kinowelt, der Comics oder der

Literatur fasziniert und auch das Vorstellungsvermögen der Katholiken unserer Zeit prägt. Aber in diesem Fall ist nicht nur das Vorstellungsvermögen, sondern auch die theologische Hoffnung betroffen und letztere wurde, teilweise auf gefährliche Art, mit Vorstellungen gemischt, die mit dem katholischen Glauben nicht vereinbar sind.

Es ist nicht die technische und klar umschriebene Aufgabe dieser Note Nr. 6 das ganze Gebiet der Eschatologie abzudecken. Realität ist, dass „die Natur die Leere sehr verabscheut". Aber noch stimmiger ist die Tatsache, dass das Verständnis des Glaubens die Leere erst recht verabscheut und dass fragwürdige Vorstellungen auf Grund von Bildungslücken immer auf fruchtbaren Boden fallen. Die Note hat das klar umrissene Ziel, unsere Mitmenschen aufzuklären. Diese Bemühungen würden reichlich belohnt, wenn den Lesern bewusst wäre, wie dringend das Volk Gottes das Wissen und die Richtlinien des eschatologischen Geheimnisses auffrischen muss, so wie die Kirche sie von ihrem Herrn erhalten hat.

Unsere Note ist lang und gut fundiert. Für diejenigen, die sich erst einmal auf die Schlussfolgerungen der Experten beschränken möchten, fügen wir zwei Stellungnahmen hinzu. Die erste beendet den Teil 1 der Note und bezieht sich auf den psychologischen Aspekt und die zweite auf den dogmatischen. Wir möchten diese Gelegenheit nutzen, um uns bei allen Experten zu bedanken, die der lehrmäßigen Kommission geholfen haben, diese Frage zu behandeln.

1. Beurteilung des Vorschlages unter dem psychologischen Aspekt

Die Herangehensweise an die sogenannte „Heilung der Familienbiografie durch die Eucharistie" ist unter dem wissenschaftlichen Standpunkt der Psychologie hochriskant. Sie beruht auf einer vereinfachten Auffassung der psychischen Kausalität. Die mögliche Folge davon ist die Verhinderung einer angebrachten Bearbeitung der psychischen Problematik. Der Betroffene wird von der Verwicklung der Ereignisse seines Lebens entlastet. Der Begriff persönliches Unterbewusstsein gilt nicht mehr. Die von den genealogischen Hypothesen oder von den Vertretern dieser Theorie ausgeübte Faszination kann den leidenden Menschen daran hindern, andere Erklärungen für seine Beschwerden in Erwägung zu ziehen.

Man kann die bio-psycho-sozialen Beschwerden der Gläubigen berücksichtigen und vorsichtig begleiten, indem man den Menschen auf therapeutische Art zuhört. Wenn man Menschen mit Empathie zuhört, kann man ihren Rhythmus respektieren und ihnen helfen, den spirituellen und den bio-psycho-sozialen Teil ihrer Beschwerden einzuordnen. Es eröffnet die Möglichkeit, sie gegebenenfalls zu den entsprechenden Beratern zu schicken. Es wäre bestimmt von Vorteil, das therapeutische und systematische Zuhören weiterzuentwickeln. Gerade dieses Manko führt dazu, dass die Menschen nach schnellen Lösungen suchen, die mit ihren eigenen Problemen nichts zu tun haben. Im Gegensatz dazu fördert das Zuhören die Entwicklung der Innenschau und der Individualität. Es hilft, auf eine intelligente und verantwortungsvolle Art, mit den Leiden umzugehen. Die persönliche Freiheit kann sich innerhalb eines authentischen zwischenmenschlichen Austauschs entfalten. Ohne in den Positivismus oder in den Surnaturalismus zu verfallen, setzt ein solcher Schritt eindeutig spirituelle Tugenden voraus: Bescheidenheit und Geduld.

2. Beurteilung des Vorschlages unter dem dogmatischen Aspekt

Die Stimmigkeit einer lehrmäßigen Bewertung kann nur auf der Objektivität eines Dokumentes basieren. Deshalb haben wir uns im Rahmen unserer Analyse dafür entschieden, die Berichte und die Überlegungen, die im Buch von P. John Hampsch, *La guérison de l'arbre généalogique par l'eucharistie*[157] dargelegt sind, auszuwählen.

Die grundlegende Meinung, die im Buch vertretet wird, scheint in Gegensatz zu der katholischen Lehre der Taufe, des Fegefeuers und der Ablässe zu stehen. Das Gleiche gilt für die ohne Hintergedanken erlebte Barmherzigkeit, die wir unseren verstorbenen Brüdern schulden und die wir durch die Zuwendung von Messopfern zum Ausdruck bringen.

Außerdem begründet P. Hampsch durch das Alte Testament, das wortwörtlich genommen wird, die Hypothese einer Solidarität in der Sünde. Dafür verwendet er Begriffe, die diesbezüglich ein Missverständnis der Entwicklung der Offenbarung aufweisen und dieses gilt auch für den exemplarischen Vorfall des Blindgeborenen aus dem Evangelium nach Johannes.

Ja, die Struktur der Sünde („die soziale Sünde") ist auf Grund der Konditionierungen für die Heiligwerdung der Menschen ein schwerwiegendes Hindernis. Wer würde es wagen, das Gegenteil zu behaupten? Aber es wäre eine neue Wahrheit in der katholischen Kirche, die man durch die Tradition nicht rechtfertigen kann, wenn man folgende Theorie aufstellen würde: Die Seelen der sich noch im Fegefeuer befindenden Verstorbenen könnten die spirituelle Gesundheit ihrer Nachkommen in ihrem Alltag gravierend schädigen und indem man die einen befreit, würde man gleichzeitig die anderen heilen. Man kann diese Theorie weder akzeptieren noch anwenden.

Msgr. Pierre-Marie CARRÉ-Erzbischof von Albi, Präsident der lehrmäßigen Kommission
Kard. Philippe BARBARIN, Erzbischof von Lyon
Msgr. Claude DAGENS, Erzbischof von Angoulême
Msgr. Jean-Paul JAMES, Bischof von Beauvais
Msgr. Roland MINNERATH, Erzbischof von Dijon
Msgr. Albert-Marie de MONTLÉON, Bischof von Meaux

Anhang 10: Gebete um Schutz und Bewahrung für jeden Tag (für die getauften Gläubigen)

GEBET ZU UNSEREM HERRN JESUS

O Jesus Erlöser, mein Herr und mein Gott,
mein Gott und mein Alles.
Du hast uns durch das Kreuzesopfer gerettet und die Macht Satans besiegt. Ich bitte dich, mich (oder diesen Menschen) von jeder okkulten Behaftung und jedem dämonischen Einfluss zu befreien.
In deinem Namen bitte ich dich darum,
Im Namen deiner heiligen Wunden
bitte ich dich darum,
Im Namen deines erlösenden Blutes
bitte ich dich darum,
Im Namen deines heiligen Kreuzes bitte ich dich darum,
Im Namen der Fürbitte des schmerzhaften
und unbefleckten Herzen Marias.
Das am Kreuz aus deinem Herzen strömende Wasser und Blut bedecke mich, um mich zu reinigen,
zu befreien, zu heilen. Amen.

GEBET ZUR JUNGFRAU MARIA

Erhabene Königin des Himmels, höchste Herrscherin der Engel, du hast vom Anbeginn von Gott die Macht und den Auftrag erhalten, den Kopf der Schlange zu zertreten.
Wir bitten dich demütig, sende uns deine himmlischen Legionen, damit sie, unter deinem Befehl und in deiner Macht, die Dämonen bekämpfen, ihre Dreistigkeit zügeln und sie zurück in den Abgrund werfen.
Wer ist wie Gott? O gute und zärtliche Mutter, du wirst immer unsere Liebe und unsere Hoffnung sein.
O himmlische Mutter, sende zu unserer Verteidigung und um den grausamen Feind zu verjagen,
die heiligen Engel.
Heilige Engel und Erzengel verteidigt uns,
beschützt uns.[158]

GEBET ZUM HL. ERZENGEL MICHAEL

Glorreicher Fürst der himmlischen Heerscharen, hl. Erzengel Michael, beschütze uns im Kampfe gegen die Fürsten, Gewalten und Herrscher dieser finsteren Welt und die Geister der Bosheit unter dem Himmel.
Komm den Menschen zu Hilfe, die Gott nach seinem Ebenbild erschaffen und um einen so hohen Preis aus der Tyrannei Satans erkauft hat. Dich verehrt die Heilige Kirche als ihren Hüter und Schutzherrn, dich, dem der Herr die Seelen der Erlösten anvertraut hat, um sie zur himmlischen Seligkeit zu führen. Bringe unsere Gebete vor den Allerhöchsten, er wolle uns mit seinem Erbarmen eilends zuvorkommen. Ergreife den Drachen, die alte Schlange, nämlich den Teufel, den Satan, und stürze ihn gefesselt in den Abgrund, damit er nicht weiter die Völker verführe.

GEBET ZU MEINEM SCHUTZENGEL

Hl. Engel, du, dem Gott selbst den Auftrag erteilt hat, mich zu beschützen (Ex 23,20 und Mt 18,10), mein Schützer und mein Patron, sei mein sehr weiser Berater und sehr treuer Freund.
Hl. Engel, lehre mich, bessere mich, schütze mich und bringe mich auf den richtigen Weg zur Stadt des Himmels. Bringe meine Gebete unserem Herrn. Bewahre mich vor den Sünden.
Sei für mich am letzten Tag meines Lebens ein Schutzschild gegen den Dämon, sorge dafür, dass ich endlich in die selige Ewigkeit komme, damit ich unseren Herrn, Gott meinen Schöpfer, Jesus meinen Erlöser und die Heilige Jungfrau, unsere Königin mit dir preisen kann. Amen.

Ihr heiligen Michael, Gabriel und Raphael, behütet und beschützt uns vor dem Bösen.

GEBET ZUR SEGNUNG EINES WOHNORTES ODER ARBEITSPLATZES

O, Jesus Christus, unser Herr, du hast deine Aposteln beauftragt, Frieden auf die Einwohner der Häuser herabzurufen, wir bitten dich, segne dieses Haus (Geschäft, Arbeitsstelle....). Entferne von uns die Fallen des Dämons und treibe jeden dämonischen Einfluss aus.
Schenke diesem Ort dein Heil und die Reichhaltigkeit deines Friedens. Es trete dort Erlösung ein, wie sie in das Haus des Zachäus eingetreten ist (Lk 19,1-10).
Gestatte allen Einwohnern dieses Haus, dass sie dir durch ihre tugendhaften Taten gefallen, damit sie ver-

dienen, wenn es an der Zeit ist, in deinem himmlischen Haus empfangen zu werden.
Im Namen Christus, unseres Herrn, bitten wir dich darum. Amen.

(Den Wohnort jede Woche mit Weihwasser besprengen)

LITANEI VOM KOSTBAREN BLUT JESU

Herr, erbarme dich unser.
Christus, erbarme dich unser.
Herr, erbarme dich unser.

(rette uns)
Blut Christi, des Eingeborenen des ewigen Vaters,
Blut Christi, des menschgewordenen Wortes,
Blut Christi, in der Todesangst zur Erde geronnen,
Blut Christi, bei der Geißelung vergossen,
Blut Christi, bei der Dornenkrönung verströmt,
Blut Christi, am Kreuze ausgegossen,
Blut Christi, Kaufpreis unseres Heiles,
Blut Christi, im Altarsakrament Trank und Reinigung der Seelen,
Blut Christi, Besieger aller bösen Geister,
Blut Christi, Starkmut der Märtyrer,
Blut Christi, Hoffnung der Büßenden,
Blut Christi, Friede und Wonne aller Herzen,
Blut Christi, Unterpfand des ewigen Lebens,
Lamm Gottes, Du nimmst hinweg die Sünden der Welt, verschone uns, o Herr.

Es ist hilfreich, unseren Rosenkranz jeden Tag zu beten, um uns im Gebet der allerheiligsten Jungfrau anzuvertrauen, derjenigen die den Kopf Satans zertreten hat.

Anhang 11: Die Gemeinschaft der Heiligen

Sehr häufig haben wir ein falsches Bild von der Realität der Kirche der Ewigkeit. Es gibt aber sehr viele Mitglieder des Leibes Christi, die die ewige Seligkeit erreicht haben. Diejenigen, die wir auf dieser Erde gekannt haben, kennen uns, lieben uns weiterhin, auch wenn wir uns dessen nicht bewusst sind! Außerdem leben sie in der vollkommenen Barmherzigkeit. Sie lieben uns viel mehr, als sie es konnten, solange sie auf Erden waren: Ein leichter Schleier trennt uns von ihnen, aber es ist wie mit einer Scheibe, die nach einer Seite hin durchsichtig ist – wir sehen sie nicht, aber sie kennen alles, was uns betrifft, vor allem unsere Schwierigkeiten und unseren Kummer.

Sie haben nur einen einzigen, ganz reinen Wunsch: uns zu helfen, für uns Fürbitte zu leisten, damit wir die Gnaden erhalten, die wir benötigen. Die großen Heiligen, die selig oder heilig gesprochen wurden, kennen und lieben alle Menschen, die sie um Hilfe bitten und sie mit Vertrauen anrufen. Wir haben dank ihrer eine großartige Kraft der Fürbitte und der Gnaden zu unserer Verfügung, da Gott gerne denjenigen eine Freude macht, die ihn auf der Erde geliebt haben. Die kleine Therese sagte: „Lieber Gott, Ihr werdet meine Wünsche im Himmel erfüllen, da ich eure Wünsche auf der Erde erfüllt habe“, sowie „ich werde meine Zeit im Himmel damit verbringen, Gutes auf der Erde zu tun“. Und Mutter Teresa sagte: „Wenn ich eine Heilige werde, werde ich ständig das Paradies verlassen und auf die Erde gehen, um für diejenigen das Licht anzuzünden, die in der Dunkelheit leben“. Der hl. Maximilian Kolbe sagte, dass er im Himmel endlich „mit beiden Händen“ zugunsten seiner Brüder auf Erden arbeiten wird!

Eine fromme Tradition behauptet, dass die Seelen aus dem

Fegefeuer (die in der Barmherzigkeit leben) für uns intervenieren können und zwar in dem Maße, in dem wir für sie beten.

Wir müssen dieses großartige „Kapital“ der Liebe und des Gebets mehr nutzen! Und wir werden feststellen, dass die Heiligen Wunder bewirken! Wenn sie etwas im Himmel vermissen würden, wäre es die Tatsache, dass sie uns nicht helfen können, da wir sie nicht häufig genug anrufen.

HEILIGENLITANEI

(Bittet für uns)
All ihr heiligen Könige und
Propheten des alten Bundes,
Heilige Anna und heiliger Joachim,
Eltern der Heiligen Jungfrau,
Heilige Elisabeth und heiliger Zacharias,
Eltern des Vorläufers,
Heiliger Joseph, ausgewählt als sehr liebender Vater
des Gottessohns,
Heiliger Johannes der Täufer, Vorläufer des Messias,
Heiliger Petrus und heiliger Paulus, heiliger Jakobus
und heiliger Johannes, der geliebte Jünger,
All ihr heiligen Apostel,
Evangelisten und Jünger des Herrn,
Heiliger Lazarus, heilige Maria Magdalena, heilige
Martha und all ihr heilige Frauen und
Freundinnen des Herrn,
Heiliger Sebastian, heiliger Vinzenz, heiliger
Laurentius, Märtyrer des Glaubens,
Heilige Agnes, heilige Cäcilia, heilige Agatha, heilige
Lucia und die heiligen Jungfrauen und Märtyrer,
Gemahlinnen des Lamms,

Heiliger Antonius der Große, heiliger Pachomius der Große, heiliger Basilius der Große, all ihr heiligen Eremiten aus der Wüste,
Heiliger Vinzenz von Lérins, heiliger Benedikt, heiliger Bernhard, heiliger Bruno, all ihr Liebhaber der Einsamkeit,
Heiliger Ambrosius, heiliger Augustinus, heiliger Athanasius von Alexandrien, heiliger Johannes Chrysostomus, all ihr heiligen Kirchenväter und Prediger des Wortes,

Heiliger Irenäus, heiliger Pothinus, heilige Blandina und all ihre Freunde, Märtyrer aus Lyon und Vienne,
Heiliger Remigius, heiliger Dionysius, heiliger Eugen von Mazenod, heiliger Ludwig, all ihr heiligen Könige und Bischöfe des Königreichs Frankreichs,
Heilige Genoveva, heilige Chlothilde, heilige Odile, heilige Franziska von Rom, all ihre heiligen Frauen,
Heiliger Leo, heiliger Gregor der Große, heiliger Pius V, heiliger Pius X, heiliger Johannes XXIII, heiliger Johannes Paul II, all ihr heiligen Nachfolger des Apostels Petrus,
Heiliger Franziskus, heiliger Dominikus, heiliger Norbert, heiliger Simon Stock, all ihr heiligen Liebhaber der Armut und der Wahrheit,
Heiliger Vinzenz von Paul, heilige Luise von Marillac, seliger Frédéric Ozanam, selige Mutter Teresa, all ihr heiligen Liebhaber der Ärmsten,

Heilige Therese vom Kinde Jesu, heilige Jeanne d'Arc, heilige Solange, heilige Germaine, heilige Bernadette Soubirous, heilige Thérèse Couderc, heilige Sophie Barat, heilige Maria Euphrasia Pelletier, selige Elisabeth von der Dreifaltigkeit, selige Anne-Marie Javouhey, selige Marie Rivier, selige Agnes von

Langeac, all ihre heiligen Jungfrauen, Gottesgemahlinnen des einzigen Gemahls,
Heilige Jeanne Delanoue, selige Claudine Thévenet, heilige Jeanne Jugan, selige Marie de l'Incarnation, all ihr heiligen Gründerinnen religiöser Familien,
Heiliger Franz Xaver, Heiliger Petrus Claver, heiliger Johannes Franz Régis, heiliger Pierre Chanel, heiliger Théophane Venard, seliger P. Brottier, seliger Jacques Laval, seliger Maurice Tornay, heiliger Marcellin Champagnat, all ihr Missionare Jesu bis ans Ende der Welt,

Heiliger Franz von Sales, heilige Johanna Franziska von Chantal, heilige Margarita Maria Alacoque, all ihr Zeugen der Liebe des Herzens Jesu,
Heiliger Pfarrer von Ars, heiliger Pierre Fourier, heiliger Norbert von Xanten, all ihr heiligen Priester und Pfarrer,
All ihr heiligen Märtyrer der Revolution, all ihr heiligen Märtyrer von Spanien, Afrika, Japan, China, Korea, Vietnam, Amerika, der kommunistischen Regierungen,

Heilige Maria Faustyna Kowalska, heiliger Maximilian Kolbe, heilige Edith Stein, heiliger Pater Pio, heiliger Scharbel Marluf, heilige Gianna Beretta Mola, seliger Pierre Vigne, selige Anna Katharina Emmerick, seliger Charles de Foucault, all ihr Zeugen der Liebe Jesu,

Seliger Francisco und selige Jacinta Marto, seliger Pier Giorgio Frassati, seliger Jean Collé, seliger Marcel Callo, all ihr jungen Zeugen des lebendigen Jesus,
All ihr Heiligen Gottes bittet für uns.

Anmerkungen zum Text

1 Johannes Paul II. – Audienz vom 20.08.1986.
2 Joh 12,31; 14,30; 16,11.
3 vgl. C.S. Lewis, *Dienstanweisung für einen Unterteufel*, Verlag Herder, 22. Aufl., 2013.
4 La France „religieuse“: – Umfrage La Vie – *Le Monde* – CSA 2006.
5 vgl. Mt 10,8; Apg 8,9f.
6 Anm. d. Ü.: CAT: *Centre d'aide par le travail* (Verein für die berufliche Integration Behinderter).
7 Anm. d. Ü.: Radiästhesie beinhaltet die Anwendung von Wünschelruten und Pendel.
8 F. AMYOT: *Délivrée de l'Enfer par l'exorcisme*, Cerf 2005.
9 J.-R. FROPO – Vortrag bei dem Treffen von der AIE (Association Internationale des Exorcistes – int. Vereinigung der Exorzisten), Collevalanza, Juli 2010.
10 Anm. d. Ü.: Religionsunterricht.
11 Anm. d. Ü.: Sophrologie ist eine Entspannungsmethode, die vom spanischen Neuropsychiater Dr. Alfonso Caycedo ent wickelt wurde.
12 vgl. P. Marie-Dominique PHILIPPE, *Au coeur de l'Amour*, op. cit S. 24-25.
13 vgl. *Katechismus der Katholischen Kirche* (KKK) Nr. 391 bis 395.
14 wurde von uns kursiv gesetzt.
15 Johannes von DAMASKUS, *Genaue Darlegung des orthodoxen Glaubens,* Buch 2, Kap. 4.
16 4. LATERANKONZIL 1215, s. Anhang I Glauben und Dämonologie.
17 *Katechismus der Katholischen Kirche* (KKK) – Nr. 328, vgl. 325-336.
18 vgl. Thomas v. AQUIN: *Summe der Theologie*, Fragen 50 bis 64 und Fragen 106 bis 114.
19 Anm. d. Ü.: Die für Satan angewandten Namen in den u. g. Psalmen können auf Französisch und auf Deutsch unterschiedlich sein.

20 vgl. Johannes CHRYSOSTOMUS: *De Diabolo tentatore*, hom II S. 49, 259.

21 vgl. Pater Marie-Dominique PHILIPPE: *Au coeur de l'Amour,* ebd. Kap.1.

22 JOHANNES PAUL II. Generalaudienz, 13.08.1986.

23 vgl. Augustinus von HIPPO, *Ener Psalm* 8.

24 vgl. Augustinus von HIPPO: *De divinatione daemonum*, VII.

25 vgl. Ambrosius von Mailand: *Homélie sur la fuite du monde. CSEL 32.*

26 PAUL VI., Generalaudienz, 15. November 1972.

27 Anm. d. Ü.: „die Acedia ist eine Art Traurigkeit der Seele (…). Die Acedia kommt von der Halbherzigkeit, die wir in unserer Seele zulassen. Sie langweilt sich in ihrem Leben, weil sie sich nur von überflüssigen Dingen ernährt". Aus: *Le combat spirituel pour mieux aimer,* Jean-Régis FROPO, Editions Peuple libre, 2012, S. 114.

28 vgl. Thomas von Aquin, *Summe der Theologie*, 1 Teil, Frage 50 bis 64 und Frage 106 bis 114.

29 Anm. d. Ü.: Dr. Roger Vittoz (1863-1925) war ein Schweizer Psychiater. Die Vittoz-Methode besteht vorwiegend aus Konzentrationsübungen, die dem Kranken zeigen, wie er im Hier und Jetzt leben kann. Diese Methode wird mit großem Erfolg bei vielen psychischen Erkrankungen angewendet.

30 JOHANNES PAUL II., Generalaudienz, 13 August 1986.

31 vgl. Vorbemerkungen aus dem Ritual Nr. 16.

32 vgl. Ibid, Nr. 14.

33 vgl. J.-R. FROPO, *Le combat spirituel pour mieux aimer*, Éditions Peuple libre, 2012.

34 Msgr. René LAURENTIN, *La passion de Madame R. Journal d'une mystique assiégée par le démon,* Vorwort Kardinal Coffy, Plon, 1993, S. 200.

35 Anm. d. Ü.: krankhafte Willensschwäche.

36 Marie ROMANENS, *Le divan et le prie-Dieu,* Desclée de Bouvier, 2000.

37 vgl. Zeitschrift „Sciences humaines", Nr. 20, Sept.-Nov. 2010, Dossier «Les troubles mentaux».

38 Zur Erinnerung: Die Psychiatrie ist eine medizinische Fachrichtung, die sich mit der Behandlung psychischer

Erkrankungen befasst. Sie ist mit der Psychoanalyse nicht zu verwechseln.

39 Anm. d. Ü.: Nationalinstitut für Gesundheit und medizinische Forschung.

40 vgl. MICHELA, *J'ai quitté Satan. Ma lutte pour m'enfuir de l'enfer du satanisme,* Vorwort von Kardinal Martins, Éditions Bénédictines, 2010.

41 vgl. Sonderausgabe der *Études carmélitaines* Sonderausg. *Satan*, art. „Les confessions d'une possédée", Jeanne Fery", 1947.

42 Jean PLIYA, *Von der Finsternis zum Licht*, Unio Verlag.

43 vgl. Msgr. Ottavio MICHELINI, *Die Menschheit an der Schwelle ihrer Befreiung. Offenbarungen Jesu an Priester und Gläubige,* Parvis-Verlag, S. 70, 71. Über den „theologischen Ort" von den Privatoffenbarungen, Erscheinungen usw., s. den erleuchtenden Kommentar von Kardinal Ratzinger zur Botschaft von Fatima, 16.07.2000.

44 Anm. d. Ü.: In der französischen Auflage des o.g. Buches ist von *Fluch* und in der deutschen Auflage von *böser Beeinflussung* die Rede. Nach Rücksprache mit P. Fropo wurde der Begriff Fluch übernommen.

45 vgl. Géréon GOLDMAN, *Tödliche Schatten – Tröstendes Licht,* EOS Verlag, 2010.

46 vgl. Paul LABUTTE, *Yvonne-Aimée de Jésus, ma mère selon l'Esprit,* Paris, Éd. F.X. de Guibert, 1998.

47 Thomas von AQUIN, *Summe der Theologie*, Frage 117.

48 Die Zetetik versucht die sogenannten paranormalen Phänomene, die Pseudo-Wissenschaften und einige merkwürdigen Theorien rational zu untersuchen. Für weitere Informationen: Prof. Henri BROCH, Laboratoire de zététique, Université Sophia-Antipolis (Nizza).

49 Anm. d. Ü.: die frühere Regierungsform Frankreichs (Monarchie).

50 MICHELA, *J'ai quitté Satan*. op.cit.

51 Ibid S. 81.

52 Ibid S. 106.

53 Ibid S. 96.

54 vgl. Père Gilles JEANGUENIN, *Le Diable existe! Un exor-*

ciste témoigne et répond aux interrogations, Salvator, 2003.

55 80.000 laut der Web-Seite des Festivals (Angaben von Januar 2012).

56 Anm. d. Ü.: Gotteslästerung.

57 Man hat beweisen können, dass der Mensch große Fähigkeiten entwickeln kann, um eine schwere familiäre Belastung zu überwinden. Schwierigkeiten aus der Kindheit oder aus der Jugend können dem Betroffenen helfen, sich nach dem Konzept der „Resilienz" zu strukturieren. S. Cyrille Cyrulnik, *Die Kraft, die im Unglück liegt*, Goldmann, 2001.

58 A. d. Ü.: allgemeine staatliche Informationsabteilung.

59 s. Webseite: www.indignations.org.

60 vgl. Tony ANTHONY, *Den Tiger zähmen*, Verlag: Christliche Literaturverbreitung.

61 Für weitere Informationen s. die Sonderausgabe der Zeitschrift *Il est vivant:* „Occultisme, voyance, magie" Nov. 2010.

62 *Weleda* ist die offizielle Marke für die anthroposophischen Mittel, die von den Anhängern Rudolf Steiners hergestellt werden.
Bezüglich der *Bachblüten*: Es heißt, Dr. Edward Bach habe im Laufe einer schamanistischen Einweihung eine Botschaft bekommen mit den Namen von 38 „hochwertigen" Pflanzen mit besonderen Heilwirkungen. Durch eine Harmonisierung der energetischen Kanäle im menschlichen Körper sollen die Bachblüten die körperlichen und seelischen Fähigkeiten verbessern. Diese Harmonisierung soll durch die Übertragung der in den Pflanzen enthaltenen spirituellen Kräften geschehen. Die Erfahrung zeigt, dass die Anwendung dieser „Essenzen" nicht neutral ist. Es ist besser, sich davon fern zu halten.

63 s. diesbezüglich die hervorragenden folgenden Webseiten: psyvig.com und info-sectes.org.

64 vgl. Denis LECOMPTE, Bertrand CHAUDET, *Nouvelles croyances, Thérapies alternatives: des dérives possibles*, Sarment-éditions du Jubilé, 2008.

65 vgl. J.-M. VERLINDE, *Le christianisme au défi des nou-*

velles religiosités, conférences de Carême à Notre-Dame de Paris, 2002, Presses de la Renaissance, 2002.

66 s. Anhang ab S. 281f

67 In dem Buch von Père Martin PRADÈRE, *Combattre le démon*, Éd. de l'Emmanuel, 2011, S. 133 bis 179 erhält man genauere Informationen darüber.

68 Anm. d. Ü.: Auf Grund einiger Ungenauigkeiten wurde der Text mit dem Einverständnis von P. Fropo leicht geändert. Der Sinn, sprich die Aufklärung über dubiose Therapieverfahren, bleibt unverändert.

69 Anm. d. Ü.: chinesisch: Qi.

70 Anm. d. Ü.: Auf Grund einiger Ungenauigkeiten wurde der Text mit dem Einverständnis von P. Fropo leicht geändert. Der Sinn, sprich die Aufklärung über dubiose Therapieverfahren, bleibt unverändert.

71 Mehr Infos über diese Themen kann man unter folgenden Webseiten finden: charlatans.infos; pseudo-médecine.com; psyvig.com; prevensectes.com.

72 vgl. M.-C. SADRIN, *Le Yoga à la lumière de la Foi*, Téqui, 1990.

73 vgl. P. Ludovic FRÈRE, *Un chrétien peut-il pratiquer le yoga,* Le Laus, s.d.

74 s. in der Bibliographie das Buch von P. Joseph Marie Verlinde über seine eigene Erfahrung in Indien. P. James Manjackal, ein Jesuit indischer Herkunft, ist diesbezüglich genauso überzeugend (s. Webseite: info-sectes.org). Was über Yoga gesagt wurde, gilt für das Zen, die transzendentale Meditation, den Buddhismus und jede Art von nicht-christlicher Meditation.

75 Anm. d. Ü.: dieser Text wurde von P. Fropo im Juni 2013 verfasst.

76 Anm. d. Ü.: Radiästhesie beinhaltet die Anwendung von Wünschelrute und Pendel.

77 vgl. Dr. P. d'ESPINEY, *La psychothérapie du docteur Vittoz*, éditions Téqui, 1997.

78 Anm. d. Ü.: über die Vittoz-Methode, s. Fußnote, Frage 14.

79 Anm. d. Ü.: ASC, engl.: altered state of consciousness.

79 Anm. d. Ü.: NDE, engl.: near death experience.

79 An Anm. d. Ü.: ASC, engl.: altered state of consciousness.

80 Anm. d. Ü.: NDE, engl.: near death experience.
81 Anm. d. Ü.: OBE, engl.: out of body experience.
82 Don Antonio FORTÉA, *Le problème des âmes errantes,* Editions Bénédictines. Der Inhalt dieser Broschüre ist ein ernsthaftes Problem und kann in der katholischen Theologie nicht akzeptiert werden.
83 Gabriele AMORTH, *Exorzisten und Psychiater*, Christiana-Verlag.
84 Charles JOURNET, *Dieu à la rencontre de l'homme, La voix théologale,* Éd. De Brouwer-Saint-Paul, 1981, S. 51 und Thomas von AQUIN, Summe der Theologie, I-II, Frage 89, a.6.
85 KKK, Nr. 1022.
86 Thomas von AQUIN, *Summe der Theologie,* übersetzt von Joseph Bernhart, Stuttgart: Kröner 31985 (ND 2009 u. 2011), Ia, Frage 117, a. 4.
87 Ibid, III, Frage 59, a.5.
88 Ibid, Ia, Frage 117, a. 4, sol 2.
89 Gabriele AMORTH, *Exorzisten und Psychiater*, Christiana-Verlag, S. 179-180.
90 CEF, Commission doctrinale, *Note doctrinale sur la guérison des racines familiales par l'eucharistie,* 19 janvier 2007.
91 P. HAMPSCH, *La guérison de l'arbre généalogique par l'Eucharistie,* 1986, éd.fr. 2002.
92 s. Notiz der Jerusalem Bibel.
93 Maria Faustyna KOWALSKA, *Tagebuch der Schwester Maria Faustyna Kowalska,* Parvis-Verlag, S. 502, Nr. 1698. Wie die Autorin selbst betont, handelt es sich hier um die Agonie, d.h. bevor die Seele sich vom Körper trennt.
94 Matt BAGLIO, *Die Schule der Exorzisten,* Sankt Ulrich Verlag, 2010.
95 Die Broschüre kann man im Internet herunterladen, www.kath.ch/infosekten/pdf/new_age.pdf_.
96 vgl. *Apologien II.*
97 *Adversus haereses II.*
98 vgl. *Histoire écclésiastique* VI, 43.
99 Johannes Paul II., Generalaudienz vom 20.08.1986.
100 vgl KKK Nr. 1673.

101 Anm. d. Ü.: Rituale 2005, Vorbemerkung Nr. 7, Manfred Probst – Klemens Richter, *Exorzismus oder Liturgie zur Befreiung vom Bösen,* Aschendorf.
102 Anm. d. Ü.: Rituale 2005, Vorbemerkung Nr. 13, Manfred Probst – Klemens Richter, *Exorzismus oder Liturgie zur Befreiung vom Bösen,* Aschendorf.
103 Anm. d. Ü.: Rituale 2005, Vorbemerkung Nr. 14, Manfred Probst – Klemens Richter, *Exorzismus oder Liturgie zur Befreiung vom Bösen,* Aschendorf.
104 Anm. d. Ü.: Rituale 2005, Vorbemerkung Nr. 16, Manfred Probst – Klemens Richter, Exorzismus oder Liturgie zur Befreiung vom Bösen, Aschendorf.
105 *Codex des kanonischen Rechtes* (Kanon 117 oder 1172).
106 Marie-Christine HAZAEL-MASSIEUX, „Une initiation qui n'a pas de fin?..." in: *Vers de nouveaux visages d'Eglise. Quarante ans après le Concile Vatican II: La mission du catéchuménat.* Actes de l'Université d'été 2005, Service National du Catéchuménat, S. 121.130, www. peresdeleglise.free.fr.
107 Thomas von AQUIN III, *Summe der Theologie,* pars Frage. 71, a. 3 sol.
108 vgl. KKK. Nr. 1262 bis 1284.
109 Emmanuel DUMONT, Louis PELLETIER, „Démonologie pastorale et pratique de la prière de libération", in: *Combattre le démon, histoire, théologie pratique,* Éd. de l'Emmanuel, 2011, S. 205.
110 Ibid, S. 209.
111 Anm. d. Ü.: Dämonopathie: Menschen, die sich zwanghaft von Dämonen verfolgt fühlen.
112 ZWEITES VATIKANISCHES KONZIL, Konstitution über die heilige Liturgie „Sacrosanctum Concilium", Nr. 60.
113 Eine Frau hat zugegeben, 80 Ärzte konsultiert zu haben, bevor sie zu mir gekommen ist.
114 KKK Nr 1673.
115 Ibid.
116 Ibid.
117 s. Anhang Gebetsvorschlag.
118 Anm. d. Ü.: Gebete für die Befreiung von dämonischen

Einflüssen.

119 Anm. d. Ü.: Die Foyers de Charité sind eine Gemeinschaft von getauften Männern und Frauen, die dort leben und ihre Güter teilen.

120 Anm. d. Ü.: „Bittgebet an Gott“ und „Beschwörung des Dämons“ wurden aus Verständlichkeitsgründen hinzugefügt.

121 Anm. d. Ü.: liturgisches Gerät.

122 Die COMMISSION DOCTRINALE DES EVEQUES DE FRANCE hat einige theologischen Fehler und Praktiken festgestellt. S. lehrmäßige Note Nr. 6, 19.01.2007, (s. Anhang). CONFERENCE EPISCOPALE RÉGIONALE DE L'AFRIQUE DE L'OUEST. *La guérison de l'arbre généalogique*. CERAO, 2007.

123 KKK, Nr 404.

124 Ibid., Nr 405.

125 Ablauf für Frankreich.

126 Anm. d. Ü.: aus dem *missale romanum.*

127 Dieser Text wurde von P. Fropo im Juni 2013 verfasst.

128 vgl. Paul LABUTTE, *Yvonne-Aimée de Jésus*, op. cit.

129 ZWEITES VATIKANISCHES KONZIL, *Lumen Gentium*, 2.

130 vgl. ZWEITES VATIKANISCHES KONZIL, *Lumen Gentium;* 4.

131 vgl. ZWEITES VATIKANISCHES KONZIL, *Lumen Gentium* 5, 7, 12; Laienapostolat, Nr. 2, 3.

132 LITURGIE DER STUNDEN, hl. Cecile, 22. November.

133 Don Raul SALVUCCI, *Que faire avec tous ces diables? Le témoignage d'un exorciste,* Éd. Saint-Augustin, 2001, S. 206.

Anmerkungen zu den Anhängen 2-11:

134 Anm. d. Ü.: eigene Übersetzung.

135 Anm. d. Ü.: s. Webseite http //exorzismus.net/engel_papst2.htm.

136 Man kann in dem Buch, *Satan et les forces du mal,* coll „Ce que dit le pape“ nachschlagen; ausgewählte Texte der

Mönche der Abtei Solesmes, Sarment-Fayard, 1992.

137 Dokument der *Kongregation für die Glaubenslehre* vom 29. September 1985 (*Epistula Ordinariis locorum missa: in mentem normae vigentes de exorcismis revocantur*).

138 Anm. d. Ü.: Übersetzung von P. Christian Siberer, www.exorzismus.net.

139 Französische Übersetzung von 2005.

140 Anm. d. Ü.: deutsche Übersetzung, *Exorzismus oder Liturgie zur Befreiung vom Bösen,* Manfred PROBST, Klemens RICHTER, Aschendorff Verlag, S. 121-124.

141 Französische Übersetzung 2005.

142 Anm. d. Ü.: s. Manfred PROBST, Klemens RICHTER, *Exorzismus oder Liturgie zur Befreiung vom Bösen,* Aschendorff Paperbacks, S. 124-130.

143 Jeder Priester darf vor allem während des Sakramentes der Vergebung ein Befreiungsgebet sprechen, wenn er es für nötig hält. Dieses Gebet ist nur informativ und nicht maßgebend.

144 Anm. d. Ü.: Notre-Dame de Laus: Wallfahrtsort in Südfrankreich, der für seine Marienerscheinungen bekannt ist.

145 Anm. d. Ü.: Befreiungsgebet.

146 Imprimatur Msgr. D. Rey; kann man bei „Icône de Marie", BP 43, 22160 Callac de Bretagne bestellen.

147 Vgl. Anhang 9.

148 Anm. d. Ü.: regionale Bischofskonferenz Afrikas.

149 Anm. d. Ü.: Bischofskonferenz Frankreichs.

150 Thomas von AQUIN, *Summe der Theologie*, III a, Frage. 58, art 5, sol 1.

151 Thomas von AQUIN, *Summe der Theologie*, Ia, Frage. 117, art 4, sol 2.

152 KKK Nr. 1022, Note 9, Cc Florenz: DS 1305; Benedikt XVI: DS 1002.

153 s. Frage 57.

154 vgl. Thomas von AQUIN, *Summe der Theologie,* Ia, Frage. 89, art. 8, sol 2.

155 Bischofskonferenz Frankreichs. Lehrmäßige Kommission, Freitag, den 19.01.2007.

156 Anm. d. Ü.: Heilung der Familienbiografie durch das Opfer

der Eucharistie.
157 1986, Goleta, Kalifornien USA. Französische Übersetzung 2002, Éd. Bénédictines.
158 Der Text wurde Pater Cestac 1864 von der Heiligen Jungfrau Maria diktiert.

Rituel de l'Exorcisme et prières de supplication. Edition Typica, 1999; CONGRÉGATION POUR LE CULTE DIVIN ET LA DISCIPLINE DES SACREMENTS, Éd. fr. 2005, nach der lateinischen Ausgabe von 1999. Die Vorbemerkungen dieses neuen Rituals sind viel ausführlicher als diejenigen von 1614. Es handelt sich um eine verkürzte Katechese über den Stellenwert des Befreiungsgebetes im Dienste der Heiligkeit der Kirche. Dieses Ritual enthält den Ritus des großen Exorzismus, eine Auswahl von Texten und zwei Anhänge, einen für die Priester, den anderen für die Gläubigen.

**Katechismus der katholischen Kirche* (KKK), St. Benno Verlag (Juni 2007), Internet. In diesem Katechismus, der i.J. 1996 verfasst wurde, sind viele Texte über Dämonologie zu finden. In 43 Abschnitten wird die Realität der gefallenen Geschöpfe erklärt und wie sie in dieser Welt handeln. Folgende Abschnitte sind u.a. besonders empfehlenswert:

Gefallene Engel: 391-392
Jesus und die Versuchung durch den Teufel: **538**-540; 566; 2119
Exorzismus: **517**; **550**; **1237**; **1673**
Jesus und seine Gewalt über die Dämonen: 421; 447; 539; 550; 566; **635**-636; **1086**; 1708
Befreiung von den Dämonen: 2850; **2853**-2854
Ursprung des Bösen: 397; 413; 1707; 2583; **2851**
Kampf des Menschen gegen die Dämonen: 407; 409.

ZWEITES VATIKANISCHES KONZIL: 15 deutliche Anmerkungen bezüglich des Dämons und des Kampfes gegen die „Macht der Finsternis", s. dogmatische Konstitution über die Kirche *Lumen Gentium:* § 5, 17 und 35; pastorale Konstitution über die Kirche in der Welt von heute *Gaudium et Spes:* § 13 und 37.

PAUL VI, „Homélie du 29 juin 1972 en la fête de saint Pierre et saint Paul". *La Documentation catholique,* 16. Juli 1972 Nr. 1613, S. 657-659 und « Audience générale du 15 novembre 1972 », *La Documentation catholique*, 3.12.1972, Nr. 1621, S. 1053-1055.

*CONGRÉGATION POUR LA DOCTRINE DE LA FOI (Kongegration für die Glaubenslehre). « Foi chrétienne et démonologie, 26 juin 1975 », *La Documentation catholique,* 3-17 août 1985, Nr 1681, S. 708-718.

CONFÉRENCE DES ÉVÊQUES DE FRANCE, *La tendance sataniste dans la culture actuelle,* Nr. 10, 2006.

JOHANNES PAUL II, *Lettre apostolique, Parenti semper,* 1985.

*JOHANNES PAUL II, «Audiences générales des 9/07/1986, 23/07/1986»,
La Documentation catholique, 7-21/09/1986, Nr. 1924,
S. 797-798 : «13/08/1986, 20/08/1986 »,
La Documentation catholique, «19/10/1986», Nr. 1926,
S. 894-897 ; «10/12/1986»,
La Documentation catholique, 1/02/1987 Nr. 1933,
S. 141-143 ; «21/07/1990»,
La Documentation catholique, 2-16/09/1990, Nr. 2012,
S. 793-794.

Exhortation apostolique postsynodale, *Réconciliation et Pénitence,* 2 décembre 1984, § 37-44.

Lettre encyclique sur l'Esprit Saint, *Dominum et vivificantem,* 18 mai 1986, § 27, 29, 33, 37, 38, 39 et 44.

Satan et les forces du Mal, «Ce que dit le pape», Solesmes, Fayard Sarment-Jubilé, 1992, n° 20.

*CONFÉRENCE DES ÊVÊQUES DE TOSCANE, «Lettre pastorale Magie et Démonologie, 15 avril 1994», *La Documentation catholique,* Nr. 2104, 20/11/1994, S. 988-998. Eine gründliche und zeitgemäße Studie.

CONFÉRENCE DES ÊVÊQUES DE CAMPANIE ; «Superstition, magie, satanisme, 2/04/1995, *La Documentation catholique,* Nr. 2122, 3/09/1995, 17/09/1995, S. 802-809. Hirtenbrief der vorherigen ergänzenden Studie. Wurde von einer anderen regionalen Bischofskonferenz Italiens verfasst.

*KONGREGRATION FÜR DIE GLAUBENSLEHRE, *Schreiben an die Ordinariate bezüglich der Normen zum Exorzismus, u.a. Exorzismus und Gebetsversammlungen,* 29. September 1985.

IAD (*International Association for Deliverance*) bietet alle zwei Jahre Tagungen in einem europäischen Land an, wo Priester und Laien sich über verschiedene Themen wie Anthropologie, Befreiung und Heilung austauschen. Informationen darüber sind unter der Webseite http://vade-retro.fr/ verfügbar. Folgende Tagungen wurden auf Französisch von den Éditions Bénédictines, www.editions-benedictines.com/_ veröffentlicht und werden unter dem Sammelbegriff: *La prière de délivrance et d'exorcisme* je nach Erscheinungsdatum verkauft.

-IAD, *La prière de délivrance et d'exorcisme* Nr. 1. *La délivrance et l'exorcisme, Actes du colloque de Banneux,* 2001.

-IAD, *La prière de délivrance et d'exorcisme* Nr. 2. *Face aux défis actuels du démon,* Actes du colloque de Hochaltingen, 2003.

-IAD, *La prière de délivrance et d'exorcisme* Nr. 3. *Le discernement,* Actes du colloque de Fatima, 2005.

-IAD, La prière de délivrance et d'exorcisme Nr. 4. *La sorcellerie en Afrique,* Actes du colloque de Yaoundé, 2006.

-IAD, *La prière de délivrance et d'exorcisme* Nr. 5. *Les attaques du démon contre l'homme,* Actes du colloque de Czestokowa, 2007.

-IAD, *La prière de délivrance et d'exorcisme* Nr. 6. *Les attaques du démon contre l'Eglise,* Actes du colloque de Banneux, 2009.

*PÄPSTLICHER RAT FÜR DIE KULTUR, PÄPSTLICHER RAT FÜR DEN INTERRELIGIÖSEN DIALOG, „Jesus Christus, der Spender lebendigen Wassers. Überlegungen zu New Age aus christlicher Sicht", 2003, im Internet erhältlich. Dieser wunderbare Text enthält ein sehr gut dokumentiertes Glossar.

*SERVICE NATIONAL DE PASTORALE LITURGIQUE ET SACRAMENTALE, *L'exorcisme dans l'Église Catholique,* Paris, Desclée-Mame, 2006. Dieses Dokument hat den Anspruch „offiziell" zu sein. Es handelt sich um mehrere Artikel von verschiedenen Autoren. Das Vorwort wurde von Msgr. Ph. Gueneley, Bischof von Langres und Leiter der Priester-Exorzisten Frankreichs verfasst. Es enthält interessante Informationen und Quellenangaben, die im Vergleich zu der vorherigen Situation in Frankreich einen Fortschritt aufweisen.

*Gabriele AMORTH, *Ein Exorzist erzählt,* Christiana-Verlag, Nachdr. 26. Oktober 2009, 190 S.

*ID., *Neue Berichte eines Exorzisten,* Christiana-Verlag, 3. Auflage Juli 2008, 252 S.

*ID., *Exorzisten und Psychiater,* Christiana-Verlag, 2. Auflage Juni 2006, 259 S.

*ID., *Confessions. Mémoires de l'exorciste officiel du Vatican. Entretiens avec Marco Tosatti*, trad. Serge Filippini, Paris, Michel Lafon, 2010.
Gabriele Amorth, Exorzist der Diözese Rom teilt uns seine langjährige Erfahrung in seinem Amt mit. Der Ton ist teilweise angriffslustig, vor allem den französischen Exorzisten gegenüber.

Msgr. Corrado BALDUCCI, *Adorateurs du diable et rock satanique,* Téqui, 1994, 180 S. Eine historische und aktuelle Studie des Satanismus.

Padre Francesco BAMONTE, Exorzist in Rom, *Astrologie, magie, comment s'en sortir?*, Schweiz, éd. Saint-Augustin, 2002, 140 S. Wie der Aberglaube in unsere Existenz eindringt.

Denis BIJU-DUVAL, *Faut-il encore se soucier du salut des âmes?* Éd. de l'Emmanuel, 2012. Es ist zu befürchten, dass Seelen heutzutage verloren gehen. Was tun wir für ihre Erlösung?

Serge-Thomas BONINO op, *Les Anges et les Démons,* 14 leçons de théologie, « Bibliothèque de la revue thomiste », Parole et Silence, 2007, 351 S. Der Autor ist Doktor der Philosophie und Theologie, Professor der dogmatischen

Theologie bei den Dominikanern in Toulouse. Seine Berichte sind vollständig und ausgesprochen klar.

*Père René CHESNESSEAU, *Journal d'un prêtre exorciste,* Éd. Bénédictines, 2007, 336 S. Der Autor war 25 Jahre lang Exorzist. Seine Erfahrung ist sehr wichtig, vor allem was die Menschen anbelangt, die unter okkulter Behaftung ohne Schuld ihrerseits stehen.

Coll. (E. DUMONT, P. IDE, L. PELLETIER, M. PRADÈRE), *Combattre le démon, histoire, théologie, pratique, présentation,* D. Biju-Duval, Paris, Éditions de l'Emmanuel, 2011, 270 S. Ein guter historischer, theologischer und praktischer Überblick über die Befreiung.

Coll. (H. Urs von BALTHAZAR, L. BOUYER, O. CLÉMENT, A. de MONLÉON), *Des bords du Gange aux rives du Jourdain,* Éd. Saint-Paul, 1983.

Mgr L. CHRISTIANI, *Présence de Satan dans le monde moderne,* 1960, 300 S. Interessante historische Quellenangaben.

P. Benoît DOMERGUE, *Culture baroque et Gothic flamboyant,* Paris, F-X de Guibert, 2001, 160 S. Der Autor, Priester in Bordeaux, hat sich auf die Forschung okkulter Entgleisungen unter Jugendlichen spezialisiert. Er hat eine sehr gute DVD darüber gemacht. Er hält häufig Vorträge in Schulen. Man kann ihn unter folgenden E-Mail-Adresse erreichen: benoîtdomergue@yahoo.fr.

ID., *Culture jeune et ésotérisme,* Éd. Bénédictines, 2005, 160 S.

ID., «La tendance sataniste dans la culture contemporaine, les jeunes et les dérives satanistes», *Document épiscopat,* Nr. 10, 2006.

Dr. Gérard DORSAZ, *Psycho-spiritualité, l'alliance qui guérit*, Paris, Presses de la Renaissance, 2008, 360 S. Der Autor ist Arzt, aber auch Philosoph. Er bietet uns eine gute Synthese zwischen Psychologie und spirituellem Leben an, ohne die Psychoanalyse und die Psychiatrie zu vergessen. Das Ganze basiert auf einer guten christlichen Anthropologie. Ein Erfolg.

Edith FIORE, *Les esprits possessifs. Une psychothérapeute traite la possession,* Vorwort von Raymond Moody, Éd. Exergue, 2009. Eine sehr fragwürdige Mischung aus richtigen Feststellungen und falschen Interpretationen. Trotzdem interessant.

*Marc-Antoine FONTELLE, *Comprendre et accueillir l'exorcisme,* Téqui, 1999, 180 S. Der Autor ist kein Exorzist; seine Arbeit ist mehr theoretisch als praxisorientiert, aber er stellt seriöse Grundlagen für den spirituellen Kampf zur Verfügung.

Antoine FORTEA, *Le problème des âmes errantes*, Éd. Bénédictines, 2009. Der Autor möchte die Theorie bestätigen, dass es Seelen gibt, die nach dem Tod, was die Erlösung anbelangt, ihren endgültigen Zustand nicht erreichen. Dieser Standpunkt ist aus theologischer Sicht äußerst fragwürdig.

Jean-Régis FROPO, *Le combat spirituel, pour mieux aimer,* Éd. Peuple Libre, 2011. Jeder Getaufte, der ein gewisses Verantwortungsbewusstsein hat, nimmt diesen Kampf der Liebe auf.

Don FUSCO, *Pour se défendre du Malin*, Liban, Éd. de l'Archistratège, 2013, 240 S. Eine gute Grundlage für Laien. Die „Klassifizierung" der Dämonen ist aber fragwürdig.

Nils GEAGEA ocd, *Le démon et la vie spirituelle selon Saint-Jean de la Croix*, Trifolium.

*Pierre Gilles JEANGUENIN, *Le diable existe!* Mulhouse, Savator, 2005, 120 S. Der Autor, Exorzist, gibt uns eine ausgezeichnete Zusammenfassung über den Dämon und seine Handlungen in der heutigen Welt. Sollte man unbedingt lesen.

ID., *Le Prince des Anges, saint-Michel,* Téqui, 2002, 100 S. Ein sehr gutes kleines Buch über den hl. Erzengel Michael. Gebete und Novenen.

Jean-Claude LARCHET, *Thérapeutique des maladies spirituelles,* Paris, Cerf, 1. Auflage 1997, 6. Auflage 2008. Auf mehr als 800 Seiten bietet uns der Autor, orthodoxer Patrologe und Theologe, ein Lehrbuch der Psychologie und spiritueller Medizin an, in dem man einen vollständigen Bericht über das Schicksal des gefallenen Menschengeschlechts und seine Rettung durch das erlösende Werk Christi findet.

René LAURENTIN, *Le démon, mythe ou réalité?* Paris, Fayard, 1996, 360 S. Ziemlich vollständige biblische und theologische Studie, die die Eingriffe des Dämons in unserer Welt sowie den Kampf der Kirche in Betracht zieht. Umfangreiche Bibliographie.

P. Ph.-Marie METAIS-FONTENEL, *L'Église au défi du spiritisme. Le Christ sauveur des vivants et des morts.* Éd. Bénédictines, 2008, 180 S. Wie der Dämon diejenigen in eine Falle lockt, die behaupten, Kontakt mit Verstorbenen aufnehmen zu können.

Jean PLIYA, *Von der Finsternis zum Licht,* UNIO Verlag, 2004, 403 S. Wir können aus den Erfahrungen dieses afrikanischen Laien viel lernen.

„Pour en finir avec Satan“, *L'homme nouveau,* hors série n°5, Nov. 2011.

Prières traditionnelles et Annexe II du Rituel de 1999 à l'usage des fidèles, eine Broschüre von 16 Seiten, die die Gläubigen benutzen können. Imprimatur Msgr. Dominique Rey. Erhältlich bei: „L'icône de Marie », BP 43, 22160 Callac de Bretagne.

Kard. Joseph RATZINGER, „Öffentliche Offenbarung und Privatoffenbarungen – ihr theologischer Ort. Kommentar zum Geheimnis von Fatima“, 26.07.2000. Der Autor erklärt den Unterschied zwischen Öffentlicher Offenbarung und Privaten Offenbarungen und wie wir damit umgehen müssen. Eine unerlässliche Lehre über „das Charisma der Prophezeiung“.

Raymond RÉANT, *Parapsychologie pratique pour tous*, Le Rocher, 1999. Abgesehen von der Beschreibung echter Phänomene gibt es Unklarheiten, die dem Leser nicht weiterhelfen werden!

Éric de RUS, *La personne humaine en question selon Édith Stein*, Cerf-Éditions du Carmel, 2011. Wer ist der Mensch? Eine sehr überzeugende Anthropologie des Innenlebens.

Raul SALVUCCI, *Que faire avec tous ces diables?*

Schweiz, Éd. Saint-Augustin, 2001, 315 S. Der Autor, Exorzist in Italien, teilt uns seine Erfahrung mit, deren Ursprung in der charismatischen Erneuerung zu finden ist. Eine präzise Lehre über das Befreiungsgebet und den Exorzismus.

„Satan“, *Études Carmélitaines*, 1948. Diese 650 Seiten sind eine historische, lehrmäßige und pastorale Fundgrube. Ausführliche Bibliographie.

„Le satanisme“, *La Documentation Française,* 2006. Ausgezeichnete Studie der MIVILUDES, offiziellem Organ im Kampf von Entgleisungen durch Sekten.

*Kardinal Leo J. SUENENS, *Erneuerung und die Mächte der Finsternis,* Otto Müller Verlag, 1998, 133 Seiten. Die Ansätze des Autors sind immer noch gültig, auch wenn sich die kirchlichen und menschlichen Bedingungen verändert haben.

Joseph-Marie VERLINDE, *Quand le voile se déchire, le défi de l'ésotérisme au christianisme,* Éd. Saint-Paul, 2000. Der Autor hat mehrere Jahre in der hinduistischen und der esoterischen Welt zugebracht. Er ist heute katholischer Priester. Ein besonders überzeugender Bericht.

ID., *Les impostures chrétiennes... des apocryphes au Da Vinci Code,* Presses de la Renaissance, 2007, 442 S.

Jean VERNETTE, *L'Irrationnel est parmi nous: divination, magie, envoûtement...* Salvator, 2000.

BERICHTE

Fabienne AMYOT, *Sauvée de l'Enfer par l'exorcisme,* Vorwort von P. Laurentin, Cerf, 2006, 215 S. Die Autorin macht uns verständlich, wie schwer dämonische Bindungen unser Leben beeinträchtigen können.

Dr. P. d'ESPINEY, *La psychothérapie du Docteur Vittoz,* Éd. Téqui, 1997, 112 S. Die Methode Vittoz kann bei Behandlungen von Angststörungen, Depressionen, Träumereien gute Erfolge erzielen (s. Webseite).

Jeanne FAVRET-SAADA, *Les mots, les morts, les sorts.* Folio essai, 1985, Eine ziemlich düstere Beschreibung der anscheinend häufig verbreiteten Anwendung der Hexerei in einigen Teilen der Normandie (bocages).

Dr. Felicitas GOODMAN, *Anneliese Michel und ihre Dämonen: Der Fall Klingenberg in wissenschaftlicher Sicht,* Christiana-Verlag, 5. Auflage (2006). Über den Film *Der Exorzismus von Emily Rose.*

Frank und Ida HAMMOND, *Les voleurs dans le temple, guide pratique vers la délivrance,* 1992, 240 S. Dieses protestantische Ehepaar bietet einen anscheinend erfolgreichen Befreiungsdienst an.

Kurt KOCH, *Seelsorge und Okkultismus,* 1972, 688 S., Bibel- und Schriftenmission Dr. Kurt Koch e.V.; Auflage: 28., Aufl. (1. September 2006). Der Autor ist evangelischer Pfarrer. Anhand von ca. hundert Fällen zeigt er, wie Bindungen auf Grund gewisser Praktiken entstehen und welche Folgen sie auf die körperliche und psychische Gesundheit haben können. Sehr interessant.

Père Paul LABUTTE, *Mère Yvonne Aimée de Malestroit, «ma mère selon l'Esprit»*, F.-X de Guibert, 1997. Mère Yvonne-Aimée de Jésus war eine französische Nonne der Föderation der Augustiner-Krankenschwestern, die zahlreiche Charismen besaß. Auf Grund der Übergriffe, die sie durch den Dämon erlitten hat, muss man davon ausgehen, dass der Preis dafür sehr hoch war.

La passion de Madame „R", journal d'une mystique assiégée par le démon, Einführung von P. Laurentin, Vorwort von Kardinal Coffy, Ed. Plon, 1993, 350 S. Dieser sehr schöne Bericht lässt uns ahnen, was einige Mystiker erleben.

Toni MAGUIRE, *Kein Wort zu Mami, Die wahre Geschichte über eine zerstörte Kindheit,* RM Buch und Medien Vertrieb, 2007. Die erschütternde Geschichte eines kleinen Mädchens, das Inzucht und Verrat durchgemacht hat.

Gloria POLO, *Einblick in das Buch des Lebens. Ich stand an den Pforten des Himmels und der Hölle,* Todos los derechos Verlag, 2006, 92 S. S. ihre Webseite: gloriapolo.com.

Maurice CAILLET, *J'étais franc-maçon, Salvator,* 2009.

Msgr. Dominique REY, *Peut-on être chrétien et franc-maçon?* Salvator, 2007.

Les enseignements des papes sur la franc-maconnerie, Téqui, 1998, 320 S.

LITERATUR

Georges BERNANOS, *Unter der Sonne Satans*, Johannes Verlag Einsiedeln, Auflage: 3. 2010.

Pascal IDE, avec la coll. de Luc Adrian, *Les sept péchés capitaux ou ce mal qui nous tient tête,* Édifa-Mame, 2002, 241 S.

C. S. LEWIS, *Dienstanweisung für einen Unterteufel,* Herder Verlag, Auflage 22 (2013), 160 S.

Jean-Paul SARTRE, *Geschlossene Gesellschaft,* Rororo Verlag (1986), 80 S.

ID., *Der Teufel und der liebe Gott,* 1951, Rororo Verlag, Auflage 6 (1991), 192 S.

Die Artikel im *DTC (Dictionnaire de Théologie Catholique)* und im Dictionnaire de Spiritualité sind empfehlenswert: Dämonen, Besessenheit, Exorzismus, teuflische Manifestationen, Surin Joseph, etc.

WEBSITES

vade-retro.fr; final-age.net; charlatans.fr;
sosparanormal.com; charismata.free.fr; jesusmarie.com:
indignations.org; christianophobie.com; serviam.net;
miviludes.com

Videos von P. J.-R. Fropo: auf Google „jean-régis fropo exorciste“ eingeben.

ALTERNATIVMEDIZIN UND ENERGETISCHE HEILVERFAHREN

Die Literatur über Alternativmedizin, energetische Heilverfahren, Wellnesstherapie ist mehr als umfangreich. Man kann beispielsweise folgende Bücher anführen:

Pierre MANOURY, *ABC des médecines douces,* Éd. Grancher, 2003, Pocket évolution, 2009.

Louis WAN DER HEYOTEN, *La santé par le Chi Kong,* paix et vitalité par les exercices internes, « Le corps conscient », Éd. L'originel, 1989.

VERBÄNDE VON PRIESTER-EXORZISTEN

-Association Internationale des Exorcistes (AIE):
Es handelt sich um einen Verein katholischer Priester-Exorzisten aus Italien, Frankreich, Spanien, England usw. Er bietet alle zwei Jahre Ausbildungsseminare in Collevalenza, Italien an. (AIE, Via Monte Nevoso 86/B/13, 00141 Roma, Italia), Sekretariat: Frau CINTI Rita: nalfredo@tiscali.it.

-International Association for Delivrance (IAD):
Verein für katholische Priester-Exorzisten aus Frankreich, Ost- und Nordeuropa, Afrika. Organisiert jedes Jahr Sitzungen in einem europäischen oder afrikanischen Land (IAD: Notre-Dame de Rimont, 71390 Rimont, Frankreich). Sekretariat: bvm@vade-retro.fr.

-Die Priester-Exorzisten der Diözesen Frankreichs treffen sich alle zwei Jahre zu einem Ausbildungsseminar, das vom Sekretariat der CEF (Bischofskonferenz Frankreichs),

58 avenue de Breteuil, 75007 Paris, organisiert wird. Der Sekretär heißt P. Bernard Dubasque: secretariat.dubasque@cef.fr. Der im Moment (2012) für die Priester-Exorzisten zuständige Bischof ist Msgr. Guy de Kérimel, Bischof von Grenoble.

Persönliche Notizen